Die Besten 2006

Klagenfurter Texte

Die 30. Tage der deutschsprachigen Literatur in Klagenfurt

Mit den Texten der Preisträger
Kathrin Passig
Bodo Hell
Norbert Scheuer
Angelika Overath

Herausgegeben von Iris Radisch

Piper München Zürich

Der Verlag dankt den Veranstaltern der Tage der deutschsprachigen Literatur – der Landeshauptstadt Klagenfurt und dem ORF Kärnten –, dem Generalsponsor Telekom Austria und 3sat für die freundliche Unterstützung.

ISBN 13: 978-3-492-04939-9
ISBN 10: 3-492-04939-7

Umschlaggestaltung: R M E, Roland Eschlbeck
Umschlagmotiv: Can Cobanli
Gesamtherstellung: Kösel, Krugzell
Printed in Germany

www.piper.de

Inhalt

IRIS RADISCH

Vorwort

30 Jahre Klagenfurt. Meine Güte. Am Abend vor dem Abflug zum 30. Klagenfurter Wettbewerb, der immerhin auch schon mein zehnter werden sollte (unglaubliche Vorstellung: immerhin ein Drittel dieser ewigen Zeit soll ich selbst miterlebt haben?), saß ich spät nachts noch zu Hause allein im Wohnzimmer, die Familie schlief schon lange, und hörte mir die CD mit den Aufnahmen aus den allerersten Jurysitzungen und Preisverleihungen an. In der Stille der Nacht hörte ich die Stimmen von Hans Weigel, Manès Sperber, Friedrich Torberg, Gertrud Fussenegger, Rudolf Walter Leonard, Heinrich Vormweg, Ernst Willner. Mir wurde ganz komisch. Denn plötzlich kam mir der Gedanke: Ich befinde mich hier ganz allein in der Nacht in der Gesellschaft von lauter Toten.

Die Generation, die diesen Wettbewerb ins Leben gerufen und dem Bachmann-Preis zum Ruhm verholfen hat, ist nicht mehr da. Oder – denken wir an Marcel Reich-Ranicki – jedenfalls sehr betagt. Wir haben dieses Erbe angetreten. Vor uns ist niemand mehr.

Das klingt vielleicht ein wenig pathetisch. Aber vor dreißig Jahren da waren wir, die wir heute in der Jury in etwa so alt sind wie die Gründergeneration es 1977 war, noch Gymnasiasten. Mancher der Autoren, manche der Autorinnen, die in diesem Jahr in Klagenfurt gelesen haben, waren noch gar nicht geboren. Der große, langanhaltende Erfolg von Klagenfurt war 1977 noch nicht abzusehen. Denn der »Bewerb« hatte schon damals alle Nachteile, die er auch heute noch hat. Nicht alle dort gelesenen Texte sind absolut erstklassig. Die Kriterien darüber, was ein erst- und was ein zweitklassiger Text sind, sind bis heute umstritten und unterliegen unbeherrschbaren Einflüssen. Die Urteile der Jury waren von Anfang an von schwankender Qualität. Einigkeit konnte selten erzielt werden. Die Autoren fühlten und fühlen sich häufig missverstanden. Eine klare Definition dessen, was Klagenfurt eigentlich ist oder sein soll, war damals nicht und ist bis heute nicht gefunden. Marcel Reich-Ranicki, der erste Vorsitzende der Klagenfurter Jury, fragte schon vor dreißig Jahren: »Was hat im Juni 1977 in Klagenfurt stattgefunden? Ein Fest der Literatur? Ein Wettbewerb? Ein Dichtermarkt? Eine Art Börse? Eine Arbeitstagung? Oder gar eine literarische Modenschau?« Und er kam schon vor dreißig Jahren zu dem salomonischem Urteil: von allem ein bisschen.

Daran hat sich nichts verändert. Noch immer ist Klagenfurt Werkstatt, Show, Seminar, Literaturgericht, Betriebsausflug, Kontaktbörse und noch einiges mehr (Klagenfurts vielleicht noch viel verdienstvollere, geheime Rolle als Ehestifter und so weiter sei nur am Rande erwähnt, ich jedenfalls bin dem »Bewerb« auch aus strikt außerliterarischen Gründen ewig dankbar). Noch immer ist Klagenfurt unperfekt.

Und immer schon gab es Stimmen, die diese Unperfektion für unerträglich hielten, 1977 (der »Bewerb« wurde in den Zeitungen heftig verrissen) genauso wie heute. Aber diese Stimmen haben sich nicht durchgesetzt. Durchgesetzt hat sich das lebendige, manchmal hochgestimmte, manchmal lähmende Auf und Ab dieser altehrwürdigen Veranstaltung. Wie sollte es auch anders gehen. Leben ohne Risiko gibt es nirgends, noch nicht einmal im Literaturbetrieb.

Kritisiert werden darf und muss natürlich trotzdem. Denn nichts ist furchtbarer als nicht mehr kritisiert zu werden. Und nicht nur die Autoren sollen kritisiert werden, diese undankbare Aufgabe versucht ja die Jury zu übernehmen. Auch die Jury darf und muss kritisiert werden. Denn natürlich ist ihr Geschäft hoch angreifbar und ist sie vor Irrtümern und der Möglichkeit, sich nach Kräften zu blamieren, durch nichts geschützt.

Damit wären wir bei diesem speziellen Klagenfurt-Jahrgang und den diesjährigen Preisträgern, für die die Jury viel Schelte bekommen hat. Der Tenor bei den professionellen Zuschauern lautete grob zusammengefasst: ein toller, spannender Jahrgang, eine breite Palette sehr guter, diskussionswürdiger Texte, aber die falschen Preisträger.

Da muss zurückgefragt werden. Was ist ein falscher Preisträger? Hierüber gehen die Einschätzungen stark auseinander. Die einen beurteilen den Grad an »Falschheit« eines Preisträgers danach, ob er gemessen an der stattgehabten Jurydiskussion während des Wettbewerbs einen Preis verdient. Sprich: wenn genug Juroren genug euphorische Argumente für einen bestimmten Text zusammengetragen haben, darf dieser Text eigentlich nicht leer ausgehen. Das ist nachvollziehbar. Schon oft, gerade bei komischen Texten, fiel in den vergangenen Jahren auf, dass die momentane Begeisterung der Jury zwar groß, ihre Bereitschaft dieser Begeisterung auch Preise folgen zu lassen, allerdings klein war. Wieder andere halten schlicht einen Preisträger für »falsch«, wenn sie ihn ganz persönlich nicht für preiswürdig erachten. Diese Argumentation ist wie jede in diesem Fach grundsätzlich zulässig, hat aber den unausrottbaren Schönheitsfehler der subjektiven Beliebigkeit, die sie von jedem anderem einzelnen Jurorenvotum grundsätzlich nicht unterscheidet, auch wenn nicht wenige Berichterstatter immer wieder gerne in die Rolle des Oberjurors schlüpfen.

Das dritte, scheinbar sehr gewichtige Argument für die diesjährige »Falschheit« der Preisträger lautete: die Bachmannpreisträgerin Kathrin Passig habe die Jury übers Ohr gehauen. Sie habe gar keinen echten Text, keinen wirklich guten Text, sondern nur einen scheinbar guten, einen auf die Beschränktheit der Jury zugeschnittenen Bestechungstext verfasst. Ein besonders neunmalkluger Kaffeesatzleser brüstete sich sogar mit der exklusiven Entdeckung, der preisgekrönte Text sei angeblich nichts anderes als eine Parodie auf den legendären Klagenfurter Text von Franz Xaver Kroetz (denn hier wie da kommen, alle Achtung, rote Blutflecke ins Spiel) und sei zu keinem anderen Behufe verfasst, als die Jury einmal gründlich vorzuführen.

Indizien für diese weitreichende Beschuldigung hatte eigentlich niemand vorzubringen, die Beweislage für eine Verschwörung, gar »Unterwanderung« des Klagenfurter Wettbewerbs war mehr als dürftig. Da man an dem Text von Kathrin Passig bei genauer Lektüre wenig fand, das sich selbst mit viel Fantasie als eine absichtsvolle Parodie oder als ein auf die angeblich standardisierten Erwartungen der Jury zugeschnittenes Bestechungsmanöver deuten ließ, und da der Text im Gegenteil nicht nur in Klagenfurt, sondern überall auf große Sympathie stieß, suchte man sich die Argumente im Außerliterarischen.

Kathrin Passig gehört zu einer Gruppe junger Intellektueller, die sich ZIA, Zentrale Intelligenz Agentur, nennen und unter diesem Namen verschiedene Dienste anbieten. Im Grunde ein Zusammenschluss von freiberuflichen Textarbeitern. Das und der Umstand, dass bereits zwei andere Mitglieder dieser Agentur zu den Klagenfurter Preisträgern gehören (und sich übrigens noch weitere Mitglieder dieser Gruppe um eine Teilnahme beworben hatten), musste für die Unterwanderungsthese ausreichen. Eine wie gesagt sehr dürftige Beweislage.

Jeder kann den Text von Kathrin Passig in diesem Band selber nachlesen und darüber urteilen, ob es sich hierbei seiner Meinung nach um einen »Fake« handelt oder nicht. Das setzt allerdings voraus, dass diese Frage überhaupt zu entscheiden ist. Dem steht nämlich einiges im Wege. Denn was sollte heutzutage ein »Fake« in der Literatur überhaupt noch sein? Welchen Echtheitserwartungen soll er denn zuwiderlaufen? Und welche Berechtigung sollten solche Echtheitserwartungen haben? Man sieht schnell, wir kommen mit dieser Debatte, die Klagenfurt in diesem Jahr ausgelöst hat, in sehr unübersichtliches Terrain.

Ich gebe aber zu, dass auch mir bei unserer diesjährigen Bachmannpreisträgerin trotz aller Bewunderung für ihren Text ein wenig mulmig war. Aus einem einfachen Grund, der in der Geschichte des Preises einmalig sein dürfte: Es handelt sich bei dem mit 25 Tausend Euro preisgekrönten Text um die ersten Seiten literarischer Prosa, die die Preisträgerin je verfasst hat. Es gibt hinter diesem Text keine anderen Texte, die sich nun bald zu einem schönen Erzählungsreigen zusammenbinden ließen. Das ist nicht verwunderlich. Denn Kathrin Passig ist im Grunde überhaupt keine Schriftstellerin im uns bisher bekannten Sinn des Wortes. Sie ist Journalistin, Sachbuchautorin und vielleicht noch einiges mehr. Sie mag diesen Text nicht deswegen geschrieben haben, um die Jury vorzuführen und mit kalkulierbarem Einsatz zu viel Geld zu kommen. Aber sie hat ihn auch nicht geschrieben, weil es sie seit Jahren zur Literatur, zum Künstlertum drängt. In einem haben die Kritiker schon Recht: es drängte sie bisher zumindest weniger zur Literatur als zur Teilnahme am Klagenfurter Wettbewerb, für den sie ihren Text in der Tat termingerecht verfasst hat. So wie es auch andere ansonsten nichtschriftstellernde Mitglieder ihrer Agentur getan haben. Kann man ihr das zum Vorwurf machen? Kann man das der Jury zum Vorwurf machen?

Ich glaube nicht. Ich glaube vielmehr, dass Kathrin Passig wirklich eine sehr begabte Schriftstellerin ist. Das beweist unter anderem ein kleiner literarischer Text, den sie nach dem Wettbewerb über Klagenfurt verfasst (und in der Süddeutschen Zeitung veröffentlicht) hat und der die gesamte Klagenfurter Berichterstattungsprosa (die auch ihre Höhepunkte hatte) bis dato in den Schatten stellt. Ich glaube ferner, dass die Grenzpfähle zwischen Gebrauchs- und Literaturtexten, die speziell in Deutschland immer besonders hoch aufgerichtet wurden, in diesem spektakulärem Fall zu Recht eingerissen werden. Schlimmer noch: Nutzlos geworden sind, da sich besagte Pfähle einem Literaturbegriff verdanken, für den es heute einfach keine oder nur noch eine sehr kleine Anhängerschaft gibt. Mit anderen Worten: das, was jene Grenzpfähle schützend einzäunen sollten, ist beinahe nicht mehr da. Das Kunstgehege ist weitgehend leer. Die Kunst ist jenseits dieses Geheges.

Das Ergebnis kennen wir alle. Immer mehr Journalisten, Werber, Universitätsdozenten und andere Textdienstleister drängt es zur schönen Literatur. Die Rolle des stipendiengeschützten Nichts-als-Schriftstellers wird zwar noch immer von vielen Autoren mit wechselndem Erfolg ausgefüllt, verliert aber an Bedeutung. Zumal die Hervorbringungen der Angehörigen der Nichts-als-Schriftsteller-Gruppe den Hervorbringungen der Angehörigen der Nicht-nur-Schriftstellergruppe nicht überlegen sind. Insofern haben wir in Gestalt der diesjährigen Bachmann-Preisträgerin vermutlich die Botschafterin eines neuen Autorentyps kennen gelernt.

Ihr Text ist passend zu diesem Befund ein überlegenes Patch-Wort-Produkt. Er vereint Bausteine »echter« (Abenteuer- und

Expeditions-) Literatur und journalistische Textverarbeitung, spielt mit Motiven der Genieästhetik und der Gagfabrikation, hält ironische Distanz zu jeder Form der Einfühlungskunst und der Realismuskonzepte, nimmt sich das Beste aus Minimalismus, absurdem Theater, Karl Valentin, Harald Schmidt und neuer Sachlichkeit. Damit ist dieser Text, zumindest was die Reichweite seiner Klaviatur angeht, allen anderen preisgekrönten Texten überlegen. Mit einer Einschränkung: gerade weil der Text so virtuos verschiedene Konzepte für sich nutzbar macht, ist er keinem verpflichtet, bleibt die Ironie, die romantisch zwischen allem schwebt, sein eigentliches und einziges Revier.

Dazu passt, dass das literarische Material, das in diesen Text eingegangen ist, zu großen Teilen ausschließlich aus Papier besteht, aus Büchern und Texten. Darin ist dieser Text dem virtuosen Sprachmüllverwertungsverfahren des Preisträgers Bodo Hell nicht ganz unverwandt. Mit einem Unterschied: Hell müht sich um die Versatzstücke einer abgenutzten, verbrauchten Sprache deutlich im Hinblick auf eine Art des sprachmusikalischen Recyclings. Das bleibt in der Familie, ist Dienst an hoher Kunst und allgemeiner Aufklärung. Anders Passig. Sie greift in die große Buch-Grabbelkiste im Hinblick auf eine möglichst brillante, parodistische Pointe. Die hat keine weitere Aufgabe. Die ist sich selbst genug. Und das ist letztlich nichts als ehrlich: Die großen Worte sind alle schon mehrfach vergeben. Den Nachgeborenen bleibt ihr Widerschein in Zitat, List, Witz und Parodie. Und noch weiß niemand, wer dabei eigentlich den schlechteren Teil abgekommen hat.

Aber Klagenfurt wäre nicht das unübersichtliche Durcheinander, das es immer war, wenn wir nicht noch ganz anders geartete Texte hätten. Norbert Scheuers tief in die deutsche Provinz, den Menschenschlag, die rauschenden Wasser der Eifel eingelassener preisgekrönter Text »Unterm Rauschen« steht weit abseits von derartigen ästhetischen Positionsbestimmungen und Updatings. Mit unbeirrter Eindringlich- und Einfachheit wird hier die Geschichte eines alles und jeden erfassenden Außenseitertums erzählt, einer kollektiven, verdunkelten Existenz im Hautkontakt mit den kreatürlichen Bedingungen einer Landschaft. Die Überraschungspreisträgerin Angelika Overath verstrickt uns in einen Laborversuch mit Fischen. In ihrem Text »Das Aquarium« geht es um die Creatio ex nihilo eines Meerwasserfischbeckens auf einem internationalen Großflughafen sowie um eine bewegte Liebesgeschichte zwischen dem Aquaristen und einer durchreisenden Fotografin, die sich um dieses stille Becken rankt.

Viele, das wurde in diesem Jahr besonders nachdrücklich behauptet, sind zu Unrecht leer ausgegangen. Hier wird vor allem immer wieder die Leipziger Knastgeschichte von Clemens Meyer genannt. Aber auch das Kärntner Rechtsradikalenstück von Kevin Vennemann, die wunderbare Geschichte vom Vaterwerden von Dirk von Petersdorff, die gekonnte Milieustudie der Managerwelt von Andreas Merkel und die kraftvolle, dunkle Sommergeschichte unter Elitestudenten von Thomas Melle. Das ist ärgerlich, im Einzelfall sicher auch sehr ärgerlich.

Es stimmt: die Preise geben den Verlauf des Wettbewerbes nicht korrekt wieder. Mancher Preisträger wurde in endlosen Stichwahlen ermittelt, deren Ergebnisse unvorhersehbar und manchmal für alle überraschend sind. Anders geht es nicht, wenn alles weiterhin öffentlich und ohne die Möglichkeit zu Absprachen geschehen soll. Und das soll es. Sonst würde man Klagenfurt wieder ein wenig mehr domestizieren. Mit dem Risiko zur Ungerechtigkeit ist es groß geworden. Nun soll es damit auch alt und älter werden.

RAOUL SCHROTT

30 Paradoxa

Klagenfurter Rede zur Literatur

Sehr geehrte Damen und Herren,

Sie haben mir die ehrenvolle Aufgabe übertragen, zu Ihrem 30 Jahre Jubiläum eine Rede zu halten, wohl wissend, dass Sie in mir einen Bock zum Gärtner bestellen. Seien Sie mir deshalb nicht gram, wenn ich mich für diese paradoxale Verpflichtung mit 29 weiteren Paradoxa bedanke. »Bock« sage ich deshalb, weil mir die Art, wie zu meiner Zeit bei dieser literarischen Landwirtschaftswoche die Leithammel von den Schafen getrennt wurden, stets recht zuwider war. Das Reglement der Leistungsschau widersprach ja allem, was Geschriebenes zunächst erreichen will: Momente gedankenvoller Überraschung. Denn wer wie die Juroren damals über einen zum ersten Mal gehörten Text, kaum dass sein Autor beim letzten Satz angelangt ist, schon zu einem Urteil ansetzt, verneint damit entweder, dass er oder dass die Literatur etwas zu sagen hat, worüber es sich nachzudenken lohnt. Trotzdem habe ich diesem Wettbewerb – Paradoxon Nr. 5 – einen wesentlichen Teil meiner Schriftstellerkarriere zu verdanken.

Grund meiner Teilnahme damals – wohl wissend, dass Böcke hier weniger prämiert denn geschossen wurden – war der Umstand gewesen, dass ein halbes Dutzend publizierter Bücher nicht ausgereicht hatten, um wahrgenommen, geschweige denn verrissen zu werden. Das lag nicht zuletzt daran, dass mein ehemaliger Verlag in Innsbruck ansässig war, womit er das Mäntelchen älplerischer Provinzialität umhängen hatte, paradoxerweise vor allem seitens des österreichischen Feuilletons, das – anders als das schweizerische – die eigene Literatur nur rezensierte, wenn sie sich entweder in Deutschland durchgesetzt hatte oder aus der Wiener Szene stammte. Diese Veranstaltung dagegen bot mir eine Bühne, bei der man sich Gehör verschaffen und einen

Namen machen konnte; sie vermittelte mir schließlich Einladungen zu Lesungen und damit auch die Möglichkeit, vom Schreiben leben zu können.

Nichts ist widersprüchlicher als die Haltung, mit der man schreibt, und die Rolle, die einem die Öffentlichkeit dann zuweist. Wie fehl am Platz ich mir damals hier vorkam, vermag nur die unzeitgemäßeste aller Allegorien zu illustrieren. In ihr ist die Literatur eine Aventiure, für die man auszieht wie weiland Parsifal, auf der Suche nach dem Schönen und Wahren, das sich nie finden lässt, weil es immer nur auf unvorhersehbare Weise sich offenbart, jeder Satz eine rote Spur im Schnee. Ah – welch naive Blauäugigkeit!

Aber auch Parsifal ritt aus in einem bocksfelligen Narrenkleid, in der Hoffnung, in den Kreis der anderen Ritter von mehr oder minder trauriger Gestalt aufgenommen zu werden, um zu hören, worauf sie gestoßen und woran sie gescheitert waren. Einmal die Klagenfurt durchschritten, entpuppte sich die Tafelrunde jedoch als Stammtisch voller Spießgesellen, die lieber die Ellenbogen als Fahne zeigten, Munsalvaesche als beutelschneiderische Garküche namens Loretto, wo die Gralshüter im langen Schatten eines Anfortas namens Reich-Ranicki saßen, und der Gral selbst als von den Medien gesponserter Spucknapf. In dieser Einöde, die heute noch auf Ortschilder wartet, hatte sich aber ein Brauchtum der vormalig römischen Zivilisation – das *panem et circenses* – auf ganz eigene Art weiterentwickelt: wer sich um die Hand einer Ingeborg genannten Frouwe bewerben wollte, musste sich zum Bockspringen in eine Theaterarena begeben. Oh goldene Jugend – zu glauben, dass man so die höheren literarischen Weihen empfinge! Was einem widerfuhr, war vielmehr die Einweihung in den Literaturbetrieb, als 13. Paradoxon.

Nur ihm kann es einfallen, Texte gegeneinander antreten zu lassen, in der Meinung, das Unterschiedliche von Fiktionen wäre irgendwie vergleichbar und das Eigenständige ihrer Weltentwürfe überhaupt bewertbar. Wer ist besser: Bachmann oder

Bernhard? Da von besser und schlechter statt vom jeweils Anderen zu reden, über diese Absurdität hinwegzusehen und solche Rangordnungen – als 15. Paradoxon – sogar für wünschenswert zu erklären, das bringt nur eine Jury fertig. Trotzdem bin ich dann selber oft genug in solchen Gremien gesessen.

Dabei lernt man schnell, dass jede Arbeit am Text letztlich eine Scharade bleibt. Denn auf welche Weise sich ein Stück Prosa freischreibt, damit ihm dieses widerspenstig Andere gelingt – die Darlegung seiner handwerklichen Kriterien also, über die allein sich objektive Aussagen treffen ließen, wird ja umgangen und als nicht diskussionsfähig und öffentlichkeitstauglich erachtet. Man lädt zwar eine zu fachlichen Aussagen fähige Jury ein, verurteilt sie dann aber dazu, subjektive Geschmacksurteile abzugeben, für die eine Instanz weit eher berufen ist: das anwesende Publikum.

In den letzten zehn Jahren hat sich daran vieles grundlegend verändert: die Juroren bekommen die Texte nun vorher in die Hand, die Wertungen werden überlegter und inzwischen auch mit einem gewissen Maß an Höflichkeit ausgesprochen, sogar ein Publikumspreis und ein Literaturkurs wurden eingeführt. Dabei ist die Breitenwirkung dieses Wettbewerbs jedoch im selben Maß gesunken wie das Niveau der Texte; denkt man an die ersten Gewinner – Jonke, Plenzdorf, Hofmann oder Nadolny – gehören die letztjährigen Texte eigentlich eher in einer Schülerzeitung. Womit dieses 20. Paradoxon alle vorhergehenden wieder aufhebt. Was erst recht die Frage nach dem Warum aufwirft.

Installiert wurde dieser Wettbewerb vor 30 Jahren, um die ästhetischen und politischen Überkonstruktionen der 70er Jahre wieder auf den gutbürgerlichen Boden der Gruppe 47 herabzuholen und allen literarischen Spiegelfechtern die Allüren auszutreiben, indem man ihnen Publikum und Jury vor die Nase setzte. Das war so hinterhältig wie gelungen. Was die Kritik angeht, hat man dabei aber jenen nasssprachigen Popularisierern die Bühne überlassen, deren Namen ich gar nicht zu nennen brauche, weil sie Ihnen allen geläufig sind. Doch wieder, warum? Etwa weil sie sich durch fachliche Kompetenz auszeichnen? Nein, zu *hommes de lettres* vom Schlage eines Roland Barthes oder eines Eco haben wir's ja immer noch nicht gebracht. Zum Großkritiker wird man bei uns, weil man als Selbstdarsteller zu glänzen versteht, nicht etwa einer bedeutsamen Positionsbestimmung zur Literatur wegen. Oder kennen Sie von ihnen auch nur eine erwähnenswerte theoretische Stellungnahme, die über ein bloßes Lippenbekenntnis hinausgeht und sich der ewig changierenden Frage stellt, was Literatur ist? Gar eine Kritik, die ihre eigenen Positionen hinterfragt?

Diese Kritikergeneration sieht inzwischen ihrem Altenteil entgegen. Die Dynamik aber einmal eingespielt, was kommt nach? Heidenreichsche Kommentare, deren unprätentiöse Subjektivität mir zwar allemal lieber ist als das sonst übliche päpstliche Unfehlbarkeitsgebahren; einige wenige Kritiker, die auf ein fast menschliches Maß geläutert sind, nachdem sie auch selber ein Buch verfasst haben. Ansonsten haben wir es weiterhin mit einer apodiktischen Kritik zu tun, die weder formuliert, auf welche Postulate sie sich beruft, noch dass sie das überhaupt will oder gar noch kann.

Wie sonst ist zu verstehen, dass die Jury vermeintliche Siegertexte letztes Jahr als »Gebrauchsanweisungen für einen Abgang zu Lebzeiten« etikettieren zu müssen meinte, als »Sehnsuchtstexte, die um die halbe Welt führen und Herz und Hände dabei ausstrecken nach der kleinen Heimat unter märkischen Kiefern«, als »lückenlos kalkulierte Thriller, die ein Vater-Sohn-Drama als Kammerspiel auf der Tenne inszenieren«, als »alltägliche Dramen des Wohnens, die zeigen, dass der nächste Supermarkt so weit entfernt ist wie der Himalaja«, als »Prosa, die sachlich kalt bleibt, ohne kalt zu werden, und gerade dadurch zu berühren weiß« oder als »Texte, die die Papierkörbe schweizerischer Großraumbüros ausleeren«? Das sind Formeln, wie man sie sonst in Fernsehprogrammen findet. Haben wir es wirklich schon mit solchem Schwachsinn zu tun? Zumindest reden wir so darüber. Dieser Diskursverlust führt jedoch dazu, dass nicht einmal mehr bestimmt werden kann, wie und ob zwischen Werk, Person und Politik zu trennen ist: das zeigt auch der neueste Skandal um den Heine-Preis, bei dem man sich zum x-ten Mal mit Grundsatzerklärungen abmüht, weil sich noch immer kein gesellschaftlicher Konsens zur Literatur herausbilden hat können.

Das ist umso paradoxer, als vor einem Jahrhundert Literatur, Kunst und Musik einen Neubeginn unter ästhetischen Vorzeichen setzten, von der abstrakten Malerei angefangen über die Zwölftonmusik hin zu den Ismen der Avantgarde. Die Rezeption moderner Kunst und Musik ist deshalb ohne eine Diskussion formaler Techniken undenkbar geworden; bei Rezensionen findet sich so etwas jedoch bestenfalls noch am Rande: besprochen werden vorrangig Fabeln und Charaktere, als wäre ein zum Klischee gewordener Realismus alles, was Literatur zu bieten hat.

Zurückgewonnen haben wir dadurch den Unterhaltungswert der Literatur: das Erzählerische, wie es sich durch einen Zeitvertreib legitimiert, der uns nicht *auf* etwas lenkt, sondern ablenkt. Weiß man jedoch einmal, wer mit wem, gibt's keinen Grund mehr, ein Buch ein zweites Mal in die Hand zu nehmen: der Lesestoff ist damit aufgebraucht. Diesem Trend zum Einweg- und Wegwerfbuch gemäß werfen die Verlage jedes Jahr noch mehr solcher Produkte auf den Markt. War früher mit Literatur kein Geld, höchstens Preise zu machen, konnten wir uns noch Ambitionen leisten; heute begnügen wir uns mit Mogelpackungen, auf die man nicht einmal mehr Flaschenpfand zurückkriegt, seit Bestsellerlisten auch die intellektuelle Deckelung festlegen.

Verloren haben wir dabei – als 25. Paradoxon – den Nutzwert der Literatur. Denn der liegt darin, dass sie existenzielle Positionen bestimmt und Denkräume entwirft, in denen ein Ich abseits des Konventionellen agieren kann – und sich nicht mit Kopien vorfabrizierter Lebenswelten bescheiden muss. Der liegt darin, dass sie den Anspruch erhebt, alles Wissen nachhaltig auf einen relevanten Punkt fokussieren zu können – und sich nicht damit zufrieden gibt, Bildung für undemokratisch zu halten, bloß weil Dummheit quotentauglich geworden ist. Ihr Nutzwert liegt aber auch darin, dass die Literatur eigentlich der einzige Sprachfilter ist, über den wir verfügen: was sonst klärt das Trübe unserer Begrifflichkeiten? Marktwirtschaftlich formuliert: sie setzt den Nominalwert unserer inflationär kursierenden Worte fest und bewahrt unser Denken dadurch vor geistigen Bankrotterklärungen.

Solch ein Plädoyer für den Stil, wie es Iso Camartin zuletzt an dieser Stelle gehalten hat, stößt jedoch inzwischen auf taube Ohren. Man bezeichnet es als »weltfremd«, »reaktionär« und »biedermeierlich altbacken«, redet damit aber nur einem Zeitgeist das Wort, der inzwischen den *homo ludens* für das Maß aller Dinge hält und Oberflächeneffekte für Differenzierungen von Tiefe.

Als diese »Tage der deutschsprachigen Literatur« etabliert wurden, saßen noch Leute wie Heißenbüttel und Andersch in den Radios, machten etwas, das sich noch Kulturprogramm nennen konnte, und waren Anlauf- und Auftragsstellen für Literaten, gleich wie es noch Programmverlage und Lektorate gab, die ihrem Namen Ehre machten. Von den letzten unabhängigen Häusern abgesehen, wurde dieses Verlagsprofil aber auf den Kopf gestellt durch die neuen Macher in roten Hosenträgern, die ihre Idee eines Buches in der Buchhaltung gelernt haben; eingehende Lektorate sind nicht mehr leistbar, was sich auf die Stilblüten- und Druckfehlerproduktion niederschlägt; die Buchhändler als traditionelle Kulturvermittler haben mehr als nur zu kämpfen; was die Literaturredaktionen des Hörfunks betrifft, so wurde ihr Personal auf ein paar Aufrechte zurückgestutzt, die nun als Paradeneger ihren Dienst zu tun müssen; das Fernsehen setzt auf's Comedyformat, dessen Nickneger nicht mehr als den Klappentext wissen müssen, um den Mund weit aufreißen zu können; und auch das Feuilleton wurde gekürzt: gleichgeblieben ist nur der Umgangston, der nach wie vor lieber adjudiziert als unvoreingenommen diskutiert.

Gegenläufig zu diesem Niedergang hat sich dieser Wettbewerb inzwischen aber zum Plenum entwickelt. Seit seiner Reform kann er nun sogar von sich behaupten, der Literatur ein beinahe avantgardistisches Forum anbieten zu können: die Jury ist ja mit klugen und integren Leuten, sogar Autoren bestückt, und das Procedere böte nun alle denkbaren Freiheiten und Möglichkeiten. Ob sich damit noch etwas ausrichten lässt, dieses 29. Paradoxon zu beantworten sind die Autoren aufgefordert: es sind immer noch sie, die diktieren, was Literatur sein kann.

Paradoxa pointieren; sie sind nur wahr in Schwarz und Weiß. Insofern ist nichts wünschenswerter, als dass sie alle falsch sind: bis auf das 30. und letzte – das Konkurrenzverhalten der Literatur. Rivalität ist damit nicht gemeint: ich habe nie verstanden, weshalb man in diesem Bussibetrieb der Literatur hinterrücks übereinander herfällt, statt sich über das so selten Schöne und Wahre zu freuen, das andere für einen zustande bringen. Neid ja, Ehrgeiz auch – Missgunst aber ist etwas für Kleingeister.

Warum ist dann die Tradition solcher Wettbewerbe so alt wie die Literatur? Schon die Griechen kannten ja Musenfestspiele, bei denen sie Homer und Hesiod gegeneinander antreten ließen, und auch das Mittelalter veranstaltete Sängerkriege nicht nur auf der Wartburg. Wie sich solche bocksbeutlerischen Schaukämpfe erklären? Und wie dieses gerüttelte Maß an Aggressivität bei so etwas Harmlosem wie der Literatur, dieser hoffnungsvollsten und hoffnungslosesten aller menschlichen Anstrengungen? Wohl dadurch, dass sie unter ihrem Kostüm einer narrend schönen Kunst mehr bewirkt als alle Marktschreier sonst. Sie hält uns ja selbst dann den Spiegel vor, wenn das Wahre zur Ware verkommt und wir nur mehr zu Tode amüsiert werden wollen. Und trifft uns damit tief – weniger in dem, was wir sind, da geht uns der Benzinpreis näher als der Bachmannpreis, sondern in dem, was wir zu sein glauben und sein wollen: darin sind wir noch am ehesten zu treffen.

Das ausschlaggebendste Kriterium eines Textes ist deshalb die Irritation, die er auszulösen vermag. Je heftiger und kontroverser die Reaktionen ausfallen, desto ehrenvoller; je milder und einstimmiger, desto beschämender letztlich. Uns schmalbrüstigen Gesellen zuzutrauen, dass wir uns auch in einer Arena behaupten können, ist so gesehen wohl ein Kompliment. Die Widerständigkeit der Literatur ist den Applaus wert, die Bocksbeinigkeit, mit der sie alle Schrebergärtner auf die Hörner nimmt. Ich aber danke Ihrer Geduld …

KATHRIN PASSIG

Sie befinden sich hier

Wenn man im Winter in eine missliche Lage gerät, weil es beispielsweise früher dunkel wird als gedacht, Schneetreiben einsetzt oder man den Weg verloren hat, gibt es zwei Möglichkeiten. Ist damit zu rechnen, dass man in absehbarer Zeit gefunden und gerettet wird, vergräbt man sich im Schnee und wartet ab. Kennt man dagegen den Weg zur nächsten Unterkunft und ist ein Rettungseinsatz vorerst nicht zu erwarten, sollte man in Bewegung bleiben. Die Frage, was zu tun ist, wenn beides nicht zutrifft, wird in der Literatur höflich ausgespart. Ich habe mich daher für einen Kompromiss entschieden.

Meine Art der Fortbewegung ähnelt ein wenig der eines Maulwurfs oder, wie ich mir vorstelle, der eines Menschen, der versucht, die Erde unter sich zu drehen. Ob ich mich bewege oder ob sich der Untergrund relativ zu mir bewegt – das Ergebnis ist in beiden Fällen dasselbe: Ich komme ans Ziel. Letztlich würde sogar die Bewegung der Erde durch das All genügen, den Ort, an dem ich mich befinde, wieder in eine sommerliche Klimazone hineinzubefördern. Aber so lange kann ich nicht warten.

Meine punktförmige Existenz wird nicht von allein mit einem warmen Ort zusammenfallen. Ich muss mich bemühen, vom Punkt zur Linie zu werden, denn jede Linie schneidet jede andere Linie früher oder später. Für meine Zwecke ist es sogar recht günstig, dass meine verschiedenen Ziele so statischer Natur sind, denn, wie ich Anne vergeblich beizubringen versucht habe: Wenn man einander aus den Augen verliert, dürfen sich nicht beide gleichzeitig auf die Suche machen. Die rettende Berghütte wird nicht zu mir kommen, aber sie läuft auch nicht weg. Das ist ihre entscheidende Eigenschaft, die ich mir hier zunutze mache.

Huxley äußert sich ausführlich darüber, wie viel besser der Mensch doch beraten wäre, still zu Hause zu sitzen. Was dabei an Nützlichem ungetan bleibe, werde mehr als aufgewogen durch die vielen sinnlosen und schädlichen Handlungen, die vermieden würden. Heute bin ich geneigt, ihm Recht zu geben. Eindeutig haben wir hier eine falsche Abzweigung eingeschlagen, aber ob sie nur wenige Stunden zurückliegt, einen halben Tag oder ein halbes Leben, kann ich nicht sagen. Wir hätten nach Berlin weiterfahren können und wären gestern Nachmittag dort angekommen. Wir hätten uns mit einer flüchtigen Ortsbesichtigung begnügen können, ohne auch nur das Auto zu verlassen. Ich hätte Annes Vorschlag Widerstand leisten können. Eine Reihe winziger Entscheidungen hat dazu geführt, dass ich jetzt hier durch den Schnee krieche.

In Berlin wird sicher nicht vor Neujahr auffallen, dass wir nicht zurückgekehrt sind; vielleicht auch erst am zweiten oder dritten Januar. Und hier hinterlassen zwei Ortsfremde, die einander im Supermarkt seltsame Markennamen vorlesen, um dann einige Keksriegel und eine Flasche *Kofila* zu kaufen, mit Sicherheit einen so bleibenden Eindruck wie fallende Schneeflocken. Mit Suchmannschaften mit Taschenlampen, Sprechfunkgeräten und kompetenten Hunden ist jedenfalls bis auf Weiteres nicht zu rechnen.

Es ist vermutlich besser so, denn ich kenne die peinlichen Folgen solcher Bergungsaktionen. Statt Mitgefühl wird dem Geretteten ein schlampig formulierter Beitrag in irgendeiner Mitgliederzeitschrift zuteil, in dem von Leichtsinn, mangelnder Vorbereitung und unzureichender Ausrüstung die Rede ist. Wer sich aus eigener Kraft zurück in den Schoß der Zivilisation rettet, dem verzeiht man gern, dass er sich aus freien Stücken in die Situation begeben hat, die eine Rettung erst nötig machte. Den Bericht über seine Strapazen verfasst er selbst. Es steht ihm frei, sich humorvoll, aber doch geläutert zu den eigenen Versäumnissen zu äußern und sein Verhalten in schwieriger Lage im günstigsten Licht darzustellen. Bis dahin kann ich mir eine weniger naheliegende Metapher ohne Schneeflocken zurechtlegen, um einen Sachverhalt zu illustrieren, der mir jetzt wieder entfallen ist. Anne werde ich dabei nicht erwähnen. Man soll in solchen Berichten nicht andere für das eigene Schicksal verantwortlich machen. Nicht einmal dann, wenn sie tatsächlich durch ihre mangelnde Weitsicht das ganze Unheil heraufbeschworen haben.

Verirrte Kleinkinder haben bessere Überlebenschancen als Erwachsene, denn es fehlt ihnen an der Phantasie, die nötig wäre, um den Ernst ihrer Lage zu begreifen. Sie machen weder schlechte noch gute Pläne, sie laufen nicht tagelang in die falsche Richtung, und weil sie nicht wissen, dass sie bereits tot sind, bleiben sie am Leben. Aus demselben Grund lassen sie sich auch erfroren oder ertrunken noch nach Stunden wiederbeleben. Ihr Spatzengehirn bemerkt das Fehlen von Sauerstoff gar nicht erst. Am größten ist die Gefahr dagegen, wenn man sich zwischen dem sechsten und zwölften Lebensjahr verirrt. Man ist alt genug, um einen Plan zu fassen, aber noch zu jung, um einen durchdachten von einem ungenügenden Plan zu unterscheiden. Wenn ich sterbe, nimmt dieses ganze Wissen die Form eines nutzlosen, gefrorenen Eiweißklumpens an. Im Frühjahr irgendeines Jahres kann man meine Leiche unten im Tal aus dem Gletscher schmelzen sehen. Aber ich werde natürlich nicht sterben, und es gibt hier auch gar keinen Gletscher. Nicht zu wissen, wo man sich relativ zu anderen Punkten aufhält, ist keine Todesursache. Verwirrung ist eine Todesursache. Aber ich bin, wenn schon nicht körperlich, so doch geistig orientiert, und ein kleines rotes Dreieck markiert meinen Standort: Sie befinden sich hier.

Unten am Parkplatz hatte unser Weg beschildert und befestigt seinen Anfang genommen. Vom Wind aufgewirbelte Schneekristalle leuchteten in Spektralfarben. Der Weg verlor sich schon ein oder zwei Stunden später, oder vielleicht waren auch wir es, die den Weg verloren. Die Natur hatte ihn ausgelegt wie eine klebrige Zunge, und wir waren ihr auf den Leim gegangen. Aber wir dürfen ihr keinen bösen Willen unterstellen. Unser Überleben könnte der Natur kaum gleichgültiger sein, das wird in solchen Situationen schmerzlich spürbar. Wie das Desinteresse eines Menschen, von dem man geliebt werden möchte, muss man ihre Gleichgültigkeit stoisch ertragen. Die Zeit arbeitet für mich.

Verirrte sterben häufig bereits in der ersten Nacht im Freien, obwohl sie, gemessen an ihrer Ausrüstung und körperlichen

Konstitution, in der Lage sein müssten, mindestens einige Tage zu überleben. Nicht Kälte oder Erschöpfung werden ihnen zum Verhängnis, sondern Verzweiflung und schlechte Planung. Aber ich habe in der letzten Nacht bereits unter Beweis gestellt, dass ich nicht aus Enttäuschung über das mangelnde Mitgefühl der Natur zu versterben gedenke. Es war eine lange Wartepause im Windschatten eines Felsblocks, an die ich mich jetzt kaum noch erinnere, ähnlich, wie man sich an einen überstandenen Schmerz nur abstrakt und undeutlich erinnert. Alles eine Frage der Selbstbeherrschung, der richtigen Einstellung.

Natürlich ist es wichtig, den Verstand, der wie ein Hund lieber hierhin und dorthin streunen möchte, an die kurze Leine zu nehmen und nicht zuzulassen, dass er Schemen nachjagt. Abenteuerbücher für leichtgläubige Leser berichten immer wieder von schattenhaften Begleitern, mit denen die durch Kälte oder Einsamkeit verwirrten Wanderer ihren Proviant zu teilen versuchen. Tatsächlich habe ich genau zwei Erwähnungen dieses Phänomens in zuverlässigen Quellen gefunden, nämlich in einer berühmten Bergsteigerbiografie, an deren Titel ich mich gerade nicht erinnern kann, und in einem Bericht Amundsens über seine Überquerung der Gletscher Südgeorgiens. Ich bin mir allerdings nicht sicher, ob da nicht irgendeine Verwechslung mit Nansen vorliegt. Abgesehen von diesen kleineren Gedächtnisausfällen bin ich bei klarem Verstand und stelle statt der Anwesenheit eines Dritten vielmehr die Abwesenheit einer Zweiten fest. Anne ist nicht mehr da. Ich komme sehr gut ohne sie zurecht, besser sogar. Ich hätte sie gar nicht erst mitnehmen sollen, das wäre am besten gewesen. Ohne Anne könnte ich längst in Berlin sein, an einem gut beheizten und von Menschen für Menschen gestalteten Ort. Meine Vorfahren haben viele tausend Jahre daran gearbeitet, nicht mehr unbehaust in Kälte, Schnee und Nebel herumkriechen zu müssen – es ist mein gutes Recht, von ihren Leistungen zu profitieren. Aber ich hätte es wissen müssen, denn Anne hat in ihrem ganzen Leben keine vernünftige Karte gekauft. Situationen, in denen ein Maßstab von 1 : 500 000 nicht mehr ausreicht, kommen in ihrem beschränkten Weltbild nicht vor.

Immerhin profitiere ich von den Leistungen anderer insofern, als ich eine hochprofessionelle Winterjacke trage, ein wahres Wunderwerk an Wind- und Wasserdichtigkeit. Ich erinnere mich zwar nicht, was mich dazu bewogen hat, dieses für Berliner Winterverhältnisse völlig überqualifizierte Kleidungsstück zu erwerben, aber ich bin zufrieden mit meiner längst vergessenen Entscheidung. Wer eine solche Jacke hat, der braucht kein Haus. Wen kümmern ihre hässlichen rostbraunen Flecken und ihre undichten Nähte? Es ist nämlich tatsächlich so, ich habe diese Frage mittlerweile geklärt, dass manche Schneeflocken die Form kleiner weißer Federn haben, weil sie kleine weiße Federn sind.

Diese Feststellung hat mich einige Zeit gekostet, denn meine ganze Umgebung ist von irritierender Einfarbigkeit. Aber es ist nicht das strahlende Weiß der Landschaft, die gestern so anziehend wirkte. Es ist ein fahler, breiiger Ton, in dem jeder Kontrast versickert. Irgendwo unter mir muss Svatý Petr oder Sankt Peter liegen, aber bevor ich mir Gedanken über Feinheiten der Namensgebung mache, muss ich diesen namenlosen Ort verlassen. Es ist dem Menschen nicht zuträglich, sich an Orten ohne Namen aufzuhalten. Deshalb hatten auch Entdecker nichts Eiligeres zu tun, als jede neue Landschaftsformation nach ihrer Frau oder dem deutschen Kaiser zu benennen.

Eskimos haben, wie einfallslose Mitmenschen an dieser Stelle gern in die Konversation einwerfen, unzählige Wörter für Schnee. Vermutlich soll damit auf die abgestumpfte Naturwahrnehmung des Stadtbewohners hingewiesen werden. Ich habe keine Geduld mit den Nachbetern dieser banalen Behauptung. Die Eskimosprachen sind polysynthetisch, was bedeutet, dass selbst selten gebrauchte Wendungen wie »Schnee, der auf ein rotes T-Shirt fällt« in einem einzigen Wort zusammengefasst werden. Es ist so ermüdend, das immer wieder erklären zu müssen.

Vor meinen Augen entsteht gerade eine neue Art Schnee, nämlich Schnee-durch-den-sich-ein-magerer-Hase-arbeitet. Ich hoffe für den Hasen, dass er ein bestimmtes Ziel vor Augen hat, auch wenn ich mir kaum vorstellen kann, dass sich ein solcher Energieaufwand für ein verdorrtes Stück Flechte lohnt. Ähnlich schwer nachvollziehbar mag wiederum dem Hasen erscheinen, warum ich mich hier durch den Schnee wühle. Ich sage »Hase«, dabei ist durchaus denkbar, dass es sich um ein Kaninchen handelt. Kaum jemand weiß, dass Hasen und Kaninchen nicht schwer voneinander zu unterscheiden sind; sie sind nicht einmal miteinander verwandt. Kaninchen sind Höhlenbewohner und gehören zu den Nagetieren, Hasen zu den Hasenartigen. Aber heute kann auch ich nicht sagen, um was für ein Tier es sich handelte, denn es war so weiß wie seine Umgebung, im Grunde also unsichtbar.

Mit dem Verschwinden des weißen Hasenkaninchens überkommt mich ein merkwürdiges Gefühl, das ich aus meiner Kindheit kenne. Es ähnelt ein wenig dem Gefühl, eine schwere Metallkugel in der Hand zu halten, nur erstreckt es sich auf den ganzen Körper, vor allem auf der Zunge und dem Gaumen breitet sich die nicht unangenehme Empfindung aus. Es muss sich doch um ein Kaninchen gehandelt haben, denn das lateinische *cuniculus* bezeichnet nicht nur das Tier, sondern auch dessen Höhle, und auf diese Höhle weist das Auftauchen des Kaninchens hin, das ist mir nicht entgangen. Außerdem waren die Ohren viel zu kurz für einen Hasen. Wenn alle Richtungen gleich aussehen, ist eine so gut wie die andere, daher würde ich dem weißen Kaninchen bereitwillig folgen, wenn es nicht ohnehin in die Richtung gelaufen wäre, die mein Plan vorsieht.

Ich glaube übrigens nicht, dass es im Riesengebirge überhaupt Kaninchen gibt, die sich im Winter weiß färben. Aber das Tier machte einen ausgesprochen realen Eindruck, und ich würde hoffentlich ein besseres, weniger ungelenkes und mageres Kaninchen herbeihalluzinieren, wenn ich mir davon Aussicht auf Rettung verspräche. Aus der Tatsache, dass sich abgesehen von dem Tier in den letzten Stunden keine plausiblen Kandidaten für Halluzinationen eingestellt haben, schließe ich, dass in meinem Körper alles nach Plan läuft. Wir kommen schon zurecht, auch ohne Blendwerk. Hauptsache, man bleibt in Bewegung.

Deshalb erzeuge ich geduldig aus Schnee-der-vor-mir-liegt Schnee-der-hinter- mir-liegt. Es ist alles eine Frage der Zeit und der Hingabe. Wenn ich genug Zeit hätte, könnte ich allen Schnee der Welt in Schnee-der-hinter-mir-liegt verwandeln, ihn hinter mir wieder glatt streichen und jede Spur meiner Durchreise tilgen. Aber ich bin etwas in Eile, und meine Hände, willige Helfer bis vor wenigen Stunden, sträuben sich jetzt gegen mich, als hätte ich ihre Loyalität überstrapaziert. Auch zu den Füßen ist der Kontakt abgerissen, aber bei meiner Fortbewegungsart habe ich ohnehin keine Verwendung für sie. Lähmung ist hinderlich für das Bein, so steht es bei Epiktet oder Joe Simpson, aber nicht für mich. Die Beine werden selbst zusehen müssen, wie sie zurechtkommen, ich kann mich heute nicht um alles kümmern.

Man kann uns kaum vorwerfen, dass wir unvorbereitet waren. Anne besaß eine Seite aus einem kostenlosen Tourismusprospekt, auf der immerhin der Anfang dessen, was wir für unseren Weg hielten, eingezeichnet war. Und ich besitze immer noch ein Digitalfoto der im Ort ausgehängten Winterwanderkarte, an dem ich mich orientieren könnte, wenn meine Kamera nicht die Angewohnheit hätte, bei niedrigen Temperaturen die Arbeit einzustellen. Natürlich müsste ich außerdem in der Lage sein, den Reißverschluss meiner Tasche zu öffnen und die Kamera zu bedienen, und schließlich scheint auch der Begriff der Orientierung eine gewisse Vorstellung von dem Punkt, an dem man sich befindet, zu beinhalten. Es ist, wie Anne zu sagen pflegt: »Wenn wir jetzt Schinken hätten, könnten wir Rührei mit Schinken machen, wenn wir Eier hätten.« Davon abgesehen möchte ich ungern die Handschuhe ausziehen, da der Vorgang des Handschuhausziehens zwar ein einfacher, seine Umkehrung jedoch auch dann nicht einfach ist, wenn die Hände kooperieren. Merkwürdig, dass es so viele nicht reversible Prozesse auf der Welt gibt. Bei genauerer Betrachtung stellt sich heraus, dass Umkehrbarkeit generell die Ausnahme darstellt und nicht die Regel, wie man es in einem vernünftig gestalteten Universum erwarten möchte. Die Tatsache, dass meine Finger bereits jetzt nicht mehr in der Lage sind, einen einfachen Reißverschluss zu bedienen, gibt mir jedenfalls zu denken. Ich weiß über Erfrierungen Bescheid, und es ist ohne Weiteres möglich, dass sich mir diese Fähigkeit nicht nur heute, sondern für immer entzieht. Verschließt, bin ich versucht zu sagen. Ich werde mir vorsorglich eine Antwort auf die Frage nach fehlenden Fingern oder Fingergliedern zurechtlegen, eine Antwort, die nichts mit Annes habitueller Verkennung von Gefahrensituationen zu tun hat. Hätte ich in meiner unzugänglichen Tasche statt einer Digitalkamera einen Handwärmer, könnte man später immerhin Catch-22-Probleme im Alltag erörtern. Ich glaube, ich werde einen Handwärmer hinzuerfinden.

Mein eigener Großvater ist nach Kriegsende wochenlang nachts durch Tschechien gewandert, um in amerikanische Kriegsgefangenschaft zu gelangen. Ich bezweifle, dass ihm besseres Kartenmaterial zur Verfügung stand als unsere Gratis-Wanderkarte, zudem war es ja dunkel. Er muss die Gene, die ihn dazu befähigten, an mich weitergegeben haben. Nein, bei näherer Betrachtung kann ich mich auf diese Überlegung nicht verlassen, denn mein Vater war zu diesem Zeitpunkt bereits gezeugt. Oder lassen sich daraus überhaupt keine Schlussfolgerungen ableiten? Die Frage wird später zu klären sein; vorerst muss ich diese Wanderung zu Ende bringen, ohne auf die Gene meines Großvaters zurückzugreifen. Natürlich bin ich letztlich nicht auf das Foto der Wanderkarte angewiesen, denn auch mein Gehirn hat ein Abbild jener Tafel in ihrem hölzernen Triptychon gespeichert. Und im Unterschied zur Kamera funktioniert es auch bei Kälte ausgezeichnet. So weiß ich, dass die Berghütten mit ihren rührend altmodischen Namen rund um uns herum so zahlreich stehen, dass sie selbst ohne Karte und im Schneetreiben kaum zu verfehlen sind: Erlebachbaude, Weißwassergrundbaude, Geiergucke, Wiesenbaude. Irgendwo zur Rechten des Weges liegt das schöne, aber auch ein wenig beunruhigende Modrý Důl. Da ich kein Tschechisch verstehe, kann es sich dabei statt um einen Ort ebenso gut um einen Hinweis an den Wanderer handeln: Hic sunt leones. Verlassen wir uns also besser nicht auf Modrý Důl und halten uns an die Hütten, die man zuvorkommenderweise oben auf Bergen zu erbauen pflegt, wo sie leicht zu finden sind. Ich weiß das zu schätzen, denn in dem grauweißen Nichts, das mich umgibt, sind die Himmelsrichtungen Oben und Unten alles, woran ich mich halten kann.

Und das sind bereits zwei Richtungen mehr als in der letzten Nacht, in der der Schnee waagerecht und in großer Eile an uns vorbeifegte. Eng aneinandergedrängt an unserem Felsblock, beobachteten wir den Schnee aus zusammengekniffenen Augen, wie man an einem Bahnübergang einen Güterzug aus nächster Nähe vorbeirasen sieht. Alle Waggons waren mit Schnee gefüllt, und der Zug nahm und nahm kein Ende. Die Schranke wollte sich nicht mehr heben. Wer hätte dieser friedlichen Landschaft solche Exzesse zugetraut?

Ein Tropfen Blut löst sich von meiner Stirn und versinkt einige Zentimeter tief im Schnee. Skorbut, die Geißel der Polarforschung, führt bekanntlich zum Wiederaufbrechen alter Wunden, aber ich kann in dieser Hinsicht ganz unbesorgt sein, denn es handelt sich um einen so frischen wie harmlosen Kratzer. Ich beobachte den Vorgang aufmerksam, seiner ungewohnten Farbigkeit wegen. Der erstarrte Tropfen hat die Form von Annes T-Shirt angenommen, oder war es Annes Anorak? Hat sie überhaupt ein rotes Kleidungsstück getragen? Entfernungen sind bei diesen Lichtverhältnissen schwer einzuschätzen, und wenn ich den Tropfen auf eine bestimmte Weise fixiere, kann ich in der Ferne die vollständige Anne erkennen.

Nachdem ich sie so eine Weile eingehend betrachtet habe, muss ich mir der intellektuellen Redlichkeit halber die Frage stellen, ob ich womöglich doch ganz ohne Annes Schuld, überhaupt ohne Anne hier gestrandet bin. Zugegeben, die Überlegung drängt sich schon seit geraumer Zeit auf. Hätte Anne sich nicht durch irgendeine eigene Regung bemerkbar machen müssen, wenn sie eine von der meinen unabhängige Existenz führte? Ihr Name ähnelt verdächtig dem meiner Schwester Annette oder wirkt doch jedenfalls einfallslos, ein beliebiger Frauenname mit A. Fragt man Menschen nach einer Farbe, antworten sie »Rot«, bittet man sie, ein Werkzeug zu nennen, sagen sie »Stein«. Nein, nicht Stein, ich glaube, man sagt »Hammer«. Auf die Frage nach einem Frauennamen würden neunzig Prozent wahrscheinlich mit »Anne« antworten. Das alles beweist natürlich noch gar nichts.

Aber es war nicht Anne, die ihre Handschuhe im Auto gelassen hat. Ich war es. Ich wollte die Hände in die Hosentaschen stecken, ein, zwei Stunden durch den Schnee zu einer tschechischen Hütte schlendern und dort ein Glas Glühwein einnehmen. Für den Rückweg würde es hier in dieser gut erschlossenen Gegend vielleicht sogar einen Sessellift geben. So hatte ich mir den Nachmittag vorgestellt, und wer selbst noch nie so gedacht hat, werfe den ersten Stein. Im Land des Glühweins und der Sessellifte sind alle diese Überlegungen unschädlich und zulässig. Aber es berührt an vielen Stellen ein Land, in dem andere Regeln gelten. Im Laufe dieser Wanderung habe ich dessen Grenze überquert und finde jetzt den Weg zurück nicht mehr. Das ist weniger problematisch, als es klingt, denn ich will gar nicht zurück. Mein Plan sieht vielmehr einen kühnen Vorstoß nach vorne und oben vor, und die Abschaffung Annes ist nur ein Teil dieses Plans. Mein Gedankenkreislauf beschränkt sich immer mehr auf das Nötigste, so wie der Blutkreislauf nur noch zentral gelegene Organe versorgt. Ich kann mir keine unnützen Gedanken leisten, die meine Energievorräte aufzehren. Ich muss mich konzentrieren, wenn die holzwurmgleiche Spur, die ich durch die Landschaft ziehe, heute noch ein Ende finden soll.

Mir ist, als hätte ich meine Lage vorhin mit dem Begriff »gestrandet« beschrieben, dessen sommerliche Konnotationen hier ganz unangemessen sind. Man erkennt daran die Vernunft früherer Generationen, die hin und wieder Schiffbruch erlitten, aber nicht ohne Not Berge zu besteigen pflegten, schon gar nicht im Winter. Dabei sind wir nicht einmal über die Baumgrenze hinausgelangt. Wenn sich die Lichtverhältnisse bessern, erkenne ich kleine, bucklige Kiefern. Vielleicht sind es aber auch dunkle Flecken. An dieser Stelle könnte ich erwähnen, dass die Birke der einzige Baum war, den Anne erkennen konnte, aber ich weiß es jetzt besser. Meine schlecht verwischte Spur im Schnee ist die Spur eines einzelnen Menschen. Mag sein, dass sich meine Erinnerungen vermischen, sicher habe ich irgendwann einmal mit Anne im Winter einen Berg bestiegen, aber das muss länger zurückliegen als nur eine Nacht und einen Nachmittag. Es passt zu den übrigen sinnlosen Bildern. Was soll ich in meiner Lage mit der Außenansicht einer bayrischen Apotheke anfangen, in der ich vor fünfzehn Jahren eine Zahnbürste erworben habe? Was will die junge, schwarzweiße Katze, der mein Grundschullehrer vor den Augen der Klasse einen Tritt versetzt? Birgt die Erinnerung an ein unleserlich beschildertes Stück Autobahn irgendeinen latenten Sinn, den ich nur nicht mehr entschlüsseln kann? Vielleicht zieht längst mein Leben in einer geordneten und cineastisch wertvollen Darstellung an mir vorbei, aber ich bin intellektuell nicht mehr in der Lage, dem Film zu folgen.

Es hätte schlimmer kommen können. Immerhin habe ich nicht versucht, meinen Proviant mit der nicht vorhandenen Anne zu teilen. Das wäre umso schwieriger gewesen, als die vier tschechischen Keksriegel in ihren Jackentaschen steckten, nicht in meinen. Nein, hier geraten mir zwei Gedanken durcheinander, was unter diesen Umständen vermutlich normal ist und niemanden weiter beunruhigen muss. Ich muss nur die richtigen von den falschen Gedanken trennen wie die Schneeflocken von den Federn. Annes Jackentaschen sind jetzt meine Jackentaschen. Sie mögen unzugänglich sein – ich werde dem Hersteller später meine Überlegungen zu Reißverschlüssen mitteilen müssen – aber es sind meine Jackentaschen und meine Keksriegel. Ich muss sie mit niemandem teilen.

Ich werde versuchen, mein Gesicht vorübergehend in den Ausschnitt meiner Jacke zu stecken wie ein Gürteltier oder ein Igel. Zum einen ist der Kopf für die Hälfte des Wärmeverlustes verantwortlich, zum anderen hoffe ich so meine Gedankengänge wieder in Ordnung zu bringen. Gut wäre es, Winterschlaf zu halten wie ein Igel, meinen Herzschlag und meine Atmung so weit zu verlangsamen, dass ich erst im Frühjahr wieder aufwache, abgemagert, aber intakt. Nansen und Johansen haben es in ihrer Erdhöhle auf Franz-Josef-Land nicht anders gehalten.

Meine Innenwelt ist nur unwesentlich wärmer als meine Umgebung. Sie ist schwarz statt weiß, und unter meiner Jacke trage ich eine weitere Jacke. Wahrscheinlich kommt darunter eine dritte Jacke, und so weiter. Ich mache mich rund und halte die Angriffsfläche für die Kälte so klein wie möglich, körperlich wie geistig. Allerdings kondensiert in dieser Stellung die Feuchtigkeit meiner Atemluft im Inneren meines Gehäuses. Das Weiße darf sich nicht mit dem Schwarzen vermischen, darauf muss ich achten.

Außerdem habe ich keine Zeit für Introspektion, ich muss mich mit der Außenwelt und ihren weißen Tieren arrangieren. Es sind die Oberflächen, die mich angehen, unberührte, abweisende Oberflächen. Es gibt Outdoorjacken aus Stoffen, von denen selbst die widerwärtigsten Flüssigkeiten spurlos abperlen, ich habe das mit eigenen Augen gesehen. Es gibt Tiere, die den antarktischen Winter barfuß auf dem Eis verbringen, es gibt argentinische Rugbyspieler, die nach einem Flugzeugabsturz siebzig Tage in den Anden überlebt haben. Das alles ist nicht so schwierig, wie es manchmal scheint. Ich habe schon im Laufe der Nacht aufgehört zu zittern.

Vor meinen Augen steigt ein Nachbild der fallenden Schneeflocken nach oben. Schnee-Antimaterie hebt alles Geschehene auf. Das Auftauchen schwarzer Tiere vor diesem Hintergrund würde meinen Hasen endgültig disqualifizieren, es sei denn, er wäre wie das Schaf des Mathematikers nur auf einer Seite weiß gewesen. Aber ich muss dieses fragile Gleichgewicht stören, den Kopf aus meinem Daunengefieder ziehen und mich wieder an die Arbeit machen. Gleich, wenn ich so weit bin. In wenigen Minuten.

Hinter mir könnte man im Windschatten des Felsblocks immer noch Annes nackten Arm und einen Teil ihres roten T-Shirts erkennen. Aber das ist eine rein hypothetische Überlegung, denn ich werde mich auf keinen Fall umdrehen. Anne ist zum Punkt geworden, ich bin eine Linie. Ich komme voran.

Aus der Diskussion der Jury zu Kathrin Passig

Heinrich Detering: »Endlich«, möchte man sagen. Ich möchte Iris Radisch zitieren, die aus gleichem Anlass an dieser Stelle vor zwei Jahren gesagt hat: »Ich glaube, wir haben eine sehr gute deutsche Schriftstellerin entdeckt und einen außerordentlichen, bemerkenswerten Text«, von dem ich restlos überzeugt bin. Und restlos heißt, dass ich tatsächlich nicht sehe, wo dieser Text Fehler oder Makel hätte. Er ist komisch, das ist schon mal etwas. Er ist *todkomisch,* und er schafft die Balance zwischen Tod und Komik in einer Weise, die ich atemberaubend finde. Dieser Text hält das, womit er angefangen hat, auf eine Weise durch, von der ich während des ersten Lesens, ich habe ihn inzwischen schon einige Male gelesen, nicht gedacht hätte, dass er das schaffen kann, sowohl sprachlich als auch kompositorisch: in der Spannungsregie, im Rhythmus, in der Phrasierung. Es gibt ja eine Fülle von Analysekategorien, mit denen Juroren (und das ist ihre Aufgabe, die sollen sie auch erfüllen) versuchen, Texte analytisch zu erklären, um sie dadurch aufzuwerten oder ihre Vorzüge herauszuheben. Man könnte viele dieser Begriffe, in die wir eingeübt sind, auf diesen Text verwenden. Er ist realistisch, präzise und parabelhaft bis in die letzten Dinge hinein. Er ist auf eine ganz bizarre, komische Weise Rollenprosa, die hält. Er ist perspektivisch übergenau; er ist kompositorisch in seiner Selbstreflexion, in der Reflexion über das Schreiben und über die Funktion dessen, was wir eigentlich alle tun. Ein Text über Menschheitsfragen und zugleich ein Text über eine einzige Figur. Und er ist gerade deshalb das Erste, weil er das Zweite so konsequent ist. »Wir kommen schon zurecht«, steht da, »auch ohne Blendwerk, Hauptsache wir bleiben in Bewegung«. So sind wir, so kriechen wir durch den Schnee, und der Text muss das gar nicht sagen, er muss gar nicht mit einer Beckettfigur prunken. Ich nenne einen anderen Text, nicht um den vorliegenden aufzuwerten, das hat er überhaupt nicht nötig, sondern um einen Vergleichsfall zu geben. Von William Golding gibt es einen Roman, der heißt »Der Felsen des zweiten Todes« und schildert die Erlebnisse eines Soldaten, der im Pazifikkrieg auf einem winzigen Felsen allein gestrandet ist, und gibt nur dessen Perspektive, dessen Beobachtungen und Selbstbeobachtungen wieder. Wir bemerken dabei schon relativ früh, dass dieser Soldat stirbt, während er in den Halluzinationen seines sterbenden Hirns noch glaubt, dass er sich auf eine Art Besserungs,- Siegeszug befindet. Und dann kommt der Augenblick, in dem der Soldat einen Hummer an sich vorbeikriechen sieht, und dieser Hummer ist rot. Der Soldat weiß mit seinem sterbenden Gehirn aber noch, dass Hummer nur rot sind, wenn man sie gesotten hat, und dass sie so niemals in der freien Natur herumkriechen. Diese Albtraumsekunde ist es, um die sich der Text dreht, und er tut das mit derselben makellosen Präzision, mit der Goldings Text das tut. Ich bin begeistert.

Klaus Nüchtern: Das Humordefizit in Klagenfurt ist hiermit behoben. Ich kann mich dem Urteil des Kollegen Detering nur anschließen. Es ist ein Kontrollverlusts-Überkompensationstext, der je schlimmer es wird umso souveräner wird in den Erklärungen, mit denen er sich selbst überlegen zeigen will. Ich nehme an, das »Pfeifen im Walde« und »Philosophieren im Schnee« deutet auf eine »Alice im Winterwonderland« – Geschichte hin, wie die Anspielung mit dem Kaninchen und dem Hasen, die ja auch beide durch »Alice im Wonderland« hoppeln. Das sind Todesphantasien oder Nahtoderzählungen, ich glaube es gibt auch von Ambrose Bierce eine solche Geschichte von einem Gehängten. Sehr schön finde ich diese aphoristische, schnoddrige Souveränität eines Zivilisationsapologeten, der weiß, dass man auf Berge nicht gehört. Mir ist das sehr nahvollziehbar, denn, so gerne ich das tue, habe ich auch schon um zwei am Nachmittag auf irgendwelchen österreichischen Waldstraßen dem Tod ins Auge zu blicken geglaubt.

Martin Ebel: Ich möchte nicht widersprechen. Mir ist es ähnlich gegangen wie Herrn Detering: Der Text wächst mit mehrfacher Lektüre. Das ist etwas, das nicht allen Texten eigen ist. Die letzte Dimension, die mir beim Lesen, oder beim Wieder-Lesen zugewachsen ist, ist in der Tat die Komik, was auch damit zu tun hat, dass Sie das sehr unterkühlt gelesen haben und genau richtig gelesen haben, wie ich finde. Die Komik fängt schon an mit dem Titel »Sie befinden sich hier«, nichts ist angemessener für diesen Text als dieser Titel, wobei der Punkt, der das *Hier* bezeichnet, weggelassen ist. Dieser Text ist in einer ständigen Bewegung, aber diese Bewegung führt nirgendwohin, denn am Anfang ist die Erzählerin da, wo sie am Schluss auch ist. Sie sagt: »Wenn ich mich umdrehe, kann ich Anne noch sehen.« Vorher ist sie die ganze Zeit vorwärts gekrabbelt. Diese Verwirrung des Textes, diese Verwirrung der Erzählerin, wird natürlich dem Leser aufgedrückt. Der Leser muss da mit durch, der Leser muss in den Schnee, und was ihn eigentlich bei der Stange hält, das ist die ständige Unangemessenheit des Geredes. Sie haben es ja schon auf einen noch schöneren Begriff gebracht als ich. Das ist eine Wissenschaftlerin, die ist voller Wissen, voller Halbwissen, vor allem Besserwissen, und dieses Besserwissen, das müssen wir ertragen.

Was ist mit Hasen, was ist mit Kaninchen? Die einen gehören zu dieser, die anderen zu jener Spezies, weiss die Heldin, und dann rastet dieses Wissen aber dauernd aus. Sie nimmt sich selbst immer beiseite und korrigiert: »Nein, so ist es doch nicht«, man sagt nicht Stein, man sagt Hammer. Dann kommt die Statistik: »Nein, die Statistik bringt uns hier nichts.« Sie dekonstruiert ihr eigenes Wissen hier in einem fort, und warum dieses ganze Gerede? Warum dieses ganze Besserwissen? Weil es eigentlich ein Verbergen ist.

Dieser ganze Text will etwas verbergen und verbirgt es durch übergroßes Gerede. Was ist dieses Verbergen? Dieses Verbergen betrifft Anne. Worum geht's? Irgendetwas ist mit Anne passiert. Wir wissen es nicht, wir erfahren es auch nicht, und die Erzählerin will diese Anne eigentlich auch weg haben. Nicht nur real, sondern auch aus dem Text. Sie sagt dann auch: »Vielleicht war sie gar nicht da.« Anne kommt aber immer wieder. So wie der Mörder immer wieder an seinen Tatort zurückkehrt, so kehrt dieser Text immer wieder zu Anne zurück, und am Schluss ist sie da, wir können sie sehen und wissen doch nicht einmal, ob sie überhaupt jemals existiert hat. Der Leser ist am Schluss genauso verwirrt wie am Anfang, aber er hat einen tollen Text gelesen.

Ursula März: Auch mir hat der Text sehr gut gefallen, das ist, glaube ich, nicht schwer zu sagen. Da sind wir uns wahrscheinlich gar nicht so uneinig. Was ich ihm zugute halte, ist, dass er mit einer nicht gerade unabgenutzten symbolischen Fläche in der deutschen Literatur, mit dem Schnee, so umgeht, dass man nicht gleich die Augen nach oben verdreht. Er spielt darauf an, und natürlich schafft er es auch, weil es ein Text aus dem Geist des Euphemismus ist. Es fängt schon mit dem ersten Satz an. Da heißt es: »Wenn man im Winter in eine missliche Lage gerät ...« Eine missliche Lage im Winter ist, wenn man vergessen hat, draußen das Licht auszumachen, aber hier ist es im Grunde die letzte Sekunde vor dem Ende. Ich will nicht alles wiederholen, was meine Vorredner gesagt, gelobt haben. Ich habe eine Überlegung. Ich bin mir sehr unsicher, ob dieses Abstandsverhältnis zwischen dem, was wirklich los ist, und dem, was eine euphemistische Einbildung ist, nicht zu geradlinig durchgehalten wird, ob sozusagen dieses Nicht-Dasein der Anne, diese Illusion, ob das nicht ein bisschen zu schematisch ist. Aber das ist ein kleiner Tropfen Wasser in einem wirklich ziemlich guten Wein. Dazu sind wir da, Herr Detering.

Ilma Rakusa: Mir hat der Text auch wirklich sehr gut gefallen. Ich halte ihn in seiner Konsequenz für fast makellos – ein gefährliches Wort, aber hier würde ich es gerne anwenden. Es wurde schon gesagt, dass das Wissen aufgewertet wird, es wird gewissermaßen auch immer wieder relativiert oder dekonstruiert. Wunderbar gefunden habe ich die Sache mit der Eskimosprache. Es ist einfach die Eigenheit der Sprache, dass Schnee in so vielen Variationen vorkommt. Die polysynthetischen Sprachen und auch die agglutinierenden können das. Das ist ein Detail, das glänzend eingesetzt ist, und eine solche Stelle strahlt aus, also der Text oszilliert philosophisch, auch poetisch, ohne dass er gekünstelte Anstrengungen macht, sondern das ergibt sich wirklich durch die Konzeption, durch das viele Wissen, das da ist, durch die Ausgangssituation und durch die Durchführung. Ich bin sehr angetan.

Iris Radisch: Es wurde gesagt, dass es sich um ein unangemessenes Sprechen handelt. Dem kann ich als Einziges nicht zustimmen, weil das einzig Angemessene, das in dieser Situation zu leisten ist, ist, sich unangemessen zu verhalten. Ich finde, es ist die sehr schöne Pointe des Textes, dass in Lebensgefahr der Ironiker überlebt. Also hier ist es jedenfalls so, dass der, der sich alles neu deutet und sich alles neu aushandelt und zu nichts mehr ein stabiles, sondern ein in höchstem Grad bewegliches Verhältnis hat, dass der den angemessenen und auch den überlegenen Standpunkt hat. Das finde ich, ist fast eine Lehre, die man aus diesem Wettbewerb mitnehmen kann, dass der Tragiker untergeht. Der Tragiker, der das Gegebene als gegeben nimmt und sich dann nicht mehr weiterbewegt, weil alles festliegt, der geht unter, und der, der immer wieder alles neu, auch literarisch und sprachlich, aushandelt, der kommt durch. Das ist eine sehr schöne Lehre, und es ist keine Frage, dass mir der Text sehr gut gefallen hat.

Burkhard Spinnen: Aber er kommt durch im Gleichnis. Die Figur kommt nicht durch. Lesevarianten sind etwas Schönes, wenn ein Text sie anbietet. Die Variante hatte sich mir eigentlich nicht angeboten, mir hatte sich auch nicht die Variante angeboten, dass es keine Anne gibt. Es ist übrigens ein Genretext, Erfrieren im Eis, das ist ein Topos – ich denke, so ist es auch bei Thomas Mann im »Zauberberg«. Mir ist jedenfalls völlig klar, dass die Protagonistin sich nicht bewegt hat, seitdem sie Anne erstens die Jacke geklaut, zweitens ihr eine übergezogen hat, und dass die sich noch wehrte und ihr einen Kratzer zufügte, weshalb da die Blutstropfen etwas parzialmäßig in den Schnee fallen. Also so groß sehe ich die Variationsbreite nicht, und infolgedessen: Auch Ironiker sterben, Frau Radisch.

Iris Radisch: Aber schöner.

Burkhard Spinnen: Schöner, ganz ohne Zweifel, und humorvoller, aber nur für die, die zusehen oder zuhören. Mir hat an diesem Text gefallen, dass meine große Befürchtung, dass etwas, das ich im ersten Satz weiß, und was dann, wenn es eintrifft – na ja, ich wusste eben schon, dass es Genre ist! Aber es gibt auch gutes Genre. Es gibt Genrebilder, die dem, was in diesem Genre gemacht wird und möglich ist, durchaus noch etwas hinzufügen. Nicht nur Virtuosität, sondern auch so etwas wie Zeitgenossenschaft. Hier wird anders erfroren, ich würde sagen, hier wird extrem zeitgenössisch erfroren. Einen herzlichen Dank auch für das von Ihnen gestaltete Porträt, das mich nach Dutzenden solcher Porträts auch mit dieser Gattung wieder etwas versöhnt hat.

Karl Corino: Es ist ein faszinierender Text. Ein Text, bei dem ich zwischen Ärger und Verwirrung immer wieder hin- und hergerissen war, aber nicht losgelassen wurde, das gebe ich gerne zu. Wir haben einen merkwürdigen Gegensatz: Auf der einen Seite wird uns suggeriert, dass hier jemand in einer absolut lebensbedrohlichen Situation ist – zwei Tage im Freien, abgeschnitten von der menschlichen Zivilisation, und auf der anderen Seite bekommt man dauernd den pädagogischen Zeigefinger. So ist ja schon der Einsatz »Wenn man im Winter in eine missliche Lage gerät ...« Das ist ja kein Ansatz oder keine Schilderung der Situation, sondern das ist abstrakt und abgehoben. Und das geht so weit, dass selbst beim Absterben der Hände und Füße sofort wieder ein Witz kommt. Das finde ich doch zum Teil etwas makaber und habe den Eindruck, dass sich da jemand nicht in einem Riesengebirge verirrt hat, sondern in einem Seminarraum, wo dann aber doch immer die richtigen Wörterbücher stehen. In dem Fall Georges lateinisches Handwörterbuch in zwei dicken, schwarzen Bänden, das ich auch zu Hause stehen habe und wo man nachschlagen kann, dass cuniculus tatsächlich sowohl Kaninchen als auch Kaninchenröhre bedeutet. Also da ist mir die Philologie dann doch etwas zu weit getrieben, aber das Geheimnis der Anne, das uns Herr Spinnen schon weitgehend gelöst hat, das ist in der Tat ein Faszinosum. So stehe ich zum Schluss etwas unentschieden vor diesem Text, habe aber den Eindruck, dass er seinen Weg machen wird.

Heinrich Detering: Ich möchte gerne Herrn Corinos Entscheidungsschwierigkeiten etwas auf den rechten Weg helfen mit dem Hinweis: Es ist nicht nur kein Gegensatz, dass sich die Sprecherin dieses Textes nicht im Riesengebirge, sondern im Seminarraum verirrt hat, nein: Sie hat sich in einem Riesengebirge verirrt, das die Seminarräume sehr gut kennt. Was mich betrifft: Ich wäre froh, wenn ich in diesem Zustand ein solches Reflexions- und Assoziationsniveau halten könnte. Was hier geschieht, das ist ja gerade das in der Komik Unheimliche, denn diese Figur wird nicht im Geringsten denunziert, wir können uns ihr nicht im Geringsten überlegen fühlen. Sondern wir führen auf diese Weise reflektierend unser Leben, versuchen seine Schmerzpunkte zu überdecken, mit Ängsten umzugehen, in einer

Situation völliger Orientierungslosigkeit eine gewisse Vorstellung von dem Punkt zu haben, an dem man sich befindet. Ich hasse es, diesen Satz zu sagen, aber ich sage ihn mit dieser Prämisse doch: Diese Erzählerin, das sind wir.

Daniela Strigl: Karl Corino hat gerade den Witz des Textes so beschrieben, dass vom Witz nichts mehr übrig war. Das ist nicht leicht. Man kann sich tatsächlich auch in einem Seminarraum verirren, das erscheint mir jetzt als sehr plausibel. Das ist ja klar, dass das hier ein inadäquates Sprechen ist, in jeder Hinsicht eine inadäquate Bewältigung der Situation. Interessant ist: Man kann sich beides vorstellen, dass es einen Erzäler oder eine Erzählerin gibt. Beides ist, wenn man den Text anschaut, vollkommen legitim. Ich gebe aber zu, aus geschlechtsspezifischen Vorurteilen heraus war das für mich gleich ein Erzähler, und offensichtlich habe ich nicht gedacht, das bin ich. Also diese obergescheite Art, wie dieser Erzähler etwa über Anne redet, die so dumm ist, mit einer Panoramaprospektkarte ins Gebirge aufzubrechen, war für mich ein Indiz. Allerdings darf ich auch nicht den ersten Stein werfen, denn ich habe mich schon öfters, wenn auch nicht so dramatisch, verirrt, wenn ich nur zu einem kleinen Spaziergang aufbrechen wollte. Vielleicht kommt das auch zu dem Vergnügen hinzu, das ich an dem Text habe, dass ich schon weiß, wie man sich da fühlt und wie die Phantasie arbeitet. Dieser Erzähler sagt, er könne sich keine unnützen Gedanken leisten und leistet sich nichts anderes als unnütze, professorale Gedanken über Gott und die Welt. Die Hälfte von diesen Sachen mag stimmen, die kann man im Wörterbuch nachlesen, einiges ist ganz durcheinander geraten, und da sagt der Erzähler selbst: »Da bin ich jetzt nicht so sicher, ob jetzt Jansen dort war oder der andere.« Diese Besserwisserei geht aber über den Tod hinaus, über den Tod des Ich, den wir alle erwarten. Der will ja sogar den Reißverschlusshersteller noch verklagen, sogar da gibt es ein Restbedürfnis an Klüger-Sein als die anderen. Ich muss nicht viel dazu sagen. Ich bin froh über die kriminalistische Arbeit, die Burkhard Spinnen erledigt hat, denn es ist für jeden Krimileser klar, die rostbraunen Flecken sind schon das erste Signal, dass es nicht ohne Blut abgegangen ist, und es gibt mehrere solcher Signale. Zum Schluss, wo der Erzähler den Blick zurück verweigert, ist die Sache dann relativ klar.

ELMAR KREKELER

Kathrin Passig im Porträt

Gefährliche trojanische Pferde, das wissen wir jetzt endlich, sind eher klein, tragen blaue T-Shirts und kommen mit dem Fahrrad zum Interview. Sie sind Mitte dreißig und späte Kinder der hedonistischen neunziger. Die meiste Zeit ihres Lebens, sagen sie selbst, haben sie im Netz verbracht. Die Erkenntnis allerdings, dass es mit der Ironie und der so genannten Spaßgesellschaft vorbei sei, dass wir im Zeitalter der neuen Ernsthaftigkeit leben, das alles ist an ihnen vorübergegangen, besser gesagt: Das alles interessiert sie nicht. Sie schrauben so lange an der Mutter aller Ironie, bis ihnen keiner mehr glaubt. Und alle ihnen alles zutrauen.

Zum Beispiel das: Dass ein außerbetrieblich kulturoppositionelles Netzwerk Berliner Intellektueller namens Zentrale Intelligenz Agentur (ZIA) den Klagenfurter Bachmannwettbewerb unterwandert. Indem es trojanische Pferde (Netzdeutsch für Überbringer systemzerstörerischer Viren) in dieses Herz des Literaturbetriebs entsendet, um eben jenen Betrieb so richtig schön lächerlich zu machen. Und um, so lautet der Auftrag, mit einem kollektiv erstellten perfekt zielgruppen-, sprich: klagenfurtjuryorientierten Text den Bachmannpreis zu gewinnen. Auf dass sie später im hauseigenen Weblog namens »Riesenmaschine« die Botschaft »Mission erfüllt« rundmailen können. Und alle recht herzhaft lachen.

Soweit die Verschwörungstheorie.

Kaum hatte Kathrin Passig den Bachmannpreis gewonnen für ihren Text »Sie befinden sich hier« und in ihrem ZIA-Shirt den obligatorischen Bachmannpreisträger-Blumenstrauß in die Höhe und in die Kameras gehalten, wusste von den Anwesenden kaum einer mehr, wo er sich gerade wirklich befand. Paranoische Betriebstheorien schossen ins Kraut. Netzexegeten waren von der offensichtlichen Unterwanderung begeistert. Der Betrieb, der von der kulturellen Randsportart, die Netzagenten betreiben, bisher herzlich wenig mitbekommen hatte, gab sich milde schockiert angesichts des Gerüchts, dass da möglicherweise ein zielgruppenorientiertes Lohnbuchschreiberkollektiv die hehre Literatur mit einem gewissermaßen autorenlosen Text ad absurdum geführt hatte.

So richtig übel nehmen will die 36-jährige gebürtige Deggendorferin niemandem den Verdacht, dass sie nur die Marionette einer Unterwanderungsbewegung gewesen und ihr Text gar nicht ihr Text, sondern eine Gemeinschaftslaubsägearbeit gewesen sei. Schließlich sei sie bisher eben hauptsächlich als Autorin in kollektiven Internet-Projekten wie der »Riesenmaschine« und den »Höflichen Paparazzi« in Erscheinung getreten und mit Sachbüchern wie dem SM-Ratgeber »Die Wahl der Qual«, den sie gemeinsam mit einer Co-Autorin verfertigt hatte.

An »Sie befinden sich hier« allerdings, beharrt sie, habe sie allein, sie ganz allein sich gut zwei Wochen lang abgequält. Mehr abgequält, als sie es sich vorher gedacht habe. Änderungsvorschläge ihres ZIA-Klagenfurt-Vorgängers Wolfgang Herrndorf habe sie zwar zwischenzeitlich eingebaut, nach und nach allerdings wieder eliminiert, weil literarische Texte eben doch ganz anders funktionieren als faktionale und die Fremdsätze ihr beim Lesen wie Fremdkörper vorkamen.

Zufrieden ist sie sowieso nicht mit dem Ergebnis ihres ersten Literaturversuchs. »Ich wollte, daß die Leserungewissheit deutlicher ist. Daß es Phasen gibt, in denen der Leser erst das glaubt und dann jenes und dann denkt, nein, es war vielleicht doch ganz anders. Das Ergebnis jetzt ist ein Mischmasch. Das hätte ich gern alles noch klarer gehabt.« Aber dann ist ihr die Zeit davongelaufen und Lust hatte sie auch keine mehr. Überhaupt habe sie das Ganze nur widerwillig hingeschrieben und nur durchgehalten, weil sie so sehr in Klagenfurt lesen wollte.

Der Vorwurf, dass sie ihren Text auf Klagenfurt hin geschrieben habe, überraschte sie am meisten von allen postklagenfurtischen Diskussionen. »Ich wußte gar nicht, dass das als unfein gilt. Ich dachte, das machen alle. Selbst die, die ihren Text aus der Schublade nehmen, überlegen sich doch, was sie da aus der Schublade nehmen. Ich wollte einfach nach Klagenfurt. Fand das als Besucher lustig und dachte, als Teilnehmer ist es noch lustiger.« Natürlich könne man auf etliche Klagenfurttexte der vergangenen Jahre den von Thomas Kapielski für die Malerei erfundenen Stempel mit der Aufschrift »Dit könn wa ooch« drücken. Das Kompilieren eines ultimativen Klagenfurtgewinnertextes um Klagenfurttexte fürderhin unmöglich zu machen, sei aber gar nicht ihr Ziel gewesen. An Klagenfurt habe sie, bis auf Kleinigkeiten, gar nichts zu kritisieren.

Sie hat sich literarisch ausprobieren wollen. Und damit eigentlich einen Schwur gebrochen. Als sie 1991 ankam in Berlin, weil die Germanistin und Anglistin endlich an einer Universität mit einem ordentlich dicken Vorlesungsverzeichnis studieren wollte, kam sie kurzfristig bei den Rutschkys unter. Deren studentische Gäste werden gern später Literaten. Kathrin Passig wollte was Ordentliches werden. Sie ist ein Musterbeispiel einer Intellektuellengeneration, die in prekären Vertragsverhältnissen lebt. Woran sie gar nichts schlimmes findet. Sie arbeitete als Krimibuchhändlerin. Sie übersetzt aus dem Englischen – zuletzt den ersten Teil der »Chronicles«, der Tagebücher von Bob Dylan. Sie schreibt für das Internetforum »Höfliche Paparazzi« (Co-Paparazzo und Sammelsurium-Versammler Christian Ankowitsch infizierte sie mit dem Klagenfurt-Virus). Sie schreibt für das Weblog »Riesenmaschine«, das im vergangenen Jahr mit dem Grimme-Online-Award ausgezeichnet wurde. Sie schreibt Kolumnen in der Berliner Zeitung und in der taz. Sie ist 2001 vor allem auch technische Geburtshelferin und Gründungsmitglied der Zentralen Intelligenz Agentur. Sie veröffentlicht im Verbrecher Verlag eine Auswahl ihrer Kolumnen mit dem Titel »Das nächste große Ding«. Derzeit arbeitet sie mit ihrem Freund Alexander Scholz am »Lexikon des Unwissens«, einem geistigen Abenteuerbuch mit Expeditionen zu den letzten weißen Flecken unserer Wissensgesellschaft, das im Frühjahr 2007 erscheinen soll. Als Kind sei sie fest davon überzeugt gewesen, dass alles schon bekannt und erforscht sei und traurig gewesen, in so eine ausgeforschte Welt hineingeboren zu sein. So ausgeforscht ist sie aber nicht. Wie Narkose zum Beispiel wirklich funktioniert oder wie man am Ende wirklich eine Erkältung bekommt, weiß man bis heute nicht. 50 bis 60 dieser weißen Flecken wird das Lexikon ausmessen.

Das fehlende literarische Werk will sie später nachliefern. Dazu fühlt sie sich mit 30000 Euro im Rücken doch verpflichtet. »Nach dem Motto ›Take the money and run‹ mit dem Preisgeld in der Tasche ›Tschüss Literatur‹ zu sagen, gehört sich nicht.«

»Sie befinden sich hier« ist der erste Versuch, das Repertoire der Formate, die sie zu füllen, der Module, in denen sie zu arbeiten in der Lage war, ins Literarische zu erweitern. Was sie am Ende an ihrer schließlich fast widerwillig fertiggestellten Erzählung am meisten selbst überrascht habe, ist, wie groß der Mehrwert eines literarischen Textes gegenüber einem Sachtext sein kann. Schon dass bei diesem ernsten Text (»ernster kann ich nicht«) Menschen in Klagenfurt gelacht haben, macht sie staunen, und mehr noch, »daß da Metaebenen hineingelesen werden können, die ich gar nicht beabsichtigt hatte. Da kommt so ein Text aus einem heraus, und dann führt er ein Eigenleben. Und manch einer betrachtet mit Verwunderung, was der alles kann.«

Was jetzt doch wieder sehr nach dem guten, alten, romantischen Dichter-Ich klingt. Dichter-Ich? Wenn, sagt Kathrin Passig, sie in ihren Literaturseminaren besser aufgepasst hätte, könnte sie jetzt eine Systemtheorie entwickeln, so bleibts bei der einfachen Wahrheit, »dass Literatur eben automatisch aus der Person des Autors entsteht, dagegen kann man nichts machen. Egal, ob man für die Miete schreibt oder aus dem Drang, sein Herz ausschütten zu müssen. Das macht doch für den Text keinen Unterschied«.

Davon, dass »Sie befinden sich hier« ohne Erlebnishintergrund am Reißbrett entstanden wäre, um die Post-Shackleton-Fräulein-Smilla-Eisüberlebendenliteratur zu karikieren, kann auch keine Rede sein. Die Erzählgrundlage bildet ein Miniabenteuer, das Passig in einem Erlebnisbericht schnell für die »Paparazzi« geschrieben hat. Richtig gefährlich war es nicht. Aber sehr frostig war es schon. Wobei Passig bereitwillig zugibt, der Satz »Ach, das geht auch so« sei der Fluch ihres Lebens, sie neige dazu, in Schwierigkeiten zu geraten wegen mangelnder Vorbereitung und schlechter Ausrüstung. Jedenfalls sei sie mit Freund und Auto und feiner Survival-Ausstattung in einem kanadischen Nationalpark unterwegs gewesen. Nachmittags. Nur eine kleine Runde. Zwölf Kilometer. Normalerweise zwei Stunden. Niemand wußte, wo sie waren. Dann wurde es dunkel. Dann wurde es kalt. Sie verliefen sich. Die GPS-Geräte, die Stirnlampe, die Winterjacken und -handschuhe lagen im Auto. Und Passig malte sich schon die höhnischen Nachrufe aus, wäre sie »irgendwo auf einem gut beschilderten Wanderweg in einem kanadischen Nationalpark steif gefroren aufgefunden worden«. Zweihundert Meter vom Parkplatz weg.

Ein ironisches Ende, das keiner geglaubt hätte, das zwar tragisch gewesen wäre, aber seltsam gepasst hätte ins Bild der geheimnisvollen, geheimniskrämerischen, ironischen Firma namens ZIA, die ohne Büros auskommt und vor der nun alle eine diffuse Angst haben. Mit Anfang dreißig hatte Kathrin Passig das »kapitalistisch-sozialistische Joint-venture« co-gegründet, als sehr privates Experiment. Sie hatte längere Zeit studiert und dann immer nur selbstständig gearbeitet. Die ZIA war die Möglichkeit, mit der Welt der richtigen Arbeit in Kontakt zu kommen. Was besonders reizvoll gewesen sei daran, war »die Kombination aus völligem Quatschprojekt und seriöser Firmenfassade«. Die ZIAler mischten Brotjobs und Spaßveranstaltungen, arbeiteten als Trendscouts, fertigten Trend-Newsletter, fungierten als Werbeagenten und erholten sich von der Arbeitswelt durch Powerpoint-Karaoke (aus dem Netz gezogene Powerpoint-Präsentationen, zu denen dann improvisiert wird) und Berlin Bunny Lectures.

Zumindest das Kulturprogramm, das sie seit Anfang des Jahres wieder in den Mittelpunkt ihrer Arbeit stellen, riecht nach verspäteter Spaßgesellschaft. Soll es aber nicht. Oder nur bedingt. »Die Mechanismen der Spaßgesellschaft übertragen wir auf die Arbeitswelt. Man nimmt, wie in Klagenfurt, die Formen und Ausprägungen schon ernst, aber nicht bierernst.« In die beliebte Generation-Golf-Schublade lassen sie sich nicht kommentarlos sperren. »Insofern sind wir Kinder der achtziger, als uns die Affirmation selbstverständlicher ist, dass die Arbeitswelt und die Politik eher eine freundliche Spielwiese ist.« Kann sich also der Betrieb wieder zurücklehnen und von Klagenfurt 2007 träumen? Droht doch nicht die Weltmachtergreifung der ZIA, wie sie Wolfgang Herrndorf im Netz gefordert hatte? Keine Anarchie, keine außerbetriebliche Oppostion?

Schon das Oppositionelle lehnt Kathrin Passig ab für die ZIA. »Es ist eher eine außerbetriebliche Affirmation. Die ZIA spielt natürlich mit dem Bösen des Kapitalismus und der Geheimdienste.« Aber mit der ZIA ist es eben wie mit den meisten Berliner Hunden im Tiergarten, sie beißen nicht, sie wollen nur spielen. Die Formel, auf die sich die ZIA inzwischen vorläufig geeinigt hat für die nahe Zukunft, in der sie sich aufs kreuz- und querdenkende kulturelle Kerngeschäft konzentrieren will, lautet jedenfalls sehr friedlich. »Die ZIA verwandelt intellektuelle Obsessionen in geschmeidige Kulturformate.«

Intellektuelle Obsession? Geschmeidiges Kulturformat? Das ist, das könnte doch ...? Klagenfurt!

BODO HELL

Stadt Land Berg

Und wieder: durchs Dickicht der Verweise nur eine kleine Schneise

Aarau / Armenien / Ararat / Amazonas / Antonius Abbas / Akonit / Anlageberater / Aeskulapnatter, *Achtung, wir schließen*: das teilen wir Ihnen ohne Umstände auf dieser unserer Aussendung an den Freundes- respektive Kundenkreis mit, doch die Formel *Achtung, wir schließen* ist nicht etwa als Titel für eine neue Kollektion aufzufassen, als besonders gefinkelter WerbeGag, wie wenn wir damit sagen wollten: wir machen jetzt nach einer Phase der Öffnung wieder alle Knöpfe, Zipps und Klettverschlüsse zu und möchten Ihnen das am eigenen Körper auch demonstrieren, oder andersherum: wir verstauen ab jetzt alle gefährdeten Verschlusssachen in den Sicherheitstaschen und Dokumentengürteln nah am Leib, an Brust und Taille, oder einfach: ab heute noch einmal erhöhter Sonderrabatt vor Totalauflösung, es wäre allerdings wünschenswert, wenn Sie den Hinweis *Achtung wir schließen* in dem Sinn verstehen könnten: dass wir nämlich den Salon/Laden/Denkpool am Standort mangels ausreichender Frequenz/Valenz zusperren, was auf eine notwendige Einsparungsmaßnahme im Rahmen unserer unternehmerischen Gesamtplanung schließen lässt, und sollten Sie weiterhin an den Exquisit-Modellen und bewährten Basics interessiert sein (was wir hoffen und aus gutem Grund anzunehmen uns erlauben), dann besuchen Sie uns bitte in der Zentrale, eine Stippvisite dort lohnt sich allemal, schließlich gilt als paradoxe Konsequenz der Ankündigung: *Achtung, wir schließen* auch für uns jetzt die Devise: *Schluss mit wenig, her mit mehr*

Tallin / Turkmenistan / Tristkopf / Traun / Tamara / Tagpfauenauge / Tennislehrer / Tannenhäher, den Tag musst du in der Früh suchen, sagt der Landmensch (und sei es des Bauern jüngerer Bruder, welcher spricht und als weichender Erbe in die nahe Stadt gezogen ist), wenn du den Tag nicht in aller Früh suchst, zerbröselt dir die Arbeit zwischen den Fingern, d. h. du bleibst in unausführbaren Vorhaben stecken, ostseitige Schlafräume unterstützen besonders bei älteren Personen die morgendlich wichtige Cortisolausschüttung, auch haben es Frühaufsteher (sogenannte *Lerchen*) in unserer Gesellschaft mit ihrer vormittagsorientierten Zeiteinteilung leichter denn Langschläfer, und also fallen diese sogenannten *Eulen* oft mirnichtsdirnichts in den sozialen Jetlag, der Großteil der Arbeitsmenschen sowie sämtliche Stalltiere mit ihrer trägen inneren Uhr hinken nach der Umstellung bekanntlich ohnedies eine Zeit lang um 1 Stunde und mehr hinterher, bei verminderter Produktivität (Milchleistung) und gesteigerten Konzentrationsstörungen, wir überschreiten also gemeinsam zeitversetzt den munteren Pünktlichkeitsbach, oder wir haben einzeln vor dem schwallhaft tosenden UnpünktlichkeitsWasserfall haltgemacht (ganz wie Sie wollen), ohne allerdings im weiteren Verlauf strikt rinnsalaufwärts bis zur Quelle mit dem schönen Namen ABERMALS vorgestoßen zu sein, eines gilt allemal: Wenn man selber schon je einer war, dann weiß man auch besser, was ein Mensch ist und sein könnte, als wenn man mit dem Menschsein ganz neu anfangen muss, von der Pike auf und von heute an, darauf wollte ich ohnedies gerade hinweisen: dass nämlich unsere soeben erstellten AnamneseBögen mittlerweile äußerst elaboriert sind und, weil standardisiert, auch ergebniseffizient auszuwerten

Hiroshima / Holland / Himalaya / Hinterrhein / Hildegund / Hollunder / Heilpraktiker / Haushund, sogar die Heilmittel (pharmazeutische wie phytotherapeutische) unterliegen dem Auf und Ab von Moden und Aufmerksamkeitszyklen, bis zu 95 % der eingenommenen Wirkstoffe werden von den Anwendern auch wieder ausgeschieden und sind dann in den Kläranlagen nachweisbar, am spektakulärsten die Östrogene aus Antibabypillen: sie stehen schon seit längerem im Verdacht, etwa bei männlichen Fischen die Bildung weiblicher Geschlechtsorgane hervorzurufen, dagegen ist manches traditionelle Heilkraut stillschweigend auf die B-Liste gesetzt worden, da die Inhaltsstoffe nicht (oder noch nicht) gründlich untersucht wurden, **Basel / Belgien / Buchberg / Brenta / Balthasar / Benediktenkraut / Bauarbeiter/ Braunbär Blindschleiche Birkhahn**, andere Pflanzenpräparate wurden aus dem Codex und den einschlägigen Lehrbüchern ganz gestrichen, wenngleich früher in der Volksmedizin allgemein anerkannt und mit gutem Erfolg angewandt, der wenig bekannte und auch ziemlich unsichere *Cytisus incanus* (bei dem man nicht weiß: handelt es sich um Geißklee, SichelLuzerne oder nur um einen nicht näher definierten grauglänzenden ZiegenÄsungsStrauch) ist auf jeden Fall eine geschätzte Futterpflanze (wohl aus der Familie der Hülsenfrüchtler), Cytisus seinerseits scheint als Mittel der Wahl zur Stärkung des Immunsystems immer mehr im Kommen, »vorzüglich geeignet für die gewünschte Anwendung«, wie man geschrieben sieht und lesen kann, während die seeigelförmige *Echinacaea angustifolia* oder *purpurea* aus den benediktinischen Klostergärten im Ranking (nach anfänglicher Forcierung durch die Alternativmedizin) wieder etwas zurückgefallen zu sein scheint, *Ginkgo-biloba*-Blätter bleiben in Selbstanwendung (auch wenn sie vom Goethe-Baum im Heidelberger Schlosspark gepflückt sind) im Gegensatz zu standardisierten Pharmazie-Präparaten nach wie vor umstritten, und auf die Globoli *Agaricus* D3 als gedächtnisstärkendes Mittel hätte ich jetzt glatt vergessen, bezeichnenderweise, während der wiederentdeckte seltene Rosenwurz, eine Fetthennenart mit duftendem Wurzelstock (an dem zu riechen das Hirn stärken soll), mit sägegezähnten Blattspitzen und gelbrötlicher Trugdolde, neuerdings sogar unter dem Titel *Ginseng des Westens* hoch gehandelt wird, **Graz / Georgien / Gosaukamm / Gasteiner Ache / Gabriele / Gamander Ehrenpreis / Gaskassier / Gürteltier**

liebe Freunde und Partnerinnen: ab jetzt bin ich ausschließlich unter der Festnetznummer erreichbar, die Box des Mobiltelefons wird nicht mehr abgehört, auch sehe ich mich genötigt, einen Großteil der Klienten aus Gründen der Arbeitsüberlastung abzustoßen, *du musst sehr hell leuchten, sonst blendet es nicht*, empfiehlt die FormatRadioWerbung im LifeStyleKreditkartenJournal, der einheimische Name (Bauls) dieser fröhlich musizierenden Asketengruppe bedeutet im Indischen so viel wie »die vom Wind Getragenen« oder »die nach Gott Verrückten«, japanische Menschen erklären übrigens bei der Vorstellung auf Nachfrage in der Regel gern die wörtliche Bedeutung ihres Namens, beim bekannten GreifBagger- und Caterpillarhersteller Takëuchi müsste man dann die Bedeutung »der Großzügige im Bambus« gesagt bekommen und mitdenken, chantende Sannyasins (nämlich 7 Männer mit Glatzenbüschel und eine Frau mit Korb nach Art einer Marketenderin) ziehen in orange-rosa verblassten Gewändern als Grüppchen auf innerstädtischen Touristenwegen an den zurechtgeschnittenen Buchsbaumanlagen im frequentierten Museumsbereich durch und senden (die Passanten anstrahlend und scheinbar durch nichts zu erschüttern) unüberhörbar Optimismuspfeile in den nachmittäglichen Passantenstrom hinaus, schnellt da nicht unvermittelt wie aus dem Nichts eine schräge Figur zwischen den parkenden Autos auf die Fahrbahn heraus, ohne sich auch nur ansatzweise nach links oder rechts orientiert zu haben, und schon sehen Sie sich als eiliger Lenker zu einer Vollbremsung genötigt, da kommt Ihnen ein einzelner Fußgänger, während Sie selbst mit dem Fahrrad soeben ordentlich bergan treten, auf der leeren Fahrbahn schnurstracks entgegen, als bestünde ausschließlich auf dieser ihrer momentanen Höhe die eine/einzige und sehr dringliche Möglichkeit/Gelegenheit, die Fahrbahn zu überqueren, als käme es vor allem drauf an, den störenden Vektor, den Sie als Benützer öffentlichen Raums darzustellen scheinen, mit dem eigenen Körper wegzuprellen, und Sie wissen dann nicht recht, sollen Sie kräftiger in die Pedale treten oder vorsorglich anhalten, um eine derart provozierte groteske Kollision auf der sonntäglich stillen Stadtstraße zu vermeiden, dann schlägt vielleicht dieses dezidierte Wesen, welches unbeirrt auf Sie zusteuert, im letzten Augenblick doch noch einen Haken (macht einen Schlenkerer) und die beiden sich schneidenden Fortbewegungsrichtungen können hinterher wie ursprünglich intendiert weiter laufen, zwiefach zielstrebig

Kabul Kapstadt Klagenfurt / Korea / Kasbek / Krems (als Name je eines Flusses in Ober- und Niederösterreich) **/ Karl-**

mann / Kastanie / Kohlenjuri Konzernchef / Kröte, kontinuierlich im Kalkgebirge unterwegs, und jetzt stopp an dieser unmarkanten, leicht zu übersehenden Wegstelle der Transversale, dort wo die Route vom farbmarkierten Trampelpfad ohne spezielle Kennzeichnung scharf bergan abzweigt und zwischen unbedeutenden Felswänden durch eine steile Rinne mit der Aussicht auf raschen Höhengewinn empor führt, und sollten Sie es wissen wollen: diese direkte Durchstiegsmöglichkeit zur Scharte könnten wir von den Schafen gezeigt bekommen (haben), unfreiwillig und nebenbei, im Herbst, wenn es gilt, die kleine Herde (mit dem Erkennungszeichen der beidseitig kupierten Ohren) über den bereits verschneiten Pass auf die Sonnseite hinüber zu treiben, wo die in Sicherheit gebrachten Tiere dann selber weiter wüssten (wie behauptet wird), während eine Teilgruppe hier hinauf zu entweichen sucht, steil bergauf durch den Schnee zu den abgewehten Gratkanten empor, wo noch spärliche Äsung (Silberwurz, Gämsheide) vorhanden und zugänglich sein könnte, auch die Genügsamkeit der Schafe hat einmal ein Ende, ja der SchafeEigner selbst wäre schwer atmend und abgeschlagen zurück geblieben, auch weit und breit kein flinker Bub als Treibhelfer in Sicht, von firmen Hirtenhunden gar nicht zu reden, bliebe also nur: beruhigendes Auf-die-Tiere-Einreden, hieße es also: die Ausreißer unter Aufbietung der letzten Kräfte (im Schnee einbrechend) rasch zu umgehen und zum Schock/Pulk/Hauptteil der Herde zurückzudrängen, damit dann alle Tiere gemeinsam (auch das humpelnde Glockschaf, welches in eine unterm Schnee verborgene Felsspalte gerutscht ist und sich blutend freigestrampelt hat) wohlbehalten die jenseitigen tiefergelegenen herbstlichen Weidegründe erreichen könnten, zu guter Letzt

Zürich / Zimbabwe / Zinnödl / Zusam (als rechter Nebenfluß der Donau) **/ Zachäus** (als biblischer Baumkletterer) **/ Zahnwurz** (neunblättriger) **/ Zirkusdirektor / Zaunkönig**, Zählstelle, bitte Fahrstreifen nicht wechseln, DANKE, da schiebt sich ein Audi A4, ein SUZUKI SX4 Crossover 4WD mit seinen großen 16-Zoll-Rädern, diversen Schutzleisten und Schürzen, da schiebt sich ein BMW X oder ein Kia Sorento vor der angekündigten Fahrbahnverengung noch rasch nach vorn flitzend in die kaum vorhandene Lücke zwischen die 2 Wagen hinein und bremst erwartungsgemäß ab, so dass die Überholten ihrerseits augenblicklich verlangsamen oder auch abbremsen müssen und nur durch Sich-Zurückfallenlassen wieder halbwegs Abstand gewinnen können, *bleib am Leben – geh vom Gas*, rechts ist der Vorverweis auf die nächste Pannenbucht erschienen, Achtung: es liegen Reifenteile und Spanngurte auf der Fahrbahn, Vorsicht: hinter einer Kuppe wurde Ladegut verloren, da schießt auch vor dieser (der nächsten) Autobahnausfahrt ein Einheimischer der Region (wie am bezirkshauptmannschaftlichen Kennzeichen identifizierbar) noch schnell über die Wagen der rechten Spur auf seiner linken Fahrbahn hinaus, um dann knapp wieder nach rechts herein zu schneiden und immer weiter rechts haltend den Ausfahrtsbogen unter PneuAufjaulen mit seiner jetzt schräggekippten FahrgastZelle anzusteuern, in so einem tausendfach wiederholten Ausfahrtsmanöver, das ist also noch einmal gutgegangen, das grüne Sonnengesicht aus der Serie der Cartoon-Baustellentafeln (noch 8 km) hat diesmal weder verzerrte noch hängende noch ansteigende Mundwinkel, sondern einfach einen geraden Mundstrich, das heißt: man könnte jetzt zirka die Hälfte der Baustellenstrecke erreicht haben, in schon gemäßigter Emotion (erst einige Kilometer weiter wird strichmännchenhaft gelächelt und zuletzt gar zungezeigend gelacht), die Section-Control müsste wohl mit Kamera-Logo (wie die Radarfalle mit Blinkziffern) angezeigt werden und wäre mit den Überkopf-Portalen auch ohne weiteres auf den PKW-Verkehr anwendbar, du wirst es nicht glauben, aber in einem Schweizer Straßentunnel hat es mich einmal so grell orangerot angeblitzt, dass ich für einige Sekunden Mühe hatte, sicher steuernd weiterzufahren, Zahlungsaufforderung wurde dann keine über die Grenze nachgesandt, da streift jemand im Gegenverkehrstunnel bei halb geöffnetem Seitenfenster seine Zigarettenglut ab und wirft später den brennenden Stummel im Bogen durch den Scheibenschlitz, dass er aufstiebend über den Asphalt der Tunnelfahrbahn auf den nachkommenden Wagen zurollt, ganz so als ob kein Automobil mit lecker Kraftstoffleitung hinterherführe

Schaffhausen / Schaumburg-Lippe / Schlossberg / Schwechat / Charles Charlotte / Schachtelhalm Schierling / Journalist Schornsteinfeger / Schildkröte, die ersten Schritte im weglos steilen Gelände bedächtig gesetzt, Schritt auf Schritt klein verkürzt, sogar wie zur Probe AufstiegsSerpentinen *en miniature* auf abgetastetem Untergrund anlegend, diverse herausragende Steine als Halbstufen genützt, demonstrativ, so als würde man einer imaginären nachkommenden Person die richtigen Schrittfolgen samt Drehungen und die passenden Sohlenuntergründe als Vorausgehender (ohne sich dafür eigens umzudrehen) anbieten und zeigen wollen, im Tempo immer gemächlicher, je extremer der Hang sich aufsteilt, die Blicke nah auf die Modalitäten und Morphologien dieser silbermantelbewachsenen Steilrinne gerichtet, bis der Kräuterbewuchs einer lockeren Frostschuttbedeckung gewichen ist, wo es gilt, sich der jeweiligen Formationen anzunehmen und den Boden angelegentlich nach bemerkenswerten Ausformungen (markanten Steinstücken) abzusuchen, während der Schritt zögert, als regten sich die Steine unter den Sohlen, da springt unvermittelt eine handliche Flachplatte ins Auge (sie wäre einem schon beim letzten Gang aufgefallen und würde das nächste Mal wieder ins Auge stechen), in deren Umriss und Einkerbungen ein lächelndes Gesicht zu erkennen wäre, also rasch hingegriffen und unschwer aufgelesen, gibt diese Form etwas her oder sollten wir das bedeutsame Stück Stein wieder zu den anderen unscheinbaren anonymen Platten zurücklegen, das hab ich dir von meiner Wanderung mitgebracht, würde man gesagt haben wollen, endlich glücklich, und der ideale erste Blickkontakt dauert ganze 3 Sekunden, nicht mehr, nicht weniger (wird behauptet), man müsse den Blick ins Auge der anderen Person (so man sie schon zu kennen meint) auch länger ertragen können (wird gefordert, sei zumutbar), denn der Abgrund des Mangels im anderen sei der eigentliche Schwindel, den es auszuhalten gilt, handelt es sich denn tatsächlich um Liebe oder einmal mehr bloß um emotionale Geiselhaft, seriöse Ergebnisse der Befragung werden erst für nach Mitternacht erwartet, Austrian Aerospace konnte die Schutzhülle für die Venussonde liefern, diese Frau und Partnerin des Opfers hat die mehr als freundschaftlichen Gefühle des Täters nicht erwidern können oder wollen (wie sie vor der Untersuchungsrichterin erklärt), *sitzt, passt, raubt den Männern die Luft*, auch die Liebe firmiert als eine Art von Suchtmittel und somit als große Vereinfacherin der komplizierten Lebensprobleme, es kommt auf das Vermögen an, auch auf jenes Vermögen nämlich, so lange auszuharren, bis der Partnerin reichlich Genüge getan ist (wenigstens dies), jedes halbwüchsige Busenwunder scheint eine Sexbombenmacht im Kleinen zu demonstrieren, ohne sich dessen immer bewusst zu sein (könnte jemand denken wollen), ist der Mai schön warm und trocken, kann man schon im Freien bocken, einst wollte ein studiosus medicinae sein Kleid vom Schneider umwenden lassen, und dabei fand man in den Hosen einen linnenen Beutel, und in demselben fand man einen Hasenschwanz sowie krause Haare, vielleicht von einem ungenannten Ort am Leib des Mädchens abgeschnitten, und dazu fand man diese Buchstaben: S. T. T. I. A. M., welche einige so verdolmetschen: Satanas Te Trahat In Amorem Mei, im April / kommt's, wann's will, im Mai / kommt's glei, sobald aber das Säcklein verbrannt war, soll der Geck seine Ruhe gehabt haben, LACANACAL, dieser Analytiker aus Frankreich bricht seinerseits gänzlich mit der Problematik eines Nullpunkts der Befriedigung und forciert stattdessen seine Kehrseite: nämlich die Leere, um die der Trieb kreist, wobei die sublime Qualität eines Liebes-Objekts nicht wirklich zu dessen innerer Natur gehöre, sondern ein Effekt des Ortes sei, den besagtes Objekt im Raum des Phantasmas seines Verehrers/seiner Verehrerin einnimmt (oder nicht einnimmt), und die logische Folge davon: wir verlieren das Objekt als Stütze des Phantasmas genau im dem Moment, wo wir seiner in der Realität habhaft werden können, vielleicht ist auch das eine Lektion aus Hitchcocks Horrorfilmen, zumal aus VERTIGO, oft heißt es ja beruhigend: stärker als der Komtur ist die Liebe, dazu nur soviel: als nach 3-jähriger Absenz Lara Croft wieder auf die Monitore von PC und Spielkonsolen zurückgekehrt ist, sollen die meisten Männer die Cyberlady attraktiver als die lebenden Models vom Catwalk gefunden haben, und knapp die Hälfte der Befragten wünschte sich sogar, ihre Partnerin hätte etwas von dieser Lara, **Luzern Lagos Lüdenscheid Livorno Linz / Litauen / Lungauer Kalkspitze / Lena** (als nordostsibirischer Strom) **/ Lydia / Lungenkraut / Leichenbestatter / Leopard**

gegen Ende des langen Winters lassen sich auch auf den Höhen der Gebirge an der Baumgrenze wieder die Stimmen der Stand- und ZugVögel vernehmen, Ringdrossel, Tannenhäher und Weidenmeise, zumal wenn man von der verlärmten Talkante in den schlagartig stillen Plateaubereich übergetreten ist, wo an Fremdakustik nur mehr sporadische Flugzeuggeräusche zu vernehmen sind, die polygamen Hähne und Hennen haben sich aus ihren schützenden Schneehöhlen erhoben (manchmal verliert der politisch inkorrekte Schildhahn bei diesem Manöver eine seiner Sichelfedern/Hakeln, die man sich dann auch als Nichtjäger an den Hut stecken kann), diverse Kuhlen mit einer erklecklichen Menge von Kotwürstchen (sogenanntem Winter-Gestüber) bleiben im Gelände zurück, ja man stößt immer wieder überrascht ob der Menge des Abgelegten auf solche Depots, Frage: war das jetzt ein morgendlicher Amselruf, den ich da gehört habe, oder hat unten wieder die Alarmanlage des in der Straßenschlucht geparkten Lancia Phedra gepiepst, an dem eine markerschütternde BMW Adventure vorbeigefahren ist, Nachtkauz oder Notfallalarm: so stellt sich bisweilen die Halbschlaf-Frage, man müsse also vor Tageslicht am Balzplatz der Birkhähne angekommen sein und breche deshalb am besten um 3 Uhr früh von der Hütte auf, oder noch früher, bei Mondlicht lasse sich auf die Stirnlampe verzichten, den Schnee betrete man vorzugsweise auf den langen dunklen Bändern, die sich in den Gräben gebildet haben und da und dort saharasandrot aufleuchten, überall anderswo sei die Schneedecke weniger kompakt, vor allem um Felsen und ausgeaperte Stellen herum bestehe die Gefahr des ermüdenden Durchbrechens bis auf den Grund, zumal ohne Schneereifen an den Sohlen, der Birkhahn hingegen habe ja befiederte Ständer (deshalb zur Gruppe der Raufußhühner gezählt) und zusätzlich winters zwischen den Zehen kleine Hornlamellen (Balzstifte), die das Einsinken des Vogels im Schnee verhindern helfen, als Ziel gelte es, sich der deutlich erkennbaren

Gipfelwächte dieser mittleren Plateauerhebung zu nähern und dann vor Erreichen des Balzplatzes ostseitig unter einer der dichten Zirben in Deckung zu gehen, wenig Sitzfleisch zu haben, sei zwar an sich keine Schande (denn Ausgleichsbewegungen für Rückenmuskulatur und Bandscheiben sind ja stets erwünscht), doch in diesem Fall müsse Reglosigkeit oberstes Gebot sein, vor allem dann, wenn man mit den modernen raschelnden Leichtfasern bekleidet sei, deren Taschen und Ärmel sich auch nicht mehr lautlos öffnen und schließen ließen, das TV-Publikum verträgt ja bekanntlich keine 5-Minuten-Sequenzen, ohne erklärt zu bekommen, was es da sieht, moderationssüchtig, dann habt ihr also die balzenden Hähne nicht oben auf der Wächte vor euch gehabt, da Ostwind aufgekommen ist, sondern in den tieferen Mulden kollern und wischen gehört, beim Spotten wären sie wohl auch näher herangekommen, ja: eine Henne hat sich genau über mir in die Äste gesetzt (ohne zu gocken), unvermittelt ist sie dann (wohl zum TretAkt) abgestrichen, während dem Platzhahn (A-Hahn, Zentrumshahn) zwischendurch vor Müdigkeit der Kopf aufs Gefieder gesunken ist, er hat also den Stingel hängen lassen, allerdings bei meinem imitierten Rauschen gleich wieder aufgeworfen, die rot leuchtenden Rosen des Kontrahenten wären wohl auch hier Ziel seiner Schnabelhiebe gewesen, sobald die Sonne aufgeht und alle ArvenNadeln und Seidelbastblüten rundherum zu duften anfangen, setzen die Hähne oft nochmals zur Balz an, dann sagt die begeisterte Bäuerin, die es aber auch nur aus den Erzählungen ihres Jägermannes weiß, es sei zwar kein hochdramatischer, doch trotz zwischenzeitlichem Regen ein wunderschöner Hahnenmorgen gewesen

Oslo / Ossetien / Ortler / Orinoco / Otto Olga / Osterluzei Odermennig Oreganum Ochsenauge (weidenblättriges) **/ Organisationsassistentin / Okapi Otter** und **Olm**

olfaktorischen Beeinträchtigungen dürfte der Mensch auf unmittelbarste Art ausgesetzt sein, denn auch die weitest zurückreichenden und dauerhaftesten Erinnerungen haben mit dem Geruchssinn zu tun, der (wie es heißt) direkt rechts/links unter Umgehung der Sinnenkreuzung angesteuert wird, bei allen professionellen Duftmischungen geht es um die Kopf-, die Herz- und die Basisnote, den Kopf empfängt man als ersten Eindruck (meist Zitrusöle), die Herznote ihrerseits trägt, verbindet und rundet, die Basis bleibt als dauernde Impression zurück und besteht aus Düften von Hölzern, Wurzeln und Harzen, so atmen Sie mehr Frischluft ein als im Cabrio, d.h. im geschlossenen Auto: eine Klimaanlagenreinigung um 53 € beseitigt neben Schmutz und Bakterien auch den Geruch von der Verdampferoberfläche, gleichzeitig lässt sich im strapazierten Stadtraum mit Gerüchen wüten: Frittenöl, Hendlfett, Leberkäs und extensives Männerparfum widerfahren uns nicht nur im Haltestellenbereich, wo manch einer vor Besteigen der Tram nach einem tiefen für drinnen aufzusparenden Zug den Zigarettenstummel ungelöscht zu den Schienen auf den Boden wirft, zusätzlich geschieht folgendes: trinkend, schleckend (dass es herabtropft), hineinbeißend (dass es herausquillt) kommen die einen Passanten den anderen entgegen, und man ruft (da lachen ja die Zähne, mit frischer HandyVielfalt) wie zum Spaß überdeutlich ins Mobiltelefon hinein, als Demonstration übertretener akustischer Intimsphäre, oder es lachen kreischend gemeinsam 2 Nachbarinnen während der Passage auf, dass es die Begegnenden, auch wenn sie nicht direkt gemeint sind, quasi aus den Schuhen hebt, alle Angaben ohne Gewähr, erklärt der Parfumeur, und hören Sie bitte zu: um ein persönliches Parfum fürs ganze Leben des Trägers/der Trägerin zu kreieren, brauche ich einen getragenen Schal der betreffenden Person oder ich muss an seinem/ihrem Nacken riechen dürfen, direkte Düfteübertragung an eine nicht parfümierte mittels einer absichtlich zu stark parfumierten Grußhand muss wohl als aggressiver Akt gelten, übergriffig, selbstverständlich haben wir die Kaisersemmeln nicht zurückgegeben, die uns die Verkäuferin mit frisch gewaschenen Duftseifen-Händen in den Papiersack gesteckt hat, statt dessen werfen wir uns mit Galgenhumor in die Bredouille, denn nur was man nicht kennt, braucht man auch nicht zu vermissen, oder umgekehrt: nur was man kennt, kann man auch vermissen (wie uns das äthiopische Sprichwort lehrt), die lange kulturhistorische Bewegung einer Aufwertung des Trashs ist damit noch keineswegs zu

Ende, Weidenkätzchen, Katzenblüher, Esche heftig, unter solchen Gesichtspunkten erahnen wir das Leben, unser Leben ohne uns, mein Leben ohne mich, im August folgen dann Beifuß und der mit ihm verwandte Ragweed (Ambrosia artemisiifolia, ihrerseits bis Ende September andauernd und asthmaauslösend), nach dem Vorbild der Kontrahenten im amerikanischen Wahlkampf vermeiden wir es dabei, dem Gegner direkt Verbalinjurien an den Kopf zu werfen, wir lagern vielmehr solche Attacken verdeckt lieber auf Dritte aus, das uns beliebig zur Verfügung stehende Horrorgenre wirkt stark auf die Selbstwahrnehmung zurück: wir erfahren dabei nicht direkt, wie wir uns fühlen, erst in der Weise, wie wir den täglichen Film bestehen, erkennen wir, wie stark oder schwach wir in Wirklichkeit sind, nämlich meistens erleichtert, dass selbst unversehrt, froh darüber, dass noch beide Augen im Kopf, diese kleinen Triumphe sind somit somatische Ersatzhandlungen für all das, was der Gesellschaftskörper erleidet, ohne dass es ein Mittel der Linderung gäbe, selbst das Salz gibt nicht mehr aus, wie die Mutter meiner Mutter zu sagen pflegte, gibt es überhaupt anderes als Autofiktion, neue Entwicklungen werden üblicherweise vorwärts gelebt und rückwärts verstanden, Kategorisierung im Rückblick wäre dann Aufgabe der Medien und der Wissenschaft, einige Nutzer reagieren auf das Überbombardement dadurch, dass sie sich einem strikten persönlichen Aufmerksamkeitsmanagement unterwerfen, und das nicht nur in der E-Mail-Verwaltung, auf jeden Fall erwarten wir von Ihnen Souveränität und sicheres Auftreten vor jeder Art und Größe von Publikum

Yokohama Yverdon-les-Bains / Yukatán / Yumari in Venezuela **Y Garn** in Wales **Yllästunturi** in Finnland (allesamt unbedeutende Erhebungen) / **Yukon River** in Canada **Ybbs** in Österreich / **Yvonne**, Prinzessin von Burgund (sprachlos) von Gombrowicz / **Ysopstängel** für Jesus Christus und **Yamswurzel** als Hottentottenbrot / **Yppenplatz-Standlerin** mit preisgünstigen selbst gezogenen Gartenblumen / **Yorkshire Terrier** im Endspurt: wuff

Aus der Diskussion der Jury zu Bodo Hell

Klaus Nüchtern: So lustig kann Homöopathie sein, und ich hatte keine Ahnung, dass wir alle beim Bachmann-Preis unsere Birkhahn-Beobachtungskompetenz ganz wesentlich steigern würden. Ich glaube, das ist ein Text, der selbst promiskuitiv ist wie ein Birkhahn. Es gibt zwei extreme Möglichkeiten von Literatur, mit diesem ganzen Sprachdreck, der pausenlos über uns ausgekippt wird, umzugehen: Entweder sich angeekelt zu separieren und eine ganz eigene Baustelle zu errichten, oder sich ihm lustvoll auszuliefern. Das ist wohl bei diesem Text der Fall, der sich auf sehr witzige Weise der appellativen Penetranz, die uns im Alltag ständig umgibt, ausliefert und demonstriert, dass man keine Angst zu haben braucht, auch keine Angst davor, etwas zu wissen. Man kann unglaublich viel lernen. Es ist eine Literatur, die beweist, dass Anarchie und Präzision sich sehr wohl verbinden lassen, eine Literatur des kontrollierten Kontrollverlusts, weil sie, wie ich glaube, aus einem sehr starken Vertrauen in die Sprache entsteht, dass sie einen tatsächlich dorthin führt, wo man etwas finden kann und wo nicht alles Schall und Rauch ist. Ein kleines Detail am Rande: Das Wort »Autofiktion« bekommt in dem Text, in dem es ständig um Autos geht, einen ganz neuen Sinn. Die einzige Sorge, die ich jetzt habe, ist, dass, wenn ich mir einen Kaffee hole, es mir so geht wie dem Tausendfüssler, den man fragt: «Wie machst du das?«, und der daraufhin sofort über das zweite Beinpaar stolpert! Es wird darin deutlich, wie unglaublich kompliziert und komplex das ist, was wir die ganze Zeit machen, und dass wir immer schon in einem Mensch-Sein stehen, das mit dem Schließen von Zipp-Verschlüssen und dem Schließen von Autotüren sehr viel zu tun hat.

Martin Ebel: Wir hatten eben den Jargon der Eigentlichkeit, jetzt haben wir lauter uneigentliche Sprachen. Dieser Text bedient sich aus dem ganzen Fundus der Wissenschaft, der Populärwissenschaft, der Medien, der Beratungsliteratur, der Werbesprüche, aus alten Chroniken, aus Bauernregeln, das ist natürlich Methode und Prinzip, der Autor hat das ja auch in einem kleinen Aperçu zwischendurch selbst erläutert. Es geht darum, wie die Sprache uns zumüllt, Sie haben es schon gesagt, und dass wir dieses Informationsschwalls, der uns tagtäglich verfolgt, nicht Herr werden – dass wir davor eigentlich nur kapitulieren können. Aber Herr Hell hat nicht kapituliert, sondern hat einen eigenen Zaun eingezogen oder viele Zäune, die das große Etikett »willkürlich« tragen. Es geht also um die Willkürlichkeit der Worte. Bei uns heißt das Stadt, Land, Fluss, in Österreich heißt es offenbar Stadt, Land, Berg, da geht es ja nur nach dem Prinzip: welcher Buchstabe taucht auf, und dann werden die Orte aneinander gereiht. Das ist sehr schön und steht im Übrigen auch in einer großen Tradition der Avantgarde und der Sprachkritik, als deren Vertreter Bodo Hell hier sitzt. Die Frage ist natürlich, wenn man dieses Prinzip verstanden hat, wie trägt das über die folgenden Seiten? Das finde ich sehr unterschiedlich gelungen, sehr schwankend, es ist zum Teil kolossal witzig, zum Teil ist es wirklich lehrreich, man erfährt Dinge, die man zuerst gar nicht wissen wollte, aber das schadet ja nicht. Es hängt dann für mein Empfinden wiederum sehr durch, so dass man mit der Zeit in eine wohlige, gemütliche Müdigkeit geraten kann, auch durch Bodo Hells anheimelnde Stimme. Aufgeschreckt bin ich am Schluss durch ein paar Sätze, die völlig anders sind als alles, was vorher war, und da fing es wieder an, mich sehr zu interessieren – da wird es plötzlich sehr persönlich, sehr existenziell, da erahnen wir unser Leben ohne uns. Da hatte ich das Gefühl, jetzt kommt der Text, macht eine Kurve, geht in eine völlig andere Richtung, aber dann macht er nur noch »wuff« und dieses »wuff« fand ich dann doch sehr schade am Schluss.

Karl Corino: Es ist eine alte österreichische Tradition, die Zeit als satirische Halbfertigware der Zeitung oder anderen Textsorten zu entnehmen. Das hat Karl Kraus mit seiner »Fackel« als Erster zu Beginn des 20. Jahrhunderts vorgemacht. Diese Tradition lässt sich natürlich fortsetzen, zumal sich die sprachliche Entartung seither ins Unermessene potenziert hat. Wir werden in diesem Text mit dutzenden Textsorten aus allen möglichen Herkunftsgebieten konfrontiert: die Werbesprache, die Bauernsprache, Gerichtssprache, Medizinratgeber, Verkehrstechnisches, Verkehrsfunk, Bergsteigerprosa, Lacan, die Sprache des Flirts, der Raumfahrt, des Liebeszaubers, der Ornithologie, Hermann Löns, des Birkhahns, der Parfumkunde, Pkw-Technik usw. Ich finde, der Text schafft es nicht, sich diesem Unsinn auf die Dauer zu widersetzen und eine eigene Struktur zu entwickeln. Es entsteht keine Spannung zwischen dem Fettgedruckten, das immer alphabetisch angeordnet ist, und den folgenden collagierten Passagen, mit einer Ausnahme, wenn ich das richtig sehe: Am Anfang kommt der Birkhahn vor, das ist ein Versprechen, das einige Seiten später eingelöst wird. Ich bin ein großer Freund der Maultrommel, bin aber der Meinung, dass der Text nicht auf Höhe des Maultrommeltons steht.

Ursula März: Also eines schafft der Text sicher: Er bringt Kritiker und Juroren in die blödeste aller Rollen, nämlich in die des Spielverderbers. Das steht uns nicht zu, und ich glaube, es wäre besser, so wie Sie es auch dem Publikum geraten haben, ihn einfach anzuhören und nicht ganz so scharf darüber nachzudenken. Wenn man ganz scharf darüber nachdenkt, fällt vielleicht auf, dass man dem Text die kritische, experimentelle Haltung nicht ganz abnehmen kann, er ist nicht wirklich anarchisch genug. Der Revolutionär genießt das System, und da glaube ich, hängt es ein bisschen, wobei es mir wie gesagt lieber wäre, da nicht darüber reden zu müssen und ihn einfach anzuhören, dann ist es besser.

Ilma Rakusa: Aus der Kenntnis vieler anderer Werke von Bodo Hell kann ich sagen, mir sind wenige Autoren bekannt, die mit solch einer Souveränität und Konsequenz und dabei mit großer Variationsbreite seit dreißig Jahren am gleichen Projekt arbeiten. Die Montagetechnik, die hier angewendet wird, bringt sehr viel Überraschung. Genau da, wo wir die Brüche haben, ist auch immer ein überraschender Moment, und dass auch mal ein kleiner Durchhänger oder Leerlauf vorkommt, das gehört dazu. Wir können die durch das Montageprinzip erreichte Intensität vielleicht gar nicht ertragen, wenn nicht manchmal auch ein paar belanglosere Sätze dastehen. Aber gerade hier liegt für mich immer das unglaublich Überraschende, witzig Überraschende oder auch ernst Überraschende von Bodo Hells Technik. Es ist eine Technik, und warum nicht eine Technik in dieser Konsequenz vorführen. Es ist hier wirklich ein Verfahren, das beherrscht wird, das sich aber auch nicht in Routine abgeschliffen hat. Bodo Hell verwendet es für sein großes work in progress, das auch noch andere Medien umfasst: Musik und Fotografie u.s.w. Auch da arbeitet er mit denselben Prinzipien, wobei das Sprachliche ganz im Zentrum steht, und für mich ist aus diesem Material das Meiste rauszuholen. Es gibt Sprachmüll, es werden aber auch viele Lexika geplündert: Gebirgslexika, Tierlexika, Geografielexika, um nur einige zu nennen. Es fiel das Wort anarchisch, es fiel auch das Wort Willkür, es wird trotzdem durch das Prinzip der Montage wieder relativiert. Mich hat das »wuff« im Übrigen gar nicht gestört. Irgendwie muss die Sache ja zu einem Ende kommen und das ist eine von den witzigen Seiten bei Bodo Hell. Gott sei Dank haben wir hier etwas Humorvolles, ich glaube davon gibt es nicht immer viel in diesen Tagen, das weiß ich durchaus zu schätzen.

Daniela Strigl: Ich würde auch meinen, dass der Yorkshire-Terrier als der identifiziert werden könnte, der durch diesen Text wirbelt und sich irgendwo versteckt und dann irgendwann einmal »wuff« macht. Ich finde es etwas merkwürdig, dass man einem Text der Avantgarde, um das einmal plakativ zu sagen, ankreidet, dass der Autor den Text beim Verfassen sichtlich genossen hat. Ich persönlich finde eher jene Texte der Avantgarde lähmend, bei denen man das Gefühl hat, dass ein Prinzip bis zum bitteren Ende durchexerziert wird, bei dem wir durchhalten müssen. Also ich finde, das Genießerische im Text – man muss den Text davor nicht in Schutz nehmen, das ist etwas Reizvolles, das ist Literatur als Enzyklopädie, aber mit einer großen Prise spielerischer Lust, denn Literatur als Enzyklopädie kann ja auch ganz langweilig sein und das ist es hier selbst in den Passagen nicht, in denen gerade kein Witz passiert. Bodo Hell zeigt uns die Welt, wie sie ist, als Vielstimmigkeit, als verwirrende Vielstimmigkeit, nicht nur akustisch, die Alm ist genauso ein Schauplatz wie die Autobahn, und wir alle bewegen uns ja zwischen diesen Sphären und merken oft gar nicht, dass das nur mühelos wirkt.

Heinrich Detering: Gegen die Heiterkeit meiner Kollegen und eines großen Teils des Publikums muss ich mich jetzt ganz humorlos äußern. Denn ich habe mich getroffen gefühlt durch einen der letzten Sätze in diesem Text, in dem steht: »Einige Nutzer reagieren auf das Überbombardement dadurch, dass sie sich einem strikten, persönlichen Aufmerksamkeitsmanagement unterwerfen.« Das musste ich tatsächlich tun. Der Text redet über sehr vieles, er spielt alle erdenklichen Diskurse durch, und es könnten noch sehr viele mehr sein. Er redet sehr Lustiges, manchmal musste auch ich lachen und fand ihn witzig und überraschend. Sehr oft habe ich aber gedacht, da soll ich offenbar lachen und kann es nicht, was ohne weiteres an einem Charakterfehler liegen kann. Es gibt Wiedererkennbares; es gibt Dinge, die ich nicht verstehe. Er könnte über vieles andere ebenso gut reden und für meinen subjektiven Geschmack redet er zu viel. Es gibt ein Pointen-Gewitter, einen Diskurs-Bruchstück-Hagel, in dem ich irgendwann das Gefühl bekomme, ich wohne einem sehr avancierten und einem sehr gekonnten Vor-sich-hin-Blödeln bei. Es gibt vielleicht doch so etwas, ich sage das geniert, wie eine avantgardistische Trivialliteratur. Dieser Text wäre vor dreißig Jahren etwas gewesen, über das ich ganz anders geredet hätte. Jetzt habe ich das Gefühl, auch das, was Sie an sehr klugen und beherzigenswerten Dingen gesagt haben, sagt mir nichts Neues, so wie der Text im Ganzen auch nicht. Der Autor hat ja vorher darum gebeten, nicht mitzulesen. Hätte man das getan, hätte man gesehen, dass es auch in der Textgestaltung ein mächtiges typographisches Gefuchtel gibt, also es gibt Binnenmajuskeln, zusammengesetzte Wörter, die mit Großbuchstaben in der Mitte geschrieben sind, dann Bindestriche und Wörter, bei denen weder Binnenmajuskeln noch Bindestriche, sondern einfach Zusammenschreibungen stehen, und sofort –

Bodo Hell: Das ist ein Prinzip. Das kann ich Ihnen einmal privat erklären.

Heinrich Detering: Ich erkenne das Prinzip nicht.

Klaus Nüchtern: Wenn es einen Nationalitätenunterschied zwischen Österreichern und Deutschen gibt, dann ist das vielleicht der, das wir die Poesie von Blödsinn genießen können, ohne diesem einen didaktisch höheren Zweck unterstellen zu müssen. Deswegen finde ich es auch falsch und man tut dem Text nichts Gutes, wenn man ihn in die Kraus'sche Ecke stellt, da stellt man ihn sozusagen in den Winkel. Was ich genieße, ist, dass es nicht nur einfach darum geht, irgendwelche Phrasen zur Unkenntlichkeit zu entstellen und dann zu sagen: Schlechtes Wort, falsch gedacht, sondern es in der Schwebe zu halten, es fruchtbar zu machen für die Literatur, als Material zum Klingen zu bringen. Und – was man ja von Literatur verlangen darf – Hierarchien zusammenzuschmeißen und es dem Leser zu überlassen zu entscheiden, was wichtig und was unwichtig ist.

Iris Radisch: Das ist jetzt vielleicht wirklich die Österreich-Preußen-Front. Die einen sagen, das ist Lust am Trash und die anderen sagen, die Ewigkeit des Trashs ermüdet uns, um das ein bisschen knapp zusammenzufassen. Ich weiß nicht so genau, zu welcher Seite ich jetzt überlaufen soll. Das kenn ich ja auch, dass man an der Fertigsprache verzweifelt, dass man sich dann aber letztlich nicht einfach eine schönere Sprache bauen kann, sondern mit dieser Fertigsprache möglichst kreativ umgehen muss, dass man sie neu mischen muss, dass man sie sich selbst auch wieder aneignen muss. Das kann ich schon alles sehr gut verstehen, und ich sehe auch, dass das hier auf weiten Strecken sehr gut gelingt. Ich finde sogar, dass es so etwas gibt wie die Wiederaneignung der Sprache durch Überbietung. Es ist schon so, dass das alles Sprachen sind, die unerträglich sind, die also auch derjenige, der sie spricht, schwer erträgt, bis auf die schönen erlesenen, botanischen Dinge ist das ja auch einfach unser Zivilisationsmüll, der hier daherkommt, aber durch dieses Verfahren, dass die Informationsüberbietung immer wieder übersteigert wird, kommt auch eine Rückeroberung der Sprache hinein und dadurch wird Komik erzeugt, dadurch kommen so absurde Augenblicke zustande, die fast so etwas wie einen dritten oder vierten Sinn ergeben. Meine Frage ist eigentlich nur die: Wie lange kann das gut gehen? Ich kann mir nicht vorstellen, dass ich das drei Tage lang lesen möchte.

Ursula März: Ich habe Iris Radisch schon zugenickt, denn ich finde es sehr wichtig festzuhalten, dass aus all diesen Sprachen, diesen Versatzstücken und diesen montierten Texten doch etwas Eigenes entsteht, und eigentlich wollte ich nur noch ein Epitheton nachtragen: Ich finde diesen Text sehr charaktervoll. Er ist eigen. Wir könnten nicht sagen, das versuchen wir jetzt auch und montieren ein bisschen was zusammen aus den Bereichen, die uns interessieren. Es wird uns nicht gelingen, weil Bodo Hell etwas Eigenes daraus macht, das mir transzendent scheint. Es ist ja übrigens nicht alles Trash, das möchte ich noch sagen.

Burkhard Spinnen: Also »ich bin ein Wiener«, das hat John F. Kennedy glaube ich einmal in Klagenfurt gesagt. Aber ich bin auch ein Krausianer, und beim ersten Lesen dieses Textes habe ich gedacht: Wenn der große Karl Kraus nicht vor siebzig Jahren gestorben wäre, sondern die Unsterblichkeit gehabt hätte, die er von sich selbst eigentlich immer und zu Recht angenommen hat, würde er dann vielleicht so schreiben? Wäre er vielleicht durch dieses schreckliche Tor der Kritik, an dem man immer stehen und lärmen und schelten muss, hindurchgegangen oder hätte er sich durch den Reisberg der Negation all dessen hindurchgefressen, wäre auf der anderen Seite herausgekommen und hätte gesagt: Ich nehme das alles auf, verarbeite es, um eine Art dritte oder vierte neue Natur von mir zu geben? Es ist die avantgardistische Form, der Formverhau, der immer aufgrund seiner formalen Präsenz vor solch einem Text steht und sagt: Was ist da? Da sind in der Tat Birkhähne, da ist in der Tat ein dauerndes Aufeinandertreffen von Natur und Unnatur. Da reagieren aber dann auch Warnanlagen von Autos vielleicht wie balzende Tiere aufeinander. Der ganze Text, der ja ein Naturkundelexikon ist, der eine Art Neuwelt aufbaut, scheint mir doch in sehr hohen Maße darauf zu zielen, tatsächlich nicht dieser Lebensarbeit des Kraus'schen Rückgangs, Rückwegs oder des Vorwärtswegs zum Ursprung der Sprache zu folgen, sondern zu einer Neuvermählung von Sprache und Natur zu gelangen. Das ist wirklich zart und liebreizend, wir haben die Begriffe für etwas anderes hier schon einmal verbraucht, und ich möchte nur noch einen einzigen Satz zitieren: »Die lange kulturhistorische Bewegung einer Aufwertung des Trashs ist damit noch keineswegs zu Ende.« Das ist also eine Arbeit an der kulturhistorischen Aufwertung des Trashs, das ist das, was

Kraus nie versucht hätte, davor ist er immer zurückgeschreckt, sich dem einfach zu ergeben und zu sagen: Ich baue das alles um. Vielleicht hätte es ähnlich geklungen, wenn er es vorgetragen hätte.

Klaus Nüchtern: Also wenn Burkhard Spinnen noch nicht Ehrenbürger von Wien ist, dann wird er es jetzt!

Karl Corino: Nur noch ein Wort zu Karl Kraus: Er wäre bei solchen Texten nur im Zustand der Altersdemenz angelangt. Er hat ja in seinem eigenen Werk eine Art Gegenbild entwickelt und zwar in seiner eigenen Lyrik. In seinen gelungensten Momenten ist Kraus ein wirklich großer Lyriker. Kraus hat der Zitatwelt, wie er sie ja auch in den »Letzten Tagen der Menschheit« abgebildet hat, durchaus eine eigene poetische Sprache entgegengestellt, und das ist vielleicht das Manko bei Bodo Hell.

Ilma Rakusa: Aber es ist auch der Versuch einer Anthropologie. Wir haben es in vielen Texten sehr stark mit Innerlichkeiten zu tun. Hier geht es in einem wissenschaftlich-poetischen Sinn um den Versuch, eine Anthropologie zu etablieren.

Daniela Strigl: Der prinzipielle Unterschied zwischen Kraus und Hell ist wohl ein Charakterunterschied. Das Wort »charaktervoll« ist heute schon gefallen. Das ist eine bejahende Weltsicht und Kraus hat eine verneinende Weltsicht gehabt. Um zu kritisieren, musste er dagegen sein. Das ist sehr anstrengend und man ist dabei nicht immer glücklich, und man kann sich vorstellen, dass der Erzähler dieses Textes mit den Zuhörern, zumindest mit manchen, durchaus glücklich werden kann. Das ist ein Unterschied.

NORBERT SCHEUER

Überm Rauschen

Die Urft fließt direkt unter dem Küchenfenster unseres Elternhauses vorbei. Flussabwärts, wo das Wasser für die Zehnermühle abzweigt, ist der Rauschen. So nennen die Leute in der Gegend das Wehr, weil der Fluß dort zwei Meter in die Tiefe stürzt. Vor dem Rauschen ist die Urft breit, strömt an der Hausmauer unserer Gaststätte entlang, dort stehen die großen Forellen, die mein Bruder, Hermann, als wir Kinder waren, aus einem Fremdenzimmer mit dem Feldstecher beobachtete. Im Sommer, wenn Angler im Haus übernachteten, schliefen wir unter dem Dach in einer Mansarde, neben dem Zimmer unserer Eltern. Nach der Angelsaison logierten Gläubige bei uns, die zum Gewand Jesu nach Trier pilgerten. Wenn keine Gäste mehr im Haus waren, konnten wir uns Zimmer aussuchen. Hermann schlief immer zur Urft hin, das rauschende Wasser beruhigte ihn. Ich schlief bei Hermann, weil ich Angst hatte, alleine zu sein, Angst vor Kobolden, die in Waldhöhlen hausten. Nachts, wenn ich alleine mit der Stille war und mich fürchtete, wollte ich, dass Hermann mir aus Büchern vorlas oder über Fische redete, er erzählte von Forellen und Äschen, die hinter den Brückenpfeilern standen, in den Strömungskanten und Gumpen am Rauschen unterhalb des Wehrs.

Alma ruft mich bei der Arbeit an, sie sagt, dass ich kommen müsse, sie verdächtigten Hermann, die Holländerin umgebracht zu haben. Die Sache mit der Holländerin, dort wissen es alle, alle reden darüber. Ich sitze in meinem Büro, blicke auf den Bildschirm, während Alma weiter von der Holländerin spricht, dass Hermann geglaubt habe, die würde ihn lieben. »Sie ist nur in den Ferien gekommen, sie war verheiratet, hatte Kinder; als sie merkte, wie ernst er es meinte, wollte sie nichts mehr von ihm wissen. Sie glauben hier alle, dass er es gewesen ist. Er kommt nicht mehr aus seinem Zimmer, redet mit niemandem, auch mit mir nicht. Wahrscheinlich bindet er nur noch Fliegenköder zum Angeln.«

Ich nehme abends, nach der Arbeit, den Zug, komme am frühen Morgen in Köln an, warte auf die Regionalbahn, die in die Eifel fährt. Im Abteil sitzen amerikanische Soldaten, die zur Airbase nach Bitburg unterwegs sind, und dösen. Der Zug fährt am Fluss entlang, durch Städtchen und Dörfer. Das Flusstal wird vor meinem Heimatort Kall so eng, dass sich neben die Gleise nur noch die Urft zwängt. An Sandsteinfelsen am Hang krallen sich Buchen und Kiefern, deren Zweige bis zur Flussmitte reichen. Damals hatte Hermann erzählt, dass diese Bäume die Fische fütterten. Ich verstand das nicht, bis er mir erklärte, dass winzige Käfer von Zweigen und Blättern in den Fluss hinabfallen. Die Urft ist an dieser Stelle tief. »Die Fische haben hier ihre Ruhe«, flüsterte Hermann, wenn wir im Winter auf dem Eis angelten. Wir fahren durch den Dechentunnel. Der Zug hält am Bahnhof, fährt dann ein Stück durch den Ort. Vor der Schranke stehend, warte ich den vorbeiratternden Zug ab. Auf der anderen Seite der Bahngleise an der Urft liegt unsere Gastwirtschaft. Der Zug verschwindet in der Nähe der Gaststätte im Sandsteinportal des Stiftbergtunnels, kommt hinter Kall wieder zum Vorschein und folgt weiter dem Flusslauf.

Im Schankraum sitzt der alte Zehner auf einem Hocker vor der Theke. Zehners Hund liegt schlafend beim Glücksspielautomaten, sein Fell stinkt nach der auf den Feldern ausgebrachten Gülle. Zehner hat sich schon vor Jahren zur Ruhe gesetzt, die Mühle an einen Futtermittelvertrieb verkauft. Seither spaziert er nur noch über die Felder, und bei schlechtem Wetter sitzt er den ganzen Tag an der Theke unserer Gastwirtschaft. Sein Sohn ist jetzt Geschäftsführer des Vertriebes. Alma hantiert in der Küche vor der Anrichte. Meine Schwestern wurden von ihr angerufen und sitzen bereits am Küchentisch, in die Jahre gekommene Frauen, früher waren sie einmal hübsch.

»Die Polizei ist heute Morgen schon da gewesen, aber Hermann hat keinen ins Zimmer gelassen und noch nicht mal mit Sartorius geredet, der kommt aber noch mal vorbei«, sagt Alma. Die Holländerin wurde vor zwei Wochen gefunden. Sartorius habe gehofft, dass bis zu seiner Pensionierung nichts Großes mehr passiere. Die Holländerin wohnte zuletzt in ihrem Wohnwagen auf dem Campingplatz, der an der Urft in der Nähe des Freibads liegt. Ihr Wohnwagen befinde sich direkt am Fluss, und wenn das Wasser weiter steige, werde er bald überschwemmt. Im Wohnwagen habe man Köder gefunden, die nur Hermann angefertigt haben könne. Er habe es im Fliegenbinden mittlerweile zu einer Kunst gebracht, die Köder seien echten Fliegen täuschend ähnlich. Abends habe Hermann hinter der Theke gestanden, habe den Anglern erklärt, mit welchen Ködern man Forellen, Barben, Äschen und Hechte fange. Auch die Holländerin sei mit ihrem Mann in die Gaststätte gekommen. Manche sagen, dass Hermann sie gut gekannt habe. Andere Männer haben sie auch besucht. »Am Abend vor ihrem Verschwinden soll aber nur Hermann bei ihr gewesen sein, sie soll ihm gesagt haben, dass sie nichts mehr von ihm will.«

Nachdem ich ein paar belanglose Worte mit meinen Schwestern gewechselt habe, gehe ich gleich zu Hermanns Zimmer hinauf. Auf dem Treppenabsatz steht eine von Mutter bemalte Milchkanne, an der Wand hängt eine topographische Karte der Westeifel. Die Karte ist eingerahmt mit Werbung der Raiffeisenbank, des Autohauses, des Zementwerkes, der Zehnermühle. Man sieht den Verlauf der Urft, wie sie sich durch das felsige Tal schlängelt. Jemand hat mit einem Kugelschreiber Kringel um Dörfer gemalt, mit Namen wie Hunscheidt, Krekel, Wahlen und Keldenich.

Auf der ersten Etage führt der schmale Flur ins Frühstückszimmer, dort ist eine Fernsehecke und eine kleine Bar, an der Gäste sich selbst bedienen können. Am Ende des Raums geht es zum zweiten Stock hinauf. Es ist klamm und kalt, das ganze Haus zu heizen, wäre in der Winterzeit zu teuer, da nur wenige Gäste hier logieren. In den Wintermonaten waren die Einnahmen so gering, dass man oft die Getränkelieferanten nicht bezahlen konnte.

Hermanns Tür bleibt verschlossen, ich erzähle meinem Bruder, dass ich jetzt aus Hamburg gekommen sei, in Köln lange gewartet habe, bis endlich am Morgen eine Bahn in die Eifel gefahren sei. Ich frage, wie es ihm gehe, was mit ihm los sei, warum er nicht sprechen wolle. Auch mir antwortet er nicht. Ich höre nur, wie er das Fenster öffnet, und das Rauschen hereinkommt.

»Was ist mit Hermann?« fragt die jüngere Schwester schnippisch, als ich mich zu ihnen an den Tisch setze. Sie hat ihre dürren Beine übereinandergeschlagen, auf ihrem Schoß steht eine Ledertasche. Die jüngere Schwester hat sich vor einigen Jahren von ihrem Mann getrennt und arbeitet seither wieder als Einkäuferin bei einer Cateringfirma in Trier. Die ältere Schwester lebt noch mit ihrem Lehrer zusammen und ist halbtags in einer nahen Kurklinik im Sekretariat angestellt. Ich habe meine Schwestern zuletzt bei Vaters Beerdigung gesehen. Die Ältere steht auf und geht zur Spüle. Alma weicht einen Schritt zur Seite, als die Schwester Wasser in ein Glas laufen lässt. Auf der Spüle liegen Äschen, die Angler gefangen haben und mittags zubereitet haben möchten. Die Äsche gilt als ein scheuer Fisch, sie hat ein spitzes Maul, kleine kluge Augen und silbrigweiße Schuppen. Die Schwester nippt am Wasserglas und kommt zum Tisch zurück. Sie sagt, dass sie gar nicht wisse, was sie hier solle, die jüngere Schwester stimmt ihr sogleich zu.

Der alte Zehner ruft, dass die Brückenarbeiter hereingekommen seien. Er redet laut, schreit fast mit ihnen, weil er schwerhörig ist. Die Brücke habe damals den Ort gerettet, bei einem plötzlichen Tauwetter sei das ganze Eis abgegangen. In einer Nacht haben sich Eisschollen vor der Brücke aufgetürmt. Zehner redet weiter von einer alten Frau, die mit ihrem Bett im Wasser schwamm, und von ersoffenem Milchvieh. »Alle standen wir auf der Brücke und versuchten, mit Stangen und Spitzhacken die Eisschollen zu brechen«, schreit der alte Zehner aufgebracht. Ich kenne diese Geschichte, erinnere mich, dass sie oft erzählt wurde, früher, wenn ich als Jugendlicher hinter der Theke stand. Die Arbeiter trinken einen Schnaps, um sich aufzuwärmen, dann gehen sie wieder zur Brücke. Einer von ihnen hat noch alleine mit Alma an der Theke gestanden und getuschelt.

Alma kommt, nachdem sie Zehner ein Bier gezapft hat, in die Küche zurück. Sie holt ein Schälmesser aus der Küchenlade, geht zur Anrichte, um die Äschen auszunehmen. Sie erzählt: »Als die Holländerin unter dem Eis hervorkam, trug sie blaue Ohrenschützer, die um ihren Hals hingen, ihre Augen waren wie von Nadeln zerstochen. Wenn sie einfach nur ins Wasser gefallen wäre, ihre Augen wären nicht so zerstochen. An ihrem Körper und an ihren Kleidern hingen Blutegel.« Wenn Alma etwas erzählt, behandeln meine Schwestern sie, als wäre sie Luft, immer schon hatten sie etwas gegen Alma. Ihre Lippen zittern, es sieht aus, als würde sie gleich weinen. Sie wendet sich ab und blickt durch das Küchenfenster zur Urftbrücke.

Auf der Brücke steht ein Pritschenwagen. Unter dem Planenverdeck liegt ein Kompressor. Der Arbeiter, der in der Gaststätte mit Alma geredet hat, springt vom Pritschenwagen auf die Straße, steht im Kreis seiner Kollegen und wirft die Zigarette in eine Pfütze. Die Arbeiter tragen Regenjacken und Schutzhelme. Sie kommen nicht aus dieser Gegend, sind von einer Spezialfirma, die überall im Land Brücken untersucht. Seit einigen Tagen logieren sie bei uns.

Das Handy der jüngeren Schwester klingelt. Sie geht in den Flur, wir hören, wie sie mit ihren Angestellten telefoniert, ihnen sagt, was unbedingt noch zu erledigen sei, daß sie, so schnell es gehe, wieder im Büro sei. Sie kommt in die Küche zurück und fragt ihre Schwester, ob sie mit ins Stift hinaufgehe. Mutter lebt in einem Altenheim im Stift, seit sie vergesslich geworden ist. »Hier sind wir überflüssig, es bringt doch nichts«, bemerkt sie beim Hinausgehen. Die ältere Schwester folgt ihr. Jetzt sitze ich alleine am Küchentisch, Alma hat mir den Rücken zugekehrt. Seit Mutter oben im Stift wohnt, hat sie die Gaststätte geführt. Hermann interessierte sich nur für seine Köderfliegen; von morgens bis abends hockte er am Fluss, beobachtete Mücken und Falter über dem Wasser, machte Notizen. Wenn er abends wiederkam, stellte er sich hinter die Theke, trank, gab Runde um Runde aus. Früher hatte er nie getrunken. Alle fragen sich nun, ob es etwas damit zu tun hat, dass die Holländerin nichts mehr von ihm wissen wollte.

Alma legt eine Äsche in ihre Hand, entfernt mit dem Schälmesser Schuppen, schneidet den Fischbauch auf, holt Organe heraus und lässt dann Wasser aus dem Kran in den Äschenbauch laufen – sie macht es wie Mutter früher. Alma hat mich hin und wieder in der Stadt angerufen. Auch nachdem ich ihr gesagt hatte, dass sie nicht mehr zu mir kommen soll.

Jemand ist in den Schankraum getreten, schlägt auf die Klingel. Alma streift sich die Hände an der Schürze ab, blickt mich an. Wir wissen beide, dass nur der Von Salm so auf diese Klingel schlägt. Ich höre, wie sie in der Gaststätte miteinander reden, wie Von Salm sie nach dem Brückenarbeiter fragt und ihr Vorwürfe macht, dann sagt er, dass sie Setzlinge in den Fluss einbringen müssen. Knuppeglas begleitet ihn beim Aussetzen der Jungfische und hilft bei den Zuchtteichen. Salm hat die Teiche von seinem Vater geerbt, er hat lebenslanges Wohnrecht in einem kleinen Nebengebäude des Schlosses, das einmal seiner Familie gehört hatte und wegen Spielschulden des Alten von Salm verkauft werden musste. Während Alma mit Salm redet, denke ich an früher, als Salm, Hermann, Alma, ihr Bruder und ich im Erdunterstand waren. Alma streifte ihren Pullover über den Kopf, sie hatte ein Muttermal zwischen den Brüsten. Wir hockten auf dem Boden und befriedigten uns selbst. Der Lichtstrahl einer Taschenlampe zeigte auf ihre Knie, tastete zwischen ihren Schenkel hinauf. Salm hatte Almas Bruder Geld gegeben, damit sie sich vor uns auszieht. Salm wollte sie berühren. Plötzlich steckte der Bruder die Taschenlampe in seinen Mund. Sie leuchtete durch seine aufgeblähten Wangen, er schaltete die Taschenlampe mehrmals im Mund ein und aus. Hermann kroch nach draußen und lief weg. Der Bruder sagte, ich solle auch verschwinden, dann zeigte der Lichtstrahl auf Salm, der mit heruntergezogener Hose und erigiertem Glied dastand.

»Los, Herr Graf, raus hier, verschwinde«, lachte der Bruder. Salm kroch raus und stand im Schützengraben, machte seine Hose zu, klopfte den Schmutz von den Hosenbeinen, steckte das Halstuch, das er immer trug, in seinen Hemdkragen. Salm war damals in einem Internat, kam nur während der Ferien nach Hause. Es waren Herbstferien. Blätter schneiten auf den Waldboden. Wir liefen durch die Schützengräben, den Hang hinunter bis zum Flussufer, wo Hermann saß. Schimmernde Prachtlibellen schwebten über dem seichten schlammigen Uferwasser, sie machten ruckartige Bewegungen, wurden für einen Moment unsichtbar.

Ich gehe wieder zu Hermann, bin müde, setze mich im Flur neben die Tür, frage, ob er sich noch daran erinnere, wie wir immer bei Gewitterregen im Fluss schwammen, wie angenehm warm das Wasser war, dass ich gern wieder einmal bei Gewitterregen im Fluss schwämme – auch wenn's gefährlich ist. »Ich hatte nie Angst, wenn du bei mir warst. Erinnerst du dich noch, wie ich beim Eisangeln eingebrochen bin – ich weiß bis heute nicht, wie mir das passiert ist, ein Glück, Hermann, dass du mich rausgeholt hast. Weißt du noch, mir sind immer solche Sachen passiert, und du hast mir geholfen. – Hermann, komm doch endlich raus, oder sag was.« Ich klopfe gegen die Tür. »Hermann, weißt du noch, als ich zu mir kam, hatte ich deine Klamotten an, du hast nackt auf dem Gleis gestanden und den Zug angehalten. Ich dachte, der würde dich überfahren, weißt du, wie der Zugführer herauskam und tobte und schrie, und die Leute aus dem Zug haben vielleicht geguckt.« Ich frage wieder, ob er sich noch daran erinnert. Aber er antwortet nicht. Ich rede von meiner Arbeit. Hermann hat sich immer für Maschinenbau interessiert, er war der Klügere von uns, als ich bereits studierte, konnte er mir noch vieles erklären, obwohl er nur die Hauptschule besucht hatte. »Ich wäre besser hier geblieben, und du hättest studiert«, sage ich. Ich erzähle lauter Dinge, die ich lange vergessen hatte. Wieder bitte ich ihn, etwas zu sagen, die Tür zu öffnen. »Wenn Sartorius wiederkommt, wird er die Tür aufbrechen«, sage ich schließlich wütend.

Alma hat mir Bier und Schnaps hingestellt. Ich hatte mir vorgenommen, nie mehr zu trinken. Aber alles ist dann viel leichter, ich treibe jetzt wie auf einem Floß durch Erinnerungen. Der Mittagszug fährt in den Tunnel. Er hält am Bahnhof, Schulkinder steigen aus, die Schranken gehen runter, der Zug fährt an der Gaststätte vorbei, die feinen Sektgläser in der Glasvitrine hinter der Theke zittern. Mutter sagte früher zu Alma, wenn sie morgens die Gaststätte putzte, sie solle die Gläser einen Fingerbreit auseinander stellen und Servietten unterlegen. Alma machte alles, was Mutter sagte. Irgendwann war sie für Mutter wie eine Tochter. Die Schwestern haben Alma auch deshalb nicht leiden mögen. Damals, als sie das erste Mal zu uns in die Gaststätte kam, war sie ein junges, hochaufgeschossenes Mädchen, Tochter von russischen Aussiedlern, die in einem Bruchsteinhaus an der Straße zur Stiftskirche hinauf wohnten. Ihr Vater, ein humpelnder, verschlossener Mann mit einem schmalen Gesicht, dunklen Bartstoppeln, arbeitete als Melker auf einem Hof, später im Zementwerk. Alma half Mutter auch abends in der Gaststätte. Einmal lag ich mit Hermann unter der Bank des Stammtisches, er wollte hören, was die Angler erzählten. Später konnten wir nicht mehr unter der Bank hervorkommen. Männer stritten sich. Bierpfützen auf dem Boden, das Schuhwerk von Bauern, Zementwerkarbeitern, Lastwagenfahrern. Glasscherben knirschten. »Ich schlag dich tot«, schrie einer. Sartorius kam, um die Streithähne zu trennen. Später, als alle gegangen, die Tür der Gaststätte abgeschlossen war, sahen wir nur noch Almas Turnschuhe, sie öffnete ein Fenster. Das Rauschen drang herein. Vater kam, ging hinter die Theke und tuschelte mit Alma, sie machten das Licht aus, gingen leise nach oben. Wir krochen unter der Bank hervor. »Du darfst Mutter nichts davon erzählen«, fauchte Hermann.

Die Schulkinder laufen unter der sich aufrichtenden Schranke hindurch zur Bushaltestelle. Der Linienbus bringt sie zu kleinen Höhendörfern. Salm und Knuppeglas verlassen die Gaststätte. Sie gehen zum Auto, auf dessen Ladefläche ein Bottich mit Setzlingen steht. Ich stehe am Fenster neben der Anrichte. Alma ist in die Küche zurückgekommen und brät die Äschen.

»Hermann ist in letzter Zeit immer seltsamer geworden«, bemerkt sie.

»Vielleicht hättest du mich früher anrufen sollen.«

»Du wolltest doch nicht mehr, dass ich dich anrufe.« Ihre Lippen sind blass. Sie hat mandelförmige blaue Augen, die ein wenig schielen. Mutter sagte, sie habe einen Silberblick. An ihrer Wange kleben einige Äschenschüppchen. Alma wendet die Fische, sie muss Acht geben, dass die Haut nicht an der Pfanne hängen bleibt. Bald darauf kommen die Angler und dann die Arbeiter in den Schankraum. Alma geht hinüber, um sie zu bedienen. Die Arbeiter sind nur hereingekommen, weil es zu sehr regnet. Ihr Vorarbeiter breitet auf dem Tisch einen Plan aus, zeigt auf eine Stelle und sagt, dass die Versorgungsleitungen unter der Brücke noch überprüft werden müssen. Alma serviert den Anglern die Fische.

Ich stehe wieder vor Hermanns Tür und klopfe ungeduldig. Ein Gast geht an mir vorbei, es ist einer der Brückenarbeiter, dessen Kleidung triefnass ist und der sich umziehen will. Während er seine Zimmertür aufschließt, blickt er zu mir herüber. Tageslicht schimmert durch Glassteine am Flurende, auf dem Boden stehen künstliche Sonnenblumen. Es ist still in Hermanns Zimmer, nicht einmal das Rauschen ist zu hören. Der alte Zehner behauptete früher, betrunken an der Theke stehend, im Rauschen könne man alles hören, was jemals am Fluss geschehen sei.

Als ich wieder nach unten komme, hat Alma mir Kartoffeln, Äschen und Salat auf den Tisch gestellt. Früher, wenn sie mich an ihren freien Tagen besuchte, brachte sie Fische mit, bereitete sie zu, blieb über Nacht, wir schliefen miteinander, am nächsten Morgen fuhr sie zurück. Sie setzt sich an den Tisch, sieht mir beim Essen zu, fragt, ob es schmecke. Die Äsche ist ein wohlschmeckender, nach Thymian duftender Speisefisch, aber mit vielen kleinen Gräten, deswegen weniger beliebt als die Forelle.

»Es hat keinen Zweck, er wird die Tür nicht öffnen, hat auch seit Tagen nichts mehr gegessen, ich dachte, auf dich würde er hören, was machen wir nur, wenn Sartorius kommt«, fragt Alma. Sie steht auf und geht in die Gaststätte. Nur noch der alte Zehner sitzt an der Theke. Alma bringt das Geschirr in die Küche und spült es ab. Sie erzählt mir wieder von der Holländerin, wie schön sie war, dass sie oft bei Hermann am Tisch saß, ihm zusah, wie er Köder anfertigte. Vorsichtig zog er die Larve der Köcherfliege aus ihrem Gehäuse. – Die Larve der Köcherfliege baut ihr Gehäuse aus Sand- und Holzpartikeln auf dem Flussgrund. – Hermann umwickelte den Schenkel eines Einfachhakens mit einer Wollfadenwicklung, kratzte mit einer Nadel eine schmale Rinne in das Gehäuse, bestrich den Wollfaden mit Kleber, schob das Gehäuse auf den Hakenschenkel, band hinter dem Hakenöhr einen Hechelkranz, stellte den Hechel hoch und zwirbelte ihn. Wenn Hermann einen Köder fertig hatte, hängte er ihn in einen Glaskasten hinter der Theke. In ihm sah man Nymphen mit lichtgrauem Körper, rötliche Maifliegen, den Sprock, Rohrmaden, den Steinerbskerl. Im Frühjahr kamen die Angler, um sie zu kaufen.

»Zuletzt hat Hermann seine Köder nicht mehr abgegeben, auch wenn die Angler ihn noch so sehr darum baten. Er hat aber immer weiter welche gebunden«, sagt sie und weist auf die Tapete, auf der überall Köder eingehakt sind.

»Hermann ist früh morgens aufgestanden, hat schweigend gefrühstückt, ist zum Fluß gegangen, hat irgendwo am Ufer gehockt und beobachtet, wie Fische im Wasser stehen, was sie fressen, wie sie auf Fliegen, Maden und Mücken gehen. Er gab seinen Ködern Namen wie: Schwarzer Geist, Blauer Tau, Roter Umhang, Perlenpalmer.« Während Alma all dies erzählt, stehe ich am Küchenfenster, sehe, wie der Arbeiter ein Sicherungsseil umschnallt, am Holm der Pritsche festbindet und über das Brückengeländer steigt. Er wird zum mittleren Brückenpfeiler hinabgelassen. Einen Moment schwebt er mit ausgebreiteten

Armen, wie an einer Angelschnur hängend, dicht überm Fluss. Durch das plötzlich einsetzende Tauwetter führt die Urft Hochwasser. Die Kollegen ziehen den Arbeiter hoch. Er findet auf dem vorstehenden Brückenpfeiler Halt. Sie lassen Seil nach, er kriecht unter die Brücke, dort verlaufen Gasrohre und Stromkabel. Früher haben wir oben von der Brücke geangelt. Dort, wo das um den Pfeiler strömende Wasser zusammenfließt, bildet sich eine ruhige Stelle. Man muss, da die Verwirbelungen des Oberflächenwassers die Beute nach unten drückt, auf Grund angeln, das Vorfach mit Blei beschweren. Eigentlich ist es verboten, von der Brücke zu angeln, und wenn Sartorius kam, rannten wir weg.

Der Arbeiter holt einen Schraubenzieher aus seiner Brusttasche und stochert damit am Eisenträger, fängt mit der Hand den abgekratzten Rost auf, den er in ein Tütchen steckt, dann kriecht er wieder unter der Brücke hervor, stößt dabei mit seinem Helm gegen einen Träger. Der Helm fällt in den Fluss, treibt wie ein kleines Boot auf den Wellen, wird von der Strömung auf die Hauswand der Gaststätte zugetrieben, streicht an der Wand entlang. Ich könnte ihn vom Küchenfenster aus mit einem Besenstiel herausfischen, so hoch ist das Wasser gestiegen. Alma steht neben mir, während der Helm wieder zur Flussmitte auf das Rauschen zutreibt, erzählt sie, dass der Fluss vor zwei Wochen noch zugefroren war. Kinder hatten eine Rutschbahn aufs Eis geschlagen. Sie nahmen Anlauf, schlitterten von der Brücke auf das Wehr zu, kamen jedes Mal einige Meter weiter, bis ihre Rutschbahn am Rauschen endete, der aber zugefroren und still war. Nur die Geschicktesten glitten von der Brücke bis zum Rauschen. Einer stolperte und rutschte bäuchlings auf das Wehr zu. Mit ausgebreiteten Armen blieb der Junge liegen, wischte übers Eis, erkannte unter dem Eis eine dicke Hand, die etwas zu halten schien. Es waren, wie sich später herausstellen sollte, Neunaugen, die sich an der Hand der Holländerin angesaugt und festgebissen hatten. Sie war seit zwei Wochen verschwunden. Man hatte sich keine Sorgen um sie gemacht, da sie ja auch zuhause in der Stadt sein konnte oder vielleicht bei einem Ami in der Militärbasis. Knuppeglas war auf diesen Gedanken gekommen, weil seine Frau vor einigen Jahren mit einem Ami abgehauen war. Der alte Zehner, Salm und Knuppeglas standen mit Sartorius auf dem Eis. Sie hatten ein Loch hineingeschlagen. Sartorius kratzte mit der Stiefelhacke ein großes Geviert in den Schnee, sperrte es ab, verbot jedem, näher an das Loch heranzugehen. Er selbst hockte davor, als das Gesicht der Holländerin zwischen den Eisstücken auftauchte. Eine Sonderkommission aus Köln reiste an. Auf der Brücke standen nun Scheinwerfer, die zum Rauschen hinüber leuchteten, auf Männer, die die Holländerin aus dem Loch zogen und in einen Leichensack legten. Die Fundstelle, ein Geviert von fünf mal fünf Metern, war nun mit einem rotweißen Plastikband abgesperrt. In den nächsten Tagen, noch während die Kriminalpolizei ermittelte, taute es, die Eisenstangen sanken auf den Grund, das Band trieb auf das Wehr hinaus und blieb im Ufergestrüpp hängen. Der Rauschen war jetzt wieder zu hören.

Als die Schwestern aus dem Stift zurück sind, setzen sie sich an den Küchentisch und bitten Alma, Kaffee zu machen, sie sind durchnässt und frieren. Sie fragen, was mit Hermann sei. Dann berichten sie, dass Mutter sie zuerst gar nicht wiedererkannt habe. Sie erzählen, dass sie mit Mutter an Vaters Grab gewesen seien, an das sie sich aber auch nicht mehr erinnert habe. Statt dessen habe sie nur von ihrem ersten Mann, Valentin, Hermanns Vater, gesprochen. Auch habe nur eine Fotografie von Valentin und Alma in ihrem Zimmer gestanden. Alma sei die einzige, an die Mutter sich wirklich erinnere.

»Sie haben es ihn spüren lassen«, erzählt Alma. »Sonntagmorgen, als sie nach der Kirche in die Gaststätte wollten, ist Hermann in seinem Zimmer geblieben. Sie haben vor der Tür gestanden, ich habe geöffnet, weil wir die Einnahmen doch brauchen«, entschuldigt sie sich. »Später kam er in die Gaststätte, betrank sich, beschimpfte die Gäste. Es kamen noch mehr Leute, weil sie das Ganze als Spektakel empfanden. Hermann sagte mir, dass er nur noch in seinem Zimmer sitzen und immerzu das Rauschen hören wolle. Sein ganzes Zimmer war voller Köder, die er an der Tapete befestigte hatte, mit Anmerkungen auf Zettelchen. Später dann lag er in seinem Bett, starrte an die Zimmerdecke, wo die Spiegelungen des Flusses schimmerten. Wenn überhaupt, dann kam er erst spät abends nach unten, betrank sich, schenkte Schnaps aus, niemand musste bezahlen. Ich brachte ihn, wenn alle weg waren, nach oben. Er hockte auf dem Bettrand, hatte sich um seinen Verstand gesoffen und redete wirres Zeug.«

Nun dämmert es, der Abendzug kommt, der Zug, mit dem ich früher vom Gymnasium nach Hause kam. Leute steigen aus und gehen zum Parkplatz und zur Bushaltestelle. Die Schwestern fragen, was ich davon halte, wenn wir die Gastwirtschaft verkaufen. Das Telefon klingelt und die ältere Schwester redet mit Sartorius, er sagt, dass er gleich kommt, fragt, ob Hermann endlich sein Zimmer verlassen habe.

»Ich weiß, dass Hermann ihr nichts getan hat«, ruft die Schwester empört. Sie läuft zu Hermann hinauf, klopft gegen seine Zimmertür und sagt, dass Sartorius jetzt kommen will. Sie rüttelte an der Klinke, die Tür öffnet sich. Im Zimmer sind von Wand zu Wand Angelschnüre gespannt, an der Tapete hängen Köderfliegen, winzige Larven und Insekten, große Käfer und Schmetterlinge. Hermann sitzt nackt auf seinem Bett, hat einen Hechel auf seinem rasierten Kopf, seine Lippen hat er geschminkt, wie ein Fischmaul. Der Rauschen ist leise zu hören. Die jüngere Schwester läuft schreiend den Flur hinunter. Sie sitzt auf der Treppe, die Ältere versucht, sie zu beruhigen. Auf dem Tisch in Hermanns Zimmer befinden sich Geräte zum Köderbinden, sein Schulkatechismus, eine Fotografie, auf der er am Flussufer steht und stolz seine erste gefangene Forelle präsentiert. Nun kommt Alma mit Sartorius die Treppe hinauf. Der Abendzug fährt an der Gaststätte vorbei in den Stiftbergtunnel.

Aus der Diskussion der Jury zu Norbert Scheuer

Klaus Nüchtern: Es ist mir hier einmal vorgeworfen worden, dass ich mich immer über Sachen freue, die ich kenne. Hier freue ich mich über Dinge, die ich überhaupt nicht kenne. Das ist eine fremde Welt. Ich kenne mich zum Beispiel mit Fliegenfischen nicht aus, es sind auch schon die Namen aus einer ganz anderen Welt, Ortsnamen wie Krekel, Wahlen und dann gibt es einen Steinerbskerl. Da bin ich auf eine kindische Art einfach begeistert. Ich finde das ist ein Text, wie wir ihn heuer bislang noch kaum gehabt haben, da ist kein einziger Ton falsch. Das ist ein ganz sachte und uneitel erzählter Text, der vollkommen in dieser Örtlichkeit ruht, der überhaupt nicht sentimental ist, obwohl es sehr viel um Kindheit und Vergangenheit geht, und aus dem uns – sozusagen aus dem Grund dieses Flusses – eine tiefe Melancholie anweht, eine große Traurigkeit. Ich habe versucht, mir zu erklären, womit das zusammenhängen mag: Wenn ich etwas gar nicht mehr gebraucht hätte, dann wäre das dieses Schlussbild von dem verrückten Bruder, der sich in ein Gewirr von Angelschnüren einspinnt. Das Schlüsselwort ist »früher«. Es kommen hier nach dem Tod des Vaters noch einmal die Personen aus einem Dorf zusammen. Man kennt das, es zerbröselt bereits alles. Der Vater ist schon weg, die Mutter ist dabei durchzudrehen, der Polizeichef geht in die Pensionierung. Man kann noch alles benennen, man erkennt es wieder, aber die Schwestern werden nie mit Namen bezeichnet, sondern immer nur mit »die Schwestern«. Also da wird etwas vorgeführt, was schon längst vorbei ist. Kindheit wird nie ganz verschwinden, sie wird sozusagen der Dreck bleiben, den man immer unter den Fingernägeln hat, aber man wird sich einmal eingestehen müssen, dass das alles vorbei ist, dass es auch nicht mehr durch sentimentale Gesten zu retten ist. Man sitzt immer wieder mit den Geschwistern zusammen und packt Anekdoten aus, aber die packt man nicht deswegen aus, damit man sich über diese Trauer hinweg rettet, über dieses Vorbei, genau das macht der Text nicht. Er verweigert sich dieser Sentimentalität. Es gibt ganz wunderbare Details. Normalerweise sind diese Kindheitsgeschichten irgendwelche grausamen Begebenheiten, an die man sich erinnert. In diesem Text gibt es einen Bruder, der mit dem Feldstecher auf die Forellen sieht, also er fischt sie nicht. Ich frage mich, ob diese Verrücktheit des Bruders nicht darin besteht, dass er als einziger glaubt, er kann an diesem vergangenen Ort bleiben. Er hält sich an diesem Rauschen fest, er gibt sich der Illusion hin, dass man dort bleiben kann. Man kann dort aber nicht bleiben. Ich bin begeistert.

Daniela Strigl: Es scheint so, als wäre der Bachmann-Wettbewerb heuer ein Wettbewerb der Fische. Es sind wieder Fische, es ist wieder ein Kauz, es ist wieder eine Geschichte, die schlecht ausgeht. Ich habe eine Schwäche für Geschichten, die eine ganz eigene Welt entwerfen, sei es eine groteske Welt wie bei Hanno Millesi, sei es eine realistische Welt wie bei Norbert Scheuer. Auch mich beeindruckt diese uneitle Darstellung und mich beeindruckt die sachliche Genauigkeit der Wörter, die ich auch nicht kenne. Ein anderes Detail, das mir gefallen hat, ist das Auftauchen einer Wasserleiche, man sieht die Hand. Das könnte in einer anderen Geschichte auch vorkommen, aber hier hat sich etwas festgekrallt und es ist nicht einfach irgendein Fisch, es sind Neunaugen. Mir gefällt dieser sinnliche Wortreichtum im Detail, das geht bis in die Namen, der Graf von Salm passt hier natürlich wunderbar her und es gibt wirklich die Grafen von Salm, die sind ja nicht erfunden, die leben sogar in Wien, einer hat uns sogar gegen die Türken verteidigt. Knuppeglas ist ein anderer schöner Name, der Begleiter des Grafen von Salm, aber das ist nur ein Beispiel für das Detail. Das Rauschen und der Rauschen, der Fluss, begleiten einen ausgesprochen beklemmenden Ort, wo eine Familie wohnt und wo eine Familie zusammenkommen kann. Gerade das Überraschende am Schluss hat mir sehr gut gefallen. Man könnte sich vorstellen, dass er sich hinter verschlossener Tür umgebracht hat. Hat er nicht, er ist »nur« verrückt und hat einen Hechel, was immer das ist, auf dem Kopf. Egal, das Bild wirkt trotzdem, es ist ein sehr eindrucksvolles Bild, und wie dieser Mensch von einem hoffnungsfrohen Buben zu einem Verrückten wird, zu einem Fisch, ist eine Facette der vielen Metamorphosen, von denen der Text erzählt. Er erzählt auch die Metamorphose von Maden zu Fliegen, weil man Fliegenfischen ja nicht nur mit Fliegen macht, sondern mit sehr kunstvoll drapierten Dingen, die hier ganz genau beschrieben werden. Also mir hat der Text ausgesprochen gut gefallen.

Martin Ebel: Diesmal lache ich nicht über dieselben Dinge wie Klaus Nüchtern. Ich freue mich auch nicht an denselben Dingen. Ich will mit einer Szene anfangen, die mir besonders gut gefallen hat in diesem Text: Das ist die Szene, wo der gesicherte Tatort davonfließt, weil das Eis schmilzt, das ist wirklich sehr schön, das kann ich mir vorstellen. Ich fühle mich aber ein bisschen viel an den »Tatort« erinnert bei diesem Text, ja genau, an die Fernsehsendung, die wahrscheinlich auch in Klagenfurt ausgestrahlt wird, und warte, dass der Kommissar Sartorius kommt und den Fall endlich abschließt. An den »Tatort« erinnert mich, dass alles so bekannt und voraussehbar ist und auch gar nicht so sehr regional lokalisierbar. Das ist die typische Geschichte, in der die Sonderkommission irgendwo in die Provinz gerufen wird und was findet sie da vor? Einen Gasthof. Da sitzen sie alle, da sitzen die Schwestern, da sitzt der verkrachte ehemalige Fabrikant – meistens ist das übrigens ein Lokalredakteur, der alles weiß und dann alles auspackt. Dann gibt es die dunklen Familiengeschichten, es gibt die Aussiedlerinnen und man weiß ja, dass die alle triebhaft sind, diese hat es mit dem Vater getrieben, mit dem älteren, dann mit dem jüngeren Bruder. Dann gibt es ein Bruderdrama, bei dem herauskommt, dass der ältere Bruder der Lebensretter war und immer dem jungen geholfen und ihn beschützt hat und jetzt betrügt der jüngere ihn mit seiner eigenen Frau, also Schuldgefühle sind auch da. Das sind alles Dinge, die Kommissar Sartorius herausfinden würde, hier werden sie uns so verraten. Mich stört, dass diesen Figuren nichts Individuelles, Einzigartiges, Besonderes anhaftet, sondern dass das Figuren sind, denen ich schon oft begegnet bin und im »Tatort« begegne ich ihnen wieder. Im »Tatort« ist mir das egal, da möchte ich nur wissen, wie es ausgeht. Hier möchte ich aber doch mehr wissen, über die Figuren mehr erfahren als diese Stereotypen, die vor mir ausgebreitet werden.

Ilma Rakusa: Ich bin von dem Text sehr beeindruckt. Ich finde, hier weiß jemand genau, was er tut, er kennt auch diesen Ort, ob der jetzt ganz realistisch abgebildet ist oder nicht. Man spürt wirklich eine Vertrautheit, die zu der bereits erwähnten Uneitelkeit führt, fast bin ich in Versuchung zu sagen, dass es ein authentischer Text ist – so wie es Max Frisch immer formuliert hat, er hat ja unterschieden zwischen autobiographisch und authentisch – authentisch, weil hier alles stimmt bis ins Vokabular, bis in die Terminologie dieser Anglerpraktik. Ich bin kein Spezialist, aber ich war von dieser Köderstelle sehr angetan. Es entsteht Poesie durch die Genauigkeit, durch die schiere Beschreibung dessen, wie ein solcher Köder von diesem Hermann angefertigt wird. Das ist eine ganz wunderbare Stelle, wo Poesie durch Tatsachenbeschreibung erzeugt wird. Dass trotzdem etwas sehr Unheimliches im Text ist, führe ich nicht nur auf diesen Mord zurück, es ist eben auch in diesem Familiendrama so viel Unheimliches, wie Klaus Nüchtern das schon beschrieben hat. Das sind ja fast Dostojewskische Dimensionen, obwohl bei Dostojewski alles in Städten spielt. Es ist eine Landszenerie, aber es ist auch ein Familiendrama, es wird auf sehr knappem Raum eine Familiegeschichte erzählt, was allein schon ein Kunststück ist, wie ich finde. Das mit dem Tatort empfinde ich gar nicht so als Problem, ich muss gar nicht wissen, ob das Hermann war. Man sieht dieses Bild, wie er aufgefunden wird. Übrigens ist die scheinbar alzheimerkranke Mutter wahrscheinlich durch eine Altersdemenz verrückt. Ich glaube nicht, dass das genetisch auf Hermann abfärbt, es ist eben eine in Auflösung begriffene Familienstruktur; sprachlich ist der Text sehr gut gearbeitet und zwar nicht auf eine künstliche, sondern auf eine authentische Weise.

Heinrich Detering: Ich kann die Begeisterung nicht teilen, obwohl ich diesen Text keineswegs unsympathisch fand, sondern ihn mit freundlichem Interesse gelesen habe. Sachte und uneitel erzählt, hat Klaus Nüchtern gesagt; das beschreibt auch meinen Eindruck insgesamt. Sachte und uneitel ist etwas, was den Text allgemein sympathisch macht. Er gehört zu dem, was man eine Zeit lang bei uns Neue Heimatliteratur genannt hat, also die nicht auf Verklärung, sondern auf deren Gegenteil zielende Heimatliteratur, die sehr genau in die provinzielle Enge hineinschaut. Hier schaut der Text *so* sehr in diese provinzielle Enge hinein, dass er sich von ihrer Klebrigkeit und Beklommenheit und Engherzigkeit nicht zu lösen und keinerlei Distanz zu ihr zu gewinnen vermag, vor allen Dingen nicht in der Sprache. Ich bin nicht sicher, ob diejenigen von Ihnen, die die Sprache jetzt besonders hervorgehoben haben, sich nicht ein bisschen haben blenden lassen, weniger durch die Genauigkeit, Frau Rakusa, als vielmehr durch den Exorzismus der sonderbaren Namen für Gerätschaften, die man nicht kennt, für Fischsorten, die man nicht kennt, für Haus-, Orts- und Familiennamen, die man nicht kennt. Das ist auch sehr schön, aber das macht noch keine sprachliche Genauigkeit, denn die Sprache außerhalb dieser Urftnomenklatur bleibt sehr stark im Geläufigen und geradezu Abgenutzten: Das »hochaufgeschossene Mädchen«, der Versuch, »die Streithähne« zu trennen, das ist die Redeweise dieser Provinz, da wo sie nicht exotisch farbig ist wie die Fischsorten oder die eigenartigen Ködervorrichtungen. Da ist die Sprache unreflektiert gegenüber dem, wovon sie redet, und das wird durch kein Arrangement wieder aufgefangen. Das bleibt im Grunde in einem exotisch drapierten Provinzialismus hängen.

Karl Corino: Ich habe privat Herrn Scheuer immer den Homer der Eifel genannt. In schwächeren Momenten ist er eher ein Auerbach der Eifel. In manchen seiner Texte, die ja alle in der Eifel spielen, gelingt es ihm nicht, eine Geschichte zu erzählen, da bleiben die Beschreibungen oft im Trivialen stecken. Hier ist ihm gelungen, den Gipfel aller Eifel-Geschichten, die er je geschrieben hat, zu schreiben. Es ist ein, wie ich finde, sehr genau gearbeiteter Text. Das ist einfach der Ort, an dem sich Herr Scheuer auskennt wie in seiner Hosentasche, und in einer globalisierten Welt, wo fast alles miteinander zu verwechseln ist, ist es ihm gelungen, eine Provinz zu beschreiben, die wiedererkennbar ist. Da ist kein schlampiger Umgang mit den Voraussetzungen wie bei Herrn Millesi, gelegentlich habe ich eine fischzüchterische Frage – die klären wir dann privat. Ein Hechel ist übrigens ein Rechen, mit dem man Flachs hechelt oder andere Leute durchhechelt im übertragenen Sinne. Es ist so, dass es Herrn Scheuer gelingt, Symbole zu finden, die die ganze Hilflosigkeit dieses Bruders, dieses Hermann zeigen. Seine Leidenschaft ist das Knüpfen von Fischködern, die schenkt er der Holländerin, die knüpft er immer noch weiter, als sie schon längst tot ist. Es geht ihm im Grunde aber immer noch darum, diesen großen Fisch zu fangen, der ihm endgültig durch den Tod entglitten ist, von da her ist es nur logisch, dass er sich am Schluss dann selber in einen großen Fisch verwandelt, denn damit gleicht er sich den toten Opfern, die im Fluss schwammen, mehr an. Alles in allem ein Text, der Respekt verdient und mit zu dem Besten gehört, was Herr Scheuer jemals geschrieben hat.

Ursula März: Auf alle Fälle ist es ein Text, an dem sich unsere Geister extrem scheiden. Klaus Nüchtern hat das Generalproblem dieses Textes auf den Punkt gebracht, als er sagte: »Er ruht in seiner Örtlichkeit.« Das ist leider die Paraphrase eines Museums und ich glaube, das wird hier aufgemacht, nämlich ein Provinzmuseum. Es ist kein Zufall, dass der Text im Präsens geschrieben ist. Dieser additive, absolut unrauschende Charakter des Textes, vor allem in den Passagen, in denen sozusagen das Inventar der Provinz Stück für Stück besonders deutlich vorgeführt wird, hat einen Grund. Der Text sagt mir ständig: Ich bin ein Text über die Provinz, so sieht sie aus. Das ist aber ein Problem, denn damit bewegt er sich in der Defensive und das ist das Hauptproblem der Provinz im Gegensatz zur Großstadt, dass sie ein Legitimationsproblem hat und davon löst sie sich nicht. Wäre es ein Großstadttext, würde er sagen: Die Rolltreppe fährt rauf, die Rolltreppe fährt runter, die Autos rauschen vorbei, es sind wahnsinnig viele Menschen, würde sich aber auch davon nicht lösen. Er kommt sozusagen von der Vorführung seines Inventars nicht weg.

Burkhard Spinnen: Ich möchte vielen der Argumente über das Unprätentiöse und den gelungenen Bau des Textes unbedingt zustimmen, kann mich aber nicht ganz lösen von einer Assoziation, die Herr Ebel mit dem »Tatort« aufgemacht hat. Sie haben doch alle schon Hunderte von Fernsehproduktionen gesehen, in denen es um die Provinz geht. Man könnte einen Fragebogen aufmachen: Wie sieht es in der Gaststätte in der kleinen Provinz oft aus? Deprimierend. Was passiert mit der alten Frau, der Wirtin? Sie leidet an Demenz. Was tun die Schwestern, nachdem sie aus dem Haus gegangen sind? Sie kommen nicht wieder zurück und führen ein unglückliches Leben in der Großstadt. Wer schafft es halbwegs, dem Elend zu entgehen? Derjenige, der möglichst weit in die Großstadt fährt. Was passiert mit dem, der dableibt? Er wird verrückt. Dass etwas ist, wie es ist, das zu zeigen ist nicht die Aufgabe der Literatur. Das reicht nicht. Wenn dieser Text so genommen würde und irgendwo in eine indische Provinz gestellt würde, würden wir furchtbar monieren, wenn jemand mit derart speziellen, indischen Begriffen käme. Schon wenn das in Frankreich spielen würde oder horribile dictu in der Toskana wären wir Gott weiß wie wütend über die Ausdrücke für die Orangen, Plantagen, Aushilfslaute über die Olivenpressen usw. – Toskanafraktion! Diese Worte rühren uns in der Tat an, weil wir sie hören als deutsche Worte, die wir nicht kennen. Darin ist ein gewaltiges Geheimnis aufgehoben, aber es ist auch ein Trick, es ist ein Köder, der uns ausgeworfen wird.

Iris Radisch: Also was Burkhard Spinnen da gerade beschrieben hat, ist ein anderer Text, das wäre eine Provinzposse, die man vielleicht im Fernsehen sehen könnte, das kann ich nicht beurteilen. Dieser Text hier ist so tief in seine Landschaft eingelassen, dass er mit diesem Kasperle-Provinzpossenspiel, das Sie gerade skizziert haben, meiner Meinung nach nicht das Geringste zu tun hat. Er atmet mit den Dingen, die hier beschrieben werden. Es gibt kein einziges Wort, das diesen Dingen von außen aufgepfropft würde, all das kommt aus den landschaftlichen Gegebenheiten, aus der Provinz selbst, vor allen Dingen aus dem Fluss. Es gibt ja fast nichts von dem, was hier beschrieben wird, egal ob die Arbeit, die Liebe, das Essen, die Unterhaltungen, die Brücke, die Arbeiter. Alles, was hier beschrieben wird, ist intoniert durch den Fluss und sein Rauschen, nichts ist losgelöst davon. Deswegen geht es auch gar nicht um irgendein Inventar, das sagte Frau März, oder ein Museum von Dingen, die da angesammelt und aufgelistet werden, sondern ich lese das als einen ganz lebendigen Austausch von Landschaft, und dass sich diese Landschaft anscheinend in der Provinz abspielt, das ist schon wichtig, aber nicht die Bedingung der Möglichkeit von Landschaft und Text. Was ich so gelungen finde, ist, dass dieser Text nicht mit Spielgeld handelt, was sehr viele Texte tun, die wir hier gehört haben.

Mich beeindruckt der Text so, weil das eine echte Währung ist. Eine echte Währung in der Literatur wohlgemerkt, nicht ein eins zu eins Fotorealismus, den kann keine Literatur leisten. Die Provinz ist grausam, sie wird nicht grausam gemacht, das ist auch kein Horrorvideo, sondern die Provinz wird in ihrer nackten Grausamkeit beschrieben. Und es wird auch beschrieben, dass sie Sehnsuchtsort ist, dass sie Heimat ist, Heimat, die verloren ist.

Burkhard Spinnen: Sie machen ein Stiftersches Ambiente um diesen Text herum, und ich lese hier Gaststätte, Fluss, Brücke, Kompressor, Auto, Eisenbahn, Bahnhof, Schankraum.

Iris Radisch: Daraus besteht die Welt? Das weiß ich nicht.

Burkhard Spinnen: Aber doch nicht die Provinz, die ganze Welt besteht aus diesen Dingen. Das ist überall.

Iris Radisch: Das, was Burkhard Spinnen gerade zitiert hat, wären wieder Spielmarken, wären Worte, wäre in einer gewissen Weise auch ein Konzept für eine Provinz. Ich lese hier eine große Sinnlichkeit des Textes, und das hängt natürlich mit seiner Örtlichkeit zusammen, damit, dass diese Literatur einen ganz konkreten Ort hat. Nur daraus kann diese Sinnlichkeit des Textes kommen und da kann ich jetzt ganz viele Beispiele bringen, die ich anders finde, als das, was Sie gerade possenhaft umreißen. Ganz viele andere Bilder, die so klein sind, dass sie in keinem »Tatort« vorkommen können. Die Sektgläser zum Beispiel, die man mit Servietten unterlegen muss, da sie sonst beim Vorbeifahren des Zuges in der Vitrine zittern- das ist eine solche sinnliche Präzision.

Burkhard Spinnen: Das macht man in Berlin an der Stadtbahn auch.

Ursula März: Kleines Beispiel für die Sinnlichkeit des Textes: Die Äsche ist ein wohlschmeckender, nach Thymian duftender Speisefisch, aber mit vielen kleinen Gräten, deshalb weniger beliebt als die Forelle. Das ist die Sinnlichkeit eines Reiseprospektes!

Ilma Rakusa: Herr Spinnen, ich bin mit Ihnen ja sehr oft einig, aber bei diesem Text das Wort »Trick« zu verwenden, das stört mich wirklich.

Burkhard Spinnen: Moment, Trick heißt nicht, dass etwas verboten oder fies wäre. Die ganze Literatur besteht aus lauter Tricks.

Ilma Rakusa: Ich wiederhole mich, der Autor lebt ja noch, er ist nicht verrückt geworden, nicht alle, die bleiben, werden verrückt. Der Autor lebt da und das ist wirklich ein authentischer Text, der auf sicheren Füßen steht. Man kann immer einen Satz herausholen und sagen, den könnte man irgendwie isoliert in einem anderen Kontext lesen, aber in diesem Kontext ist das doch kein Reiseprospekt-Satz.

Ursula März: Absolut ist er das.

Klaus Nüchtern: Ich will mir den Text auch nicht einfach klein reden lassen. Ich gebe schon zu, dass ich diesen Trick oder diesen Köder des Exotismus nicht kenne, weil ich nicht aus der Eifel bin, aber für mich hat dieses In-der-Örtlichkeit-Ruhen nichts Museales, es geht für mich eigentlich gleichzeitig darum, dass der Text auf eine sehr exemplarische und fast abstrakte Weise etwas über Kindheit und über das notwendige Vergehen von Kindheit verhandelt, und dazu muss er eine konkrete Örtlichkeit haben. Natürlich lässt sich das woanders hin verpflanzen, allerdings meines Erachtens nicht in eine Großstadt. Ilma Rakusa hat darauf hingewiesen, dass das eine Kleinstadt oder ländliche Jugend ist. Das ist ganz wichtig, die bekommt sozusagen ihre Tiefendimension dadurch, dass sie nicht immer im Fluss ist und dass die Gegenstände, die Personen und die Dinge viel länger an einem Ort bleiben und dass dadurch die zeitliche Distanz stärker wirkt, währen in der Großstadt alles im Fluss ist und wir ständig darauf trainiert werden, dass sich viel verändert. Da kommt man nicht vierzig Jahre später an einen Ort zurück und alles ist noch immer am gleichen Platz und der Zug fährt immer noch unter derselben Brücke durch. Dadurch kommt auch die große Melancholie zustande, die der Text verströmt.

Daniela Strigl: Ich glaube, dass die Kritiker des Textes mit einigen Tricks arbeiten. Der Text selber ist kein Provinztext. Er beschreibt einen Ausschnitt unserer Wirklichkeit. Man kann es sich kaum vorstellen, wenn man in Wien oder Berlin lebt, aber es gibt noch ein Leben auf dem Lande. Ich behaupte nicht, dass alle Gasthäuser Österreichs, der Eifel, des Landes, eine solche Atmosphäre aufweisen, aber es gibt Gasthäuser, die weisen eine solche Atmosphäre auf, und ich finde es merkwürdig, dem Text mit Hinweis auf die Toskana oder andere Provinzorte verbieten zu wollen, von Brücken, Fischen, Häusern etc. zu erzählen.

Ursula März: Das hat niemand gesagt, Frau Strigl. Der Einwand ist sozusagen, dass er eine stereotype Provinz, eine Museumsprovinz erfindet.

Karl Corino: Also, ich möchte gerne zu Herrn Spinnen noch etwas sagen: Wenn jemand pauschal über die Toskana redet und von Oliven und von Orangen, dann entlarvt er sich, denn der Kenner der Toskana weiß, dass es mindestens vier, fünf Dutzend Sorten Oliven gibt, die alle ihren eigenen Namen haben. Es kommt darauf an, diese spezifischen Dinge genau zu benennen und eben das tut Scheuer. Er liefert speziell für die Eifel die differentia spezifica, und das ist die Qualität seines Textes.

ANGELIKA OVERATH

Das Aquarium
(Romanauszug)

Damals also begannen die Tage, an denen Tobias das Wort »Fußgelenk« nicht mehr ertragen konnte. Auch nicht Fessel, Armbeuge, Nacken, Haar. Immer wenn er spürte, daß so ein Wort bedrohlich auf ihn zukam, versuchte er wegzutauchen. Er trat dann sehr nah an die Scheibe und sah in die Bewegung der leuchtenden Leiber, die mit ihren ruhigen Augen an ihm vorbeiglitten, einen weiten Bogen beschrieben oder blitzschnell wendeten. Fische haben sensible Seitenlinien, ein besonderes Sinnesorgan, das ihnen verrät, wo das Glas beginnt. Auch blinde Fische, das wusste Tobias, stoßen nicht an. Er folgte dem Flossenschlag über die fließenden Anemonen hinweg, vorbei am Gezweig der Korallen, bis in die Muschelkalkhöhlung eines lebenden Steins. Dann war auch er wieder unterwegs.

Einmal hatte er gelesen, in einer jener Apothekenzeitschriften, die die Mutter in niedrigen Stapeln auf der Eckbank sammelte, Schlaflose, die darauf warteten, endlich einschlafen zu können und über diesem Warten nur wacher wurden und in eine gierige Not gerieten, nie mehr Ruhe zu finden, daß solche Schlafkranke es einmal damit versuchen sollten, das Radio einzuschalten. Dieser Rat, so harmlos er klinge, sei wirksam – wenn man es nur richtig mache und das Radio sehr leise stelle, so leise, daß die Stimmen, die Klänge noch gerade zu hören seien, auf keinen Fall also so laut, daß der Schlafsuchende sie einfach entspannt würde aufnehmen können. Denn allein indem er sich anstrenge zu hören, was es vielleicht zu hören gab, in dem Maße, wie er sich einstelle auf die kaum wahrnehmbaren Sensationen, würde er das Einschlafenmüssen vergessen. Und müde, sehr müde, wie er ja war, würde das konzentrierte Horchen sich verlieren und ein diffuser Klangteppich ihn hinübernehmen in den schon nicht mehr erhofften Schlaf.

Tobias hatte das sofort verstanden; ihn trugen Fische fort.

Seit 17 Jahren arbeitete er nun im Flughafen, und seit 17 Jahren ähnelten sich seine Tage und Nächte unter dem flirrenden Klicken der Start- und Landetafeln. Damals, dachte er manchmal, hatten sie ihn nur genommen, weil er keinen Urlaub brauchte, er hatte das ja gleich gesagt. Nein, natürlich hatten sie ihn nicht nur genommen, weil er keinen Urlaub brauchte. Das hatte sie sogar irritiert. Sie hatten sich für ihn entschieden, obwohl er ein Quereinsteiger war, eben kein Biologe oder Tierpfleger. Im Grunde hatte er ja nichts vorzuweisen gehabt als ein abgebrochenes Theologiestudium, ein paar Jahre als Hilfsbuchhändler. Trotzdem mußten sie ziemlich schnell verstanden haben, daß er für sie genau der richtige Mann war. Denn er hatte vermutlich als Einziger wirklich begriffen, was sie vorhatten. Ein Meerwasseraquarium, ein Riffaquarium, sollte als Raumteiler in der erweiterten Transithalle des Flughafens installiert werden. Von einem geplanten 200 000 Liter-Volumen war in den Zeitungen die Rede gewesen. Und innen keine Plastikdekorationen wie bei den populären Tiefsee-Vergnügungsparks, sondern echte Korallen. Er hatte kurz überschlagen: etwa 20 % lebende Steine und dann im verbleibenden Volumen rund zehn Zentimeter Fisch auf 50 Liter Wasser. Fische, die sich in Gefangenschaft vergesellschaften ließen, die keine Fressfeinde waren, aggressiv wurden oder an die Korallen gingen. Vermutlich schneller als die Planer selbst hatte er gewußt, was das täglich, ja mitunter nächtlich bedeutete an Aufmerksamkeit, an Wartung. Und noch bevor die Stelle offiziell ausgeschrieben gewesen war, hatte er sich höflich vorgestellt.

So hatte er ihr die Geschichte natürlich nicht erzählt, als sie dastand, die nackten Arme verschränkt, und zu den Fischen hinübersah, wippend in diesen blauen Turnschuhen. Er hatte nicht angeben wollen.

Langsam ging er an der Glasfront entlang. Im sandigen Areal hob und senkte ein Blaupunktrochenpaar die Brustflossen, als könne es im Wasser fliegen. Er drehte sich um. Das Klicken wehte wieder herunter wie eine unvermutete Böe, bis sich die

Plättchen zitternd beruhigten. Die Maschine aus Tel Aviv war gelandet, die aus Hongkong auch. Hinter Glasgow und Frankfurt blinkte das rote Licht. Vom gläsernen Halbrund, das die Halle hier gegen Osten hin abschloß, kam surrend ein Strom von Passanten und Rollkoffern vorbei, der sich auf Terminal 56 zubewegte. Dahinter, jenseits der Scheiben, hing schwefeliger Dunst über den Asphaltfeldern. Nur schemenhaft lagen die großen Maschinen da.

Sie hatte nicht gesagt, daß sie wiederkommen würde. Warum auch? Sie mußte wiederkommen. Das war ja ihr Beruf.

Tobias sah, wie ein Harlekinfisch auf seine Wirtsanemone zuschwamm, in die rosa Tentakel ihrer Mundscheibe tauchte, sich drehte und drehte, wieder herauskam und unruhig gegen das Glas weiterschwamm, als nähme er Witterung auf. Tobias sah seinen leicht geöffneten Mund, sein dunkles Auge.

Der Fisch kann nichts dafür, hatte er sich immer wieder gesagt und das Tier gesucht und gehofft, es wäre wieder wie früher. Dabei hatte ihn die Mutter nur überraschen wollen mit diesem neuen Zeichentrickfilm. Sie zwei sollten es gemütlich haben, im Wohnzimmer mit Schokominzdragees auf dem Couchtisch. Und die Mutter hatte sich einen Schlehenlikör eingeschenkt und war zurückgesunken in die hohen Sofakissen. Hilflos hatte er etwas von später und erst-nach-dem-Fischfutter-sehen gesagt, aber sie hatte ihn nur herangewinkt und auf die Fernbedienung gedrückt.

Tobias hatte gleich gesehen, daß es schlimm werden würde. Schon die Farben waren unvergleichlich falsch. Und die Animation, die so gelobt worden war, Animation, dachte Tobias, was heißt schon Animation, wie da die Fische, wie die Algen sich bewegten, und wie das Licht der Tiefe wirkte, das alles hatte etwas, er konnte es nicht sagen, etwas, das in ihm Scham aufkommen ließ. Ja, Scham. Und dann der Plot mit der Flosse, die zu klein war und die der Fischvater Glücksflosse nannte. In der Enge des Wohnzimmers hatte sich der Geruch des Schlehenlikörs mit der Süße des Films verbunden zu einer leicht narkotisierenden Schwüle, die ihn zu würgen begann. Er hatte nicht entkommen können. Wohin hätte er denn schauen sollen? Hätte er der Mutter zunicken müssen, die mit spitzen Lippen am Glas nippte und sich an der piepsenden Unterwasserwelt vergnügte? In seiner Not hatte er versucht, sich nur auf die blauen Flächen zu konzentrieren, auf Momente von Ultramarin und Indigo, Mangan, aber die schnell geschnittenen Szenen entwickelten einen bösen Sog, ein verführerisches Versprechen, das auf fatale Weise eingelöst wurde. Der Film wurde stärker als der Fisch. Amphiprion ocellaris aus der Familie der Riffbarsche war an diesem Abend zu Mutters Nemo geworden.

Und Scharen von Kindern, das hatte er gelesen, spülten nun ihre Fische im Klo hinunter, weil sie glaubten, sie entließen sie damit ins Meer.

Tobias spürte, daß seine Hände feucht waren. Er wischte sie an den Beinen seiner Cordhose ab und strich sich eine Haarsträhne aus dem Gesicht. Seine Stirn fühlte sich kalt und teigig an. Die Luft im Flughafen war schlecht. Manchmal schien es ihm, das sei das größte Problem an seinem Arbeitsplatz. Nirgends gab es ein offenes Fenster, und die mehrfachen Sicherheitsschleusen verhinderten, daß ein Hauch von draußen hereinkam. Die Klimaanlage, vermutete er, wurde nicht ordentlich gewartet. Was er hier atmete, konnte nicht der optimale Sauerstoffgehalt sein, der in so einer Halle zu erreichen war. Aber wer erkundigte sich schon bei einem Aquaristen?

Meeresfische waren empfindlicher. Schon der ganze Aufwand mit dem Wasser! Das zumindest hatte er ihr erklären können, als sie so am Glas herumzappelte und nicht wußte, was sie tun sollte bis zum Weiterflug. Sie hatte keine Vorstellung davon gehabt, wie so ein Becken eingefahren wird. Ein bißchen Salz ins Wasser, Fische rein und fertig. Aber so ging es eben nicht. Und schon gar kein Leitungswasser! Er hatte das Wort Ionenzusammensetzung gesagt. Ein schönes Wort, wie er fand. Sie hatte gelächelt. Und dann hatte er von der biologischen Reifung des Wassers gesprochen. Als Photographin konnte ihr Chemie nicht ganz fremd sein, davon ging er aus. Am Anfang zumindest, so jung war sie auch wieder nicht, mußte sie noch in Dunkelkammern mit Entwicklungsbädern gearbeitet haben.

Aber das hatte sie dann doch verblüfft, er hatte gesehen, wie sie auf einmal zuhörte, daß es vier oder auch sechs Wochen dauern konnte, bis das Wasser halbwegs stabil war. Und das waren Wochen im Aquarium, in denen von Fischen noch keine Rede sein konnte. Zunächst, hatte er begonnen, mußte natürlich die Technik installiert werden, Strömungspumpen, Eiweißabschäumer, Heizer, PVC-Verrohrung eingebaut und alles für den Filtersumpf vorbereitet werden, am besten unsichtbar in einer Ebene unter dem Aquarium und doch gut erreichbar. Er hatte eine Geste zum Sockel gemacht und dann hin zum Boden gezeigt. Das Aquariumvolumen, das sie hier sehe, könne sie sich ruhig noch einmal versteckt vorstellen, für die Technik eben. Detailfragen der sensiblen Glasbohrung und Probleme der Dichtung ersparte er ihr. Er sprach auch nicht von Silikonklebern, die ja eine Revolution in der Aquaristik eingeleitet hatten. Also, wenn es dann bei den Probeläufen nirgends sickerte, hatte er erklärt, konnte das Becken gefüllt werden, zunächst mit zwei Drittel aufbereitetem Süßwasser, in das Meersalz eingestreut wurde. Und dann begann das Spiel, das der, der damit anfing, gewinnen mußte. Schließlich ging es um Leben und Tod. So hatte er es aber nicht gesagt. Er wollte nicht pathetisch sein. Deshalb hatte er nur mit Ruhe gesagt, dieses Spiel beginne sehr langsam und dann brauche es Geduld.

Also stehen lassen. Warten. Ein, zwei Tage, ohne Licht, ohne Abschäumer, keine Filteraktivität. Nun begann das Messen, das ständige Justieren mit Salz- und Süßwasser, ein vorsichtiges Ausbalancieren, bis die exakten Dichtwerte erreicht waren. Am vierten Tag vielleicht konnte man lebende Steine dazugeben. Sie wurden unter eine hohe Strömung gesetzt und mit halophilen – halophilen sagte er zuerst, aber gleich war ihm das Wort nicht korrekt erschienen für sie, und er sagte: salzliebenden, mit salzliebenden – Bakterien geimpft. Sie könne sich wohl leicht vorstellen, was jetzt passiere. Wieder hatte sie ihn angesehen. Und vielleicht war ihm nun aufgefallen, daß sie grüne Augen hatte, flaschengrün, schlammgrün, Augen von einem undurchsichtigen Grün jedenfalls. Das Ganze also, hatte er gesagt, immer noch im Dunkeln, noch keine Blaulampen an, keine Tageslichtröhren. Nichts. Sie müsse sich das vorstellen: im dunklen Aquarium fließt jetzt stark strömendes, stark aggressives Salzwasser. Das hält niemand aus. Kein Mikroorganismus hält das aus. Alles, was auf den lebenden Steinen lebt, stirbt jetzt ab. Das war sein erster Triumph gewesen. Er hatte gesehen, daß sie staunte. Klar, hatte er langsam gesagt, Tabula rasa. Nun erst beginne im Aquarium die Zeit. Und dann hatte er Licht gesagt. Da hatte die Photographin gelacht.

Zunächst ein paar Stunden am Tag und die Lichtphasen langsam steigern, bis mit einer Beleuchtung von zwölf Stunden der tropische Tag simuliert werden kann. An den lebenden Steinen hängen noch Sporen, Larven, Eier. Nach und nach mußte sich jetzt etwas entwickeln. In dieses Sterben hinein würde es beginnen: Erstes Leben, das war ein bräunliches Schmieren von Kieselalgen am Glas. Dann kamen Blaualgen. In dieser Phase war der Nitritwert immer noch hoch, absolut tödlich für Salzwasserfische. Der Ammoniumgehalt würde langsam zu sinken beginnen. Also beobachten, messen, Glas putzen, Steine bürsten, beobachten, messen. Je nachdem, was man vorhatte, nach drei Wochen vielleicht Caulerpa-Algen einsetzen. Der Nitrit- und Ammoniumgehalt ist jetzt praktisch unten und bald nicht mehr nachzuweisen. Nun kommen algenfressende Schnecken dazu, erste Einsiedlerkrebse. Wunderbar. Nach sechs Wochen endlich beginnt die Zeit der Fische, Doktorenfische am besten, kobaltblau, zitronengelb, robuste Pioniere. Und wenn die dann losschwammen und so über die Steine streiften, als sei diese bemessene Welt schon immer ihr angestammtes Revier gewesen, dann war das – hier hatte er nicht weitergesprochen und nur noch gesagt, daß es gut neun Monate dauern könne, bis ein Salzwasseraquarium wirklich stabil sei und voll besetzt werden könne, manchmal dauere es auch über ein Jahr.

So also, hatte sie geantwortet, wird ein Meer geboren.

Mein Gott, sie hätte seine Tochter sein können. Nein, natürlich nicht seine Tochter, sie war nicht so jung, wie sie aussah. Sie hatte es selbst gesagt. Aber die Kleidung, diese khakifarbenen, weiten Hosen mit den vielen Taschen, und immer sah man hinten einen Streifen Haut. Und ein Stück von einem bunten Slip.

Tobias mochte das Wort Haut nicht denken. Eine durchsichtige Garnele mit weit abgestellten Fühlern und Fühlhörnern ließ sich vor einer Korallenwand sinken, schwerelos sinken wie Wasser in Wasser.

Manchmal gefiel es Tobias, sich so hinter das Becken zu stellen, daß, wenn er mutwillig durch das Aquarium hindurchsah und gegen die gläserne Fassade der Transithalle zu den Rollbahnen hinüber, seine Fische auf einmal um die Flugzeuge herum schwammen, über die Tragflügel glitten oder einfach in den dunstigen Himmel stiegen.

Aber als er sie das erste Mal gesehen hatte, war er auf der anderen Seite des Beckens gewesen. Er hatte die ovale Glasfront im Rücken gehabt und weit in die Flucht der Transithalle hineingeschaut mit dem Aquarium, seinem buntblauen Lichtkörper davor. Und während der Strom der Reisenden über die Scheibe zog, grieselig-transparent wie ein beschädigter Film, war ihm aufgefallen, daß eine Gestalt nun nicht mehr nur als eine Spiegelung vorüberglitt, sondern daß diese Gestalt ganz dicht an das Aquarium herangetreten war und ihr Gesicht an die Scheibe drückte. Er hatte sofort dieses Federnde wahrgenommen, später erst waren ihm die Turnschuhe aufgefallen und das silberne Kettchen an der einen braunen Fessel. Sie zog keinen Rollkoffer hinter sich her. Sie trug einen Rucksack. Und nun begann sie, sich an der Glasfront entlangzubewegen und seine Fische zu verfolgen. Er wartete nur darauf, daß sie, wie es Kinder manchmal machten, gegen die Scheibe klopfte. Dann würde er sofort: Nicht klopfen, hören Sie! rufen. Sie klopfte aber nicht. Sie hüpfte die Front entlang und um die Ecke herum, und dann sah er vage durch das Wasser, wie sie dort stehenblieb und in die Korallenfinger starrte, wo vermutlich die Seepferdchen hingen. Er trat näher an das Glas heran. Sie hatte ihren Rucksack abgenommen, nestelte darin herum, zog etwas heraus, hielt es vors Auge. Sie hüpfte hinter dem Glas hin und her und hielt nur still, wenn sie auf ein Bild wartete. Als sie das Becken umrundet hatte und wieder auf seiner Seite stand und das Objektiv gerade auf einen Schwarm von Kardinalfischen einstellte, war er von hinten an sie herangetreten. Sie möge bloß nicht auf die Idee kommen, hier mit Blitzlicht anzufangen. Da war sie herumgeschnellt und hatte ihn angesehen, als sei er blöde.

Tobias stand jetzt wieder sehr dicht am Glas. Neben ihm schlängelte eine Grundel in suchenden Freßbewegungen durch den Sand. Er sollte endlich hinuntergehen und den Abschäumer und die Filter prüfen. Ein gelbroter Schwarm von Zwergbarschen zog über einen Anemonenteppich und floh, wie auf geheimen Wink, in eine Felsspalte. Krater, dachte Tobias.

Es war ein Melanom gewesen, ein Melanom am Rücken, und da man damals so etwas sehr großzügig herausschnitt, hatte der Vater immer einen Krater am Rücken gehabt. Vater und Krater waren Zwillingsworte gewesen. Und wenn der Vater, der ja nicht sein richtiger Vater war, aber natürlich doch, er kannte keinen anderen, wenn der Vater also in der Küche rauchte und Hopfenperle trank und die Wurst auf dem Holzbrettchen in exakte Rädchen schnitt und immer wieder mit den Schützengräben und den Bomben und den Bombentrichtern anfing, während er dann die rosa Wursträdchen sorgfältig mit dünnen, grünen Salzgurkenscheibchen belegte, hatte der Vater nicht nur sein entferntes Melanom, sondern auch den verlorenen Krieg auf dem Rücken getragen. Wie die Schnecke ihr Haus. Er war dann aber doch an Lungenkrebs gestorben, langsam über Monate hinweg in einem Krankenhaus. Und so war er, als der Vater in der Klinik zu sterben begann, statt seiner in das Ehebett gekommen. Und irgendwie war er dort geblieben.

Im Gang vor dem Sterbezimmer des Vaters stand ein Aquarium. Von Besuch zu Besuch hatte Tobias neue Fische kennengelernt. Winzige, feingezeichnete Freunde in der Tiefe grüntransparenter Algenwälder. Und als man den toten Vater langsam zur metallenen Aufzugtür rollte, hatte er über die Schulter zurückgesehen zu dem sprudelnden Körper.

Zu seinem zehnten Geburtstag wünschte er sich ein Aquarium. Und dann waren aus einem Aquarium schnell mehrere Aquarien geworden, Zuchtbecken, Quarantänestationen, Behälter für die Jungfische, bald war der ganze Keller voll gewesen mit den blau und grün leuchtenden, leise perlenden Glaswelten. Und wie in Trance war er in der bewegten Dunkelheit gesessen, die nur erhellt wurde durch das Licht, das aus den Wassern kam. Die Mutter hatte hingenommen, daß auf der Fensterbank in der Küche, daß in ihrem Kühlschrank Schalen und Büchsen mit klebrigen oder krümelnden, schleimigen und hüpfenden Substanzen standen, die er als Fischfutter brauchte. Und endlich hatte er sich vorsichtig und mit Erfolg an ein kleines, teures, für ihn schwindelerregend kostbares Salzwasserbecken gewagt.

Das alles hatte er ihr nicht erzählt. Später, dachte er, wenn sie wiederkommt, später.

Überhaupt war sie es gewesen, die schnell begonnen hatte zu sprechen, unzusammenhängend, flüchtig, übermüdet wohl, vor der Scheibe in dieser schwimmenden Zeitzone zwischen Bangkok und Paris. Es war die Flughafenzeit, die sie zum Erzählen brachte, diese ortlosen Stunden des Wartens unter dem klickenden Himmel des Transits. Sie hatte sich in einen der gegossenen Plastikstühle gehängt, ja, hineingehängt, gelümmelt und zu den Fischen gesehen und Chips gegessen und aus einer Saugflasche, wie sie die Radrennfahrer an der Stange haben, hatte sie Wasser getrunken. Er war um das Aquarium herumgegangen, hatte mit dem Messer an der langen Stange Algen von den Scheiben gekratzt, die Bewegungsabläufe der Fische kontrolliert, Trockenfutter gestreut, geschnittenes Muschelfleisch. Manchmal war auch sie aufgestanden. Und so hatte es begonnen.

Bali, hatte sie auf einmal gesagt, du kannst nicht mehr nach Bali fahren. Und obwohl sie ‚du' gesagt hatte, war er nicht sicher gewesen, ob sie zu ihm sprach, wirklich zu ihm, oder doch eher zu sich oder einfach nur gegen die Scheibe hin, hinter der sich das fließende Bunt ruhig veränderte. Da stehst du bei der Einreise in der Zollschlange und wartest. Das ist normal. Hitze, eine trübe Halle, Blüten, Pisse, Schweiß. Alles klebt. So ist es eben. Aber du stehst da und über dir laufen sieben riesige Monitore und spulen die Bilder ab, die jeder Reiseführer druckt. Aber jetzt sind sie bewegt und in perfekter Belichtung. Du stehst, du stehst lange. Und über dir die tanzenden Mädchen, die goldenen Tempel, die Surfer vor den schwarzen Stränden, die Surfer vor den weißen Stränden, die Hochzeitsprozessionen, die sich in Blumen dahinwälzenden Beerdigungsrituale. Und immer wieder von vorne. Du kommst kaum einen Schritt weiter in dieser Schlange. Und du denkst, was soll ich noch auf Bali? Aber du photographierst für diese Magazine, und das, was sie ködern, diese traurigen Touristen, die gähnen nach Glanz und Wirklichkeit.

Sie war aufgestanden, hatte nach der Abflugtafel gesehen, obwohl sie wissen mußte, daß noch Stunden vor ihr lagen, hier in der Halle. Ich bin unterwegs für diese Scheiße, hatte sie gesagt und sich wieder hingesetzt. Sie wollen dasselbe, nur um den winzigen Kick anders.

Dann stand sie wieder am Aquariumglas und machte übertriebene Sprechbewegungen gegen die Scheibe, immer näher, und beobachtete, wie ihr runder Mund sich zeigte. Sie schien nicht zu erwarten, daß er etwas sagte. Was hätte er auch sagen können? Er reiste ja nicht.

Sie aber sprach weiter, immer weiter, rücksichtslos, eine aufgekratzte Schlafwandlerin unter dem Glas des ewig hellen Flughafens. Etwas Restlicht vom Mond reicht schon, hatte er beginnen wollen und ihr die Sache mit den Korallen erklären, aber sie wollte nichts mehr hören und sagte nur: Du denkst, wenn du es wirklich ein wenig besonders machst, dann kommst du drum rum. Und du siehst etwas noch intensiver, noch überraschender. Und schon bist du dabei.

Sie starrte gegen das dicke Glas, und plötzlich sah sie ihn an: Fische können die Augen nicht schließen. Sie haben keine Lider.

Da hatte er nur ein wenig genickt und mit der Hand zu der Muräne gedeutet, die gerade dabei war, in quälender Verzögerung den schmalen, schildkrötenartigen Kopf aus ihrem Rohr herauszuschieben. Aber sie hatte nur China gesagt.

China, Kunming. Ich habe auf dem großen Markt von Kunming eine Wachtelverkäuferin gesehen. Ich habe gesehen, wie sie in die Kästen mit den hüpfenden Vögeln griff und sie flink zu rupfen begann, nein, sie hat sich den Handgriff gespart, ihnen vorher das Genick zu brechen. Nein, nicht rupfen, ich habe gesehen, wie sie ihnen das Gefieder wie einen Handschuh von den kleinen Körpern zog, und dann nahm sie die Schere und schon flogen die Schnäbel, die Beine, die Vogeldärme wie Schreie davon auf den Boden und ein nacktes Nichts von Leibern rutschte in Tütchen, nach denen die Wartenden gierig griffen.

Wie lange man nach China fliege, hatte er ganz unsinnig gefragt.

Doch sie sagte nur: Sande, aufgeschüttete Sande, Hügel um Hügel in roten Farben. Rieselnd. Und Bärentatzen, Pranken von Braunbären, neben den getrockneten Händen kleiner Affen.

Und sie habe die Dampfnudelbäckerin gesehen, schwitzend unter der weißen Haube, und die Dampfnudeln hinter dunstigem Glas, während am Boden hutzelige Rentner ihre gebündelten Litschizweige darboten wie Diamanten.

Sie redete jetzt völlig durcheinander. Manchmal drehte sie sich um sich selbst. Manches verstand er nicht. Manches war wieder klar.

Ich habe ein Kind gesehen. Es hockte auf den Knien vor einer Pfütze. Es beugte sich über die Pfütze. Es wippte. Es wippte immer wieder vor und hinunter zu der Pfütze. Wie ein kleines Tier, das das Wasser mit dem Mund sucht. Wenn seine Lippen nah am braunen Pfützenwasser waren, versuchte es zu trinken. Ich habe nicht gesehen, ob es sich in der Pfütze sah, ob es also versuchte, sich zu trinken. Es hockte da in einer dicken, roten Steppjacke. Ein kleiner, wippender Buddha. Und ich sagte, trink doch nicht aus der Pfütze. Das Wasser ist schmutzig. Trink doch nicht. Du wirst krank werden.

Und? hatte er gefragt.

Es verstand mich nicht. Es war krank. Ein Mann hat es dann weggetragen. Und zu einer Frau gebracht. Das Kind sei jetzt zehn Jahre alt, hat der Mann noch gesagt, tonlos, aber mit zwei Jahren habe es aufgehört, wie die andern Kinder zu sein. Es habe einfach aufgehört.

Das war in China? hatte er gefragt.

Nein, hatte sie gesagt.

In China habe ich eine andere Pfütze gesehen. Eine viel größere Pfütze, eine Pfütze, wie es sie nach dem Regen gibt, eine so große Pfütze, daß die Straße verschwunden war, und nur noch auf dem Fahrrad konnte man durch die Pfütze kommen. Und die Häuser entlang der Straße waren Hochhäuser mit zerbrochenen Scheiben, und die Vorhänge wehten heraus wie Segel, und manchmal sah man in den Fenstern hohe Stockbetten, zwei, auch drei übereinander, auf denen junge Leute lagen. Und dann hörte man Musik, Mozart, es war immer Mozart. Und die Vorhänge bauschten sich aus den zerbrochenen, an manchen Stellen notdürftig mit Sichtfolie verklebten Fenstern.

Unten am Rand der Pfütze auf der Straße standen Mädchen mit langen nackten Beinen. Immer wenn ein Mann auf dem Fahrrad vorbeiradelte, was heißt radelte, bei jedem Hinuntertreten der Pedale waren die Füße, die Waden im Wasser, dann winkte so ein Mädchen und zeigte, daß es hinüberwollte. Meist hielt der Mann dann an, schob watend das Rad an den Rand, half dem fremden Mädchen auf den Gepäckträger oder auf die Stange und setzte es hinüber über die Pfütze.

Die Stadt war voller Fahrradfahrer, sagte sie. Sie habe noch nie so viele Fahrräder auf einmal gesehen. Kaum Autos, nur Fahrräder, in Schwärmen. Die Fahrräder hatten keinen Rücktritt und keine Lampen. Und man fuhr immer im Pulk in den großen Boulevards. Wenn man abbiegen wollte, mußte man sich früh auf der richtigen Seite einordnen. Niemand gab ein Handzeichen. Ein Radfahrer war nur eine winzige Schuppe an einem geschmeidigen Körper, der dahinfloß, sich teilte und wieder wuchs.

Er hatte es aufgegeben, sie unterbrechen zu wollen.

Und die Küche der Übersetzerin. Wir waren eingeladen und saßen in der Küche der Übersetzerin. So eine helle Resopalküche, abwaschbar, Blick auf einen Betonbalkon, auf dem sich gefüllte Plastiktüten stapelten. Zwei Schweizer Sinologiestudentinnen waren mit am Tisch, eine reiche Holländerin, die hier seit Jahren für einen Limonadenkonzern arbeitete. Und der Mann der Übersetzerin. Der Mann der Übersetzerin sei ihr gegenübergesessen. Es habe Suppe gegeben, Suppe in hellen Schalen. Sie hatten chinesisch gesprochen, auch deutsch, englisch, holländisch. Nur der Mann und sie hatten nichts gesagt. Und dann habe sie den Mann angesehen und gesehen, daß er sie angesehen haben mußte. Die ganze Zeit schon. Und sie habe mit dem weißen Porzellanlöffel die Suppe bewegt, diese geleeartig angedickte, transparente Flüssigkeit mit den dunklen Algenfäden, den rosa Krabben, den grauen Pilzen. Sie habe den Mann wieder angesehen. Schwarze Haare, schwarze Augen, sehr schmaler, gerader Mund. Und da habe sie es gesehen.

Die anderen haben geredet, ja gelacht, weil die Schweizer Sinologiestudentinnen sich in gewagten chinesischen Konstruktionen versuchten, Silben singend, und die Übersetzerin unterstützte sie nickend und lachend. Der Mann war sehr aufrecht dagesessen. Er hielt einen Löffel in der Hand. Und er habe sie nicht nur angesehen, er sei in sie versunken, mit seinen sich weitenden Augen in sie versunken. Das ist doch wohl nicht möglich, habe sie sich gedacht, hier am Tisch mit seiner Frau und all diesen fremden Europäerinnen. Wir waren Gäste. An dieser Stelle spätestens hatte er gehofft, daß sie aufhören möge. Er hatte schon verstanden, inständig hatte er nur noch gehofft, sie möge ihm die Worte, die kommen mussten, ersparen. Sie aber schien im Gegenteil eine Wut, eine noch im nachhinein staunende und doch trotzige Wut empfunden zu haben und die Lust, ja: es mußte auch Lust gewesen sein, die Wörter zu sagen. Und er war dankbar um jeden Aufschub, darum also, daß sie nun von der Holländerin sprach, die die Sinologiestudentinnen mit englischen Imperativen zu weiteren Kunststücken anfeuerte. Aber dann hatte sie es doch gesagt.

Da starrt dieser Kerl mich an, mit der Hand unterm Tisch, und onaniert. Und natürlich wartet er nur darauf, daß ich hinschaue. Und ich schaue auch hin, weil ich es wissen muß, ob ich richtig sehe. Und da macht er weiter. Und ich sehe rosa Suppe, mit grünen Algen und Garnelen. Und ich sehe schwarze Augen, in denen mein Schauen verschwimmt.

Hören Sie, er hatte den Kopf geschüttelt, als müsse er sich wehren gegen dieses übermüdete, überdrehte Kind, was soll das? Er war zurückgetreten, die Korallen, den Sand, die fliegenden Rochen im Rücken. Und auch sie war einen Schritt von ihm abgewichen, hatte die kurzen Locken in den Nacken gelegt und leer hinaufgesehen in die Glas- und Eisenkonstruktion der Flughafendecke.

Was soll das, hatte er wiederholt, nun etwas leiser. Und da war der dunkelgrüne Blick zurückgekommen und hatte ihn kurz gestreift.

Sie aber hatte zögernd begonnen, vor sich hin zu springen, selbstvergessen, wie es Kinder auf der Straße tun über gemalten Kreidekästchen, und hatte nur »nichts« gesagt, nein: nichts, das war nichts, das waren nur so Geschichten.

PAUL BRODOWSKY

Aufnahme

Wie schlafend. Gestern Abend, oder war es vorgestern oder einer der anderen Abende, gestern Abend, seit Tagen fahre ich und versuche alles zusammenzubringen, konzentrier dich, sagte sie, über mir muss die Kreuzung sein, über die sie gelaufen ist, die ausgestorbene Straße entlang, das Geräusch ihrer Schritte zwischen den Häuserwänden, die überfrorenen Pfützen, sie schrie kurz auf, einen Moment lang ein hilfesuchender, beinahe verzweifelter Ausdruck in ihrem Gesicht, ich war ihr aus der Bar gefolgt, trotz allem, sie hatte sich umgeschaut, aber mich nicht gesehen, ihr grauer, selbstgenähter Rock auf dem weiß gesplitterten Eis, als schließlich ein Taxi anhielt, ging ich über die Straße, winkte den aussteigenden Taxifahrer mit einer Handbewegung zurück auf seinen Fahrersitz, ich half ihr aufzustehen, auf der Rückbank küssten wir uns wieder, im Taxi, wie in der ersten Nacht, die Leuchtreklamen hinter dem Fenster, geschwindigkeitsverzogen, der feine Maronengeruch ihrer Haare, in ihrer Wohnung der bröckelnde Deckenputz, die Neonröhren, Stoffreste, die mit Schablonen an die Wände gesprühten Abzeichen und Sprüche, dazwischen Fotos, großformatige Abzüge, aufgepinnt mit Stecknadeln, die noch vom letzten Regen dastehenden Blumenvasen gegen das eindringende Wasser, auf der Tischplatte Acrylfarben, weitere Fotoabzüge, eine Nähmaschine, Chemikalienflaschen, eine Schale mit Obst, zwei schimmelnde Zitronen, das Knistern der Zigaretten auf dem Dach, das Bahnareal, die Weichen, die sich knäuelnden Schienenstränge, ihre um die Augen leicht knitterige Haut. Vergiss den schwach beleuchteten Club nicht, bei dem man klingeln muss um eingelassen zu werden, du erinnerst dich, der Club, in dem wir diese dunkelhaarige Frau getroffen haben, die Frau mit den zwei Muttermalen unter dem linken Schlüsselbein, obwohl, sagte sie, die hast du ja nie zu Gesicht bekommen, vergiss nicht die japanischen Nudelsuppen, sagte sie, erzähl mir, wie sie aussehen, mit dem rauen, tiefschwarzen Nori vor den hellen, beinahe hautfarbenen Nudeln, vergiss nicht die verzweigten Subwaystationen, die Tunnelsysteme, die Abfahrt auf der steilen Rolltreppe an der Station vor dem Fluss, die unzähligen Tesafilmfetzen der an die Decke geklebten und wieder abgerissenen Plakate, die Mäuse zwischen den Gleisen, ich will, sagte sie und erschauerte leicht, ich will wissen, wohin die Mäuse verschwinden, zwischen den Batterien, den Getränkedosen und Kondomen, ob sie auf den Bahnsteig kommen, spät nachts, vergiss nicht nach Chinatown zu fahren, der Glühbirnenhändler, der mit seinen Goldzähnen vor dem Laden steht und auf Kundschaft wartet, aber Glühbirnen brauchst du mir keine mitzubringen, sagte sie, vergiss den Club nicht, den ich dir gezeigt habe, ich möchte, dass du noch mal hingehst, alleine oder mit einem Freund, den Club, in dem die Besucherinnen sich ausziehen, sag mir, ob die mit den wasserstoffblonden Strähnen noch hinter der Bar arbeitet, die immer alle anfeuert und die Eindollarnoten für die Stripperinnen einsammelt, zur Not auch mal selber einspringt und eine Runde auf der Theke tanzt, erzähl mir, wie die Barfrau den Stripperinnen zur Ermunterung Whiskey in den Mund und über das Gesicht spuckt, ob die Frauen sich hastig ausziehen, während die Männer johlen und dabei unauffällig den Kopf recken, um einen besseren Blick zu erhaschen, sich gegenseitig Kommentare zuraunen und kurz schimpfen, wenn eine Frau zu früh wieder von der Theke springt, wie die Frauen, die oben durchhalten, verschämt, wie probehalber ihre Brüste in die Luft strecken, vergiss nicht die Reihe der Ampeln, die aufgehängten, leicht schwankenden Rotgrünfolgen im Nachthimmel, vergiss nicht, das scharfe Brennen von chinesischem Reisschnaps zu kosten, vergiss nicht, noch einmal in diese andere Bar zu gehen, in der wir uns das erste Mal getroffen haben, der hohe, mit hellem Holz ausgekleidete Raum mit den schrägen Wänden, die wie verdrehte, aufgebogene Quader aussehen, du sollst warten, bis eine kommt, du sollst mir beschreiben, wie sie aussieht, wie sie dich anlacht, ob sie sich auch auf den Hocker neben dich setzt, ob du sie ansprichst oder sie mit dir ein Gespräch anfängt, erzähl mir, wie sie dich berührt, beiläufig, wenn sie ihr Glas abstellt, sagte sie, erzähl mir, ob sie sich wie verträumt mit einer Hand durch die Haare fährt, den Ellenbogen abgespreizt, oder ob sie beim Lachen den Kopf zurückwirft, die helle Haut ihrer Kehle, das Kribbeln, das du empfindest, wenn sie eine Hand auf deinen Oberschenkel legt und dir dabei in die Augen sieht, lange, merk dir ihre Augenfarbe, blau oder grau oder grün, die kleinen Falten um die Augen, ob sie geschminkt ist, Mascara oder ein schwungvoll auslaufender Lidstrich, und wenn ihr euch ein zweites Mal in die Augen seht, verpass den richtigen Moment nicht, stell dich geschickter an als damals, nicht zögern wie bei mir, schließlich soll sie sich nicht in dich verlieben, ich will nur wissen, wie sie küsst, ob zart, mit weichen Lippen oder drängend. Wenn ihr dann zu ihr fahrt, sagte sie, nehmt ihr ein Taxi, genauso wie wir, du sollst mir das Gefühl beschreiben, das Gefühl in dem Moment, wenn ihr dem Fahrer schon erklärt habt, wo es hingehen soll und ihr allein seid auf der Rückbank, und ihr wisst, dass es jetzt kein Zurück mehr gibt und ihr beide schweigt, leicht erschrocken über die Schnelligkeit, mit der ihr da hineingeraten seid. Gestern bin ich in der Subway eingeschlafen, als ich aufwachte, waren außer mir nur zwei Obdachlose im Wagen, irgendwann wachte einer von ihnen auf, grauhaarig, abgemagert, als er den Kopf zu mir drehte, sah ich seine milchweißen Augen, er war blind, er stand auf, tastete sich vorwärts, trat auf die kleine Plattform zwischen den Waggons, um von dort auf die Gleise zu pinkeln. Merk dir, wie ihre Wohnung eingerichtet ist, ob sie in einem Doorman-Building wohnt, was man in ihrer Wohnung beim Blick aus dem Fenster sieht, was für Gewürze in der Küche stehen, ich will, sagte sie, dass du dir ihren Körper einprägst, wie sich die Haut ihrer Beine anfühlt, ob sie auch ihr Oberteil über den Kopf zieht, oder ob du es ihr aufknöpfen musst, die weichen, kaum sichtbaren Falten zwischen Hals und Schlüsselbein, wie ihr Körper nackt aussieht, ungeschönt durch die Kleidung. Konzentrier dich, sagte sie, deine Bilder, du sollst sie mir beschreiben, ich will alle deine Eindrücke, sagte sie, möglichst genau. Ihr heller Hals, wie sie den Kopf in den Nacken warf beim Lachen, immer wollte ich in diesen Hals hineinbeißen, mit aller Kraft, irgendwann in dem Taxi hörten wir auf uns zu küssen, fuhren schweigend durch die Stadt, was siehst du, sagte sie, ich will wissen, was du siehst. Denk daran Taxi zu fahren, die weiche Federung, sagte sie, der Geruch, denk daran in dieses verlassene Fotostudio zu gehen, Hinterhof, die vergilbten Wände, Staub auf den stehen gelassenen Strahlern, den Aluminiumstativen, ich sehe Büsche, ein graues Eichhörnchen, sagte ich ihr, präziser, sagte sie, so habe ich keine Bilder. Ich ging und ließ sie in der Bar, kurz vor der Subwaystation drehte ich um und lief zurück, sie saß noch immer an der Theke, sie saß alleine, die Bar war fast leer, der Drink beinahe ausgetrunken, ach, sagte sie, du möchtest also noch mehr von mir sehen, sie lachte. Sie rutschte von ihrem Barhocker herunter und blieb eine Handbreit vor mir stehen, jetzt küsste ich sie, ich schloss die Augen, als ich die Augen wieder öffnete, bemerkte ich, dass sie mich die ganze Zeit über beobachtet hatte, was ist los, fragte sie, du zögerst, sagte sie, du schaust mich ja an, sagte ich, natürlich, sagte sie, was denn sonst? Irgendwann gestern Nacht bin ich an einer leeren Station ausgestiegen, Kalkablagerungen, Rost von eindringendem Wasser auf den Wandkacheln, dem Fußboden, ein halbes Dutzend Mäuse auf dem Beton, als ich zu der Wartebank in der Mitte des Bahnsteigs ging, liefen sie alle zur Bahnsteigkante und verschwanden zwischen den Gleisen, nur eine Maus blieb zurück, sie lief immer im Kreis über schwarzgetretene Kaugummis und ein Bodengitter hinweg, als ich mich zu ihr herunterbückte sah ich, dass ihr ein Stück vom Schwanz fehlte, von einer der Bahnen angefahren vermutlich, eines der Augen frisch verschorft, sie reagierte nicht, als ich sie mit dem Schuh berührte, lief nur weiter im Kreis. Nimm die Frau auch mit zum Strand am Morgen danach, sagte sie, die Fahrt durchs Häusermeer, die Subway größtenteils oberirdisch auf dieser Strecke, der Morgennebel, es ist jetzt ziemlich genau ein Jahr her, sagte sie, der Strand ausgestorben um diese Jahreszeit, zumindest wenn keine Sonne scheint, der Flugsand auf der Honigmelone, den Oliven, schau ob die Lifeguards wieder da sind, ob sie wieder wie letztes Jahr schlafen vor Langeweile, eingehüllt in ihren knallorangen Jacken, du sollst die Frau zum Schwimmen überreden, trotz der Kälte, so wie mich damals, erzähl mir, ob sie sich wie beiläufig ihr helles T-Shirt über das noch nasse Bikinioberteil zieht, um beides am Körper trocknen zu lassen, schau, ob ihr auch Fotos findet zwischen den vom Wind zerstreuten Plastikflaschen, den Orangen und Glühbirnen, Fotos mit euch unbekannten Menschen darauf, die sofort eine Geschichte suggerieren, Menschen mit einem gefrorenen Lächeln, einem abwesenden Blick oder wie mit offenen Augen schlafend. Also noch mal, sagte sie in dem Taxi, als wir die lange Straße am Park entlangfuhren, was siehst du jetzt, fragte sie, Hochhäuser sagte ich, hohe Wohnhäuser, sagte ich, so kann ich mir nichts vorstellen, sagte sie, hier neben uns zum Beispiel drei Sandsteintürme, genau baugleich, sagte ich, hinter einigen Fenstern brennt noch Licht, schwach gelbes Glühlicht, das bläuliche Flackern von Fernsehern, die Türme sind unten breiter und verjüngen sich treppenförmig, wie was, fragte sie, wie diese Sandburgen, die man als Kind gebaut hat, aus feuchten Sandtropfen, gut, sagte sie, geht doch. Bevor wir einschliefen, ging sie ins Bad, im Dunkeln, ich dachte, sie gehört zu den Frauen, die immer noch einmal ins Bad gehen, bevor sie einschlafen können, aber es war wegen ihrer Kontaktlinsen, bis zum Schluss weigerte sie sich, eine Brille zu tragen, als sie zurückkam, machte sie kein Licht, tastete sich zum Bett. Ich versuche zusammenzubringen, was passiert ist, konzentrier dich, sagte sie, seit gestern oder seit vorgestern fahre ich Subway, ununterbrochen, ich bin nicht in der Lage zurückzugehen zu ihrem Appartement, vielleicht hätte ich die Zeichen wahrnehmen können, aber sie hat nichts preisgegeben, mich nicht eingeweiht in ihre Pläne, vielleicht, weil man in solche Pläne niemanden einweihen kann. Als ich das zweite Mal bei ihr war, zeigte sie mir ihre Fotos, sie arbeitete an verschiedenen Projekten gleichzeitig, Geld verdiente sie vor allem mit Aufnahmen von Essen für Stadtmagazine und Nobelrestaurants, vor einiger Zeit hatte sie einen Zyklus mit Aktfotografien begonnen, sie hatte dafür Freundinnen gefragt, Frauen in Bars und Clubs angesprochen, die Frauen waren auf den Bildern geschminkt, die nackten Oberkörper und die Gesichter mit einer zarten Schicht

Grundierung und Puder überzogen, Wimpern, Lippen und Brüste in dem gleichen, hellen Ton, die Körper erschienen glatt, wächsern, beinahe unlebendig; zugleich schauten alle direkt in die Kamera und immer war etwas aus der fast graubeigen Maske hervorgehoben, glänzende, kirschrote Lippen, überlange Maskarawimpern, einige der Frauen trugen Piercings, andere standen in leeren Zimmern, die Fußböden voller Reißzwecken oder Holzsplitter. Beschreib mir den Schnee, sagte sie, weiß, sagte ich, nein wirklich, sagte sie, also gut, sagte ich, ein strahlendes Weiß, wo der Schnee unberührt ist, haben sich über Nacht hauchdünne Eisplättchen aufgerichtet, wie papierdünne Scherben oder wie Klingen, der Schnee überdeckt alles, die Hydranten, die Müllsäcke wirken wie Pilze, die weiß aus dem weißen Boden geschossen sind; auf der Straße ist der Schnee zerfahren, grauschwarz, angetaut von den Salzen, mit Dreck versetzt, dazwischen die gelben, schon wieder gefrorenen Urinspuren der Hunde, der nächtlichen Betrunkenen. Ich fragte sie nach den Bildern an ihrer Wand, ein Mann, eine Frau und zwei Kinder in grauen, aus unzähligen Stoffstücken zusammengenähten Hemden, alle vier lagen sie einzeln mit geschlossenen Augen auf dem Boden, wie schlafend, von den Hemden wie von Decken umhüllt, das Gewand der Frau endete wie ein Kleid in einer Spitzenborte, sie erklärte mir, das seien ihre neuesten Arbeiten, die Hemden habe sie selber genäht, sie wolle mir aber nichts weiter dazu verraten, bevor der Zyklus fertig sei. Oft gingen wir nachts spazieren, sie schloss die Augen, und ich musste sie durch die Straßen führen, sie vor Kantsteinen und Hydranten warnen, zunächst ging sie zögerlich, sie drückte sich dabei dicht an mich, eine Hand schützend vor ihrem Bauch, dann gewann sie zunehmend an Vertrauen, lief halbe Stunden lang so an meiner Seite und ließ mich beschreiben, was mir in den Blick kam, den Schattenriss einer Frau beim Abspülen auf dem heruntergelassenen Rollo im sechsten Stock, die hochgestelzten, spitzkegeligen Wassertanks auf den Dächern, ein Obdachloser in Plastiktüten gewickelt mit einem Einkaufswagen voller Stofftiere, was für Tiere, fragte sie, zwei pinke Plüschhasen, sagte ich, ein Elefant, ein Hund, zwei unförmige Mangafiguren mit aufgedruckten

Riesenaugen, siehst du einen Maulwurf, fragte sie, nein, sagte ich, ein Maulwurf ist nicht dabei, deinen Maulwurf musst du dir schon selbst erfinden, wenn du unbedingt einen brauchst, ich mag Maulwürfe nun mal gerne, aber ich komme auch gut ohne Maulwurf aus, sagte sie und kniff mir in den Rücken, außerdem sind Maulwürfe überhaupt nicht blind, sagte sie, das ist ein Märchen. An einem Abend zeigte sie mir einen Club im zweiten Stock eines unscheinbaren Reihenhauses, auf halber Treppe eine Gittertür, man musste klingeln, warten bis ein Türsummer ging, oben wurden wir gefragt, wen wir treffen wollten, Carlos, sagte sie, der Raum war langgestreckt, niedrige Decke und keine Fenster, ein DJ spielte Merengueplatten, wir setzten uns an eines der Tischchen, ich holte uns zwei Drinks, an der Bar saß eine Frau, die mir vage bekannt vorkam, sie saß dort alleine, sie war schmal, beinahe hager, dunkelbraune Haare, ihre Arme waren sehnig, ich konnte die Muskeln erkennen, lange Fingernägel, wir schauten uns kurz an, dann bekam ich die Getränke, ich ging zurück zu unserem Platz, ich spürte den Blick der Dunkelhaarigen in meinem Nacken, plötzlich rief sie quer durch den Raum, Ella, rief sie, du bist das, ich kannte die Frau von einem der Aktfotos, ich hatte sie nicht wiedererkannt, sie trug jetzt ein schwarzes, hochgeschlossenes Oberteil und kein Nasenpiercing, sie kam zu unserem Tisch, stellte sich mir beiläufig vor, die Fotosession war ein knappes Jahr her, der Kontakt zwischen den beiden war wenig später eingeschlafen, jetzt unterhielten sie sich in kurzen, mir unverständlichen Sätzen, ich kam mir unwichtig vor daneben, ich erklärte, ich würde eine Runde spazieren gehen, stand auf und verließ die Bar, lief zwei Mal um den Block, dann wurde es mir zu kalt, als ich die Treppe hoch kam, sah ich, wie die beiden sich anschauten, sie redeten nicht mehr, sie hielten sich an den Händen, plötzlich beugte die Dunkelhaarige sich vor und küsste sie, dann bemerkte ich, dass die Dunkelhaarige ihr mit einem Fingernagel über die Haut am Handgelenk fuhr, in der Nähe der Pulsadern, nach einigen Sekunden bemerkten die beiden Frauen mich, die Dunkelhaarige rückte von ihr ab, lächelte sie an, strich ihr mit einer Hand über die Wange, stand auf und ging an mir vorbei, ohne mich anzuschauen, sie hatte einen merkwürdigen Gesichtsausdruck, traurig, und doch schien sie zu lächeln, sie verließ die Bar. Inzwischen wurde geraucht, trotz der No Smoking-Schilder, als ich zurück an unseren Tisch kam, stand sie auf, sie drückte eine Serviette gegen ihr linkes Handgelenk, entschuldige, sagte sie, ich hatte nicht so schnell wieder mit dir gerechnet, das war nur eine Freundin, nichts Ernstes, sagte sie, ich wollte dich nicht verletzen. Irgendwann sagte sie beiläufig, dass sie die Etiketten auf den Flaschen in der Dunkelkammer nicht mehr entziffern könne, auch das Gelb und das Blau der Verschlusskappen könne sie nicht mehr unterscheiden, sie sagte, sie würde Entwickler und Fixierlösung am unterschiedlichen Geruch auseinanderhalten. Am Thanksgiving Day führte ich sie von ihrer Wohnung aus zur Subwaystation, nachmittags hatte es geregnet, das Wasser stand in Pfützen, wir fuhren mit der Bahn unter dem Fluss durch in die Stadt, als wir aus dem Schacht kamen, waren die Pfützen plötzlich überfroren, der Himmel war klar, sie hatte die Augen, seit wir ihre Wohnung verlassen hatten, nicht geöffnet, die Stadt wirkte wie ausgestorben, die ersten Bars, die wir aufsuchten, waren geschlossen oder machten gerade zu, wir liefen in dem eisigen Wind rasch weiter, sie rutschte auf einer Eisfläche beinahe aus und schrie auf, fast verbittert, pass doch auf, sagte sie und ließ mich los, sie hatte die Augen offen, ging jetzt alleine, zweimal musste ich sie an einem Subwayeingang vorbeimanövrieren, ich legte den Arm um ihre Taille, zog sie sanft in meine Richtung, schließlich fanden wir eine Bar, die noch geöffnet hatte, sie tastete sich zwischen den dichtgedrängten Menschen durch, ich besorgte uns zwei Drinks, was sind das für Leute, fragte sie, wie sehen sie aus, angetrunken, sagte ich, fast alle haben so einen leicht entrückten, glasigen Blick, der Mann am Billardtisch trägt einen Rauschebart und eine Thriftstorehose, drüben sitzt ein Fünfzigjähriger in einer Kutte aus Lodenstoff, die grauen Haare mit einem Lederband zurückgebunden, vorne ein schlaksiger Junge mit einer weichen, tänzelnden Gestik, schlohweiße Jeans und endlos lange Wimpern, und die Frauen hier, sagte ich, da rechts eine in engen, dunkelblauen Jeans, rote, lange Haare, Pony, auf ihrem Rücken verteilt ein halbes Dutzend Muttermale, vor der Toilette sitzt eine mit schwarzgefärbten Haaren, verwischtes Make-up, tiefer Ausschnitt, oben ein schwarzer Riemen, der das Oberteil zusammenhält, sie hat nichts darunter an, bleiche Haut, danke, unterbrach sie mich, ich kann schon selber kucken, sagte sie, ganz blind bin ich nicht, und wenn du so scharf auf die Schwarzhaarige bist, geh doch hin und frag sie, ob sie dich nicht mitnimmt auf die Toilette, sagte sie, stand auf und ging aus der Bar. Einige Wochen später liefen wir nach einer Party in der Morgendämmerung durch einen ausgestorbenen Park, Nebel über den Wiesen, irgendwann blieb ich stehen, da vorne, sagte ich, ein Fuchs, und zeigte in den Nebel, das ist doch ein Hund, sagte sie, Vorsicht, sei still, sagte ich, sonst läuft er weg, natürlich ein Fuchs, sagte ich, du siehst ihn nicht richtig, sie drückte sich an mich, das ist mir unheimlich, hier mitten in der Stadt, sagte sie, Tiere sind mir unheimlich, ich schob sie von mir weg, willst du nicht ein Foto machen, sagte ich, jetzt sehe ich ihn nicht mehr, wo ist er denn jetzt, sagte sie, da vorne, sagte ich und holte ihre Kamera aus der Tasche, siehst du nicht, er scheint irgendwas zu fressen, einen Hasen, einen toten Vogel vielleicht, sie nahm die Kamera und schaute hindurch, sie zog die Augenbrauen zusammen, konzentrierte sich, drückte zweimal auf den Auslöser, dann drehte sie sich um und fasste mir ins Gesicht, du lachst ja, sagte sie, als ich schwieg, schlug sie auf mich ein, mit beiden Händen, ich hielt sie bei den Handgelenken fest, fass mich nicht an, sagte sie, wieso, sagte ich, die Richtung hat doch gestimmt, das hast du doch gut gemacht. Seit dem Morgen im Park wirkte sie verändert, sie aß kaum noch, schickte mich los, ohne mir konkrete Anweisungen zu geben, sie nähte jetzt viel, stundenlang saß sie an der Maschine, als sie einige Zeit später mit der bloßen Hand in die Fixierlösung fasste, hörte sie mit dem Entwickeln ganz auf, sie weigerte sich, mich oder jemand anders mit in die Dunkelkammer zu nehmen, du kannst mir da nicht helfen, sagte sie und lächelte, beinahe spöttisch, eine blinde Fotografin, sagte sie, jetzt musste sie lachen, eine blinde Fotografin lebt ohnehin in einer Dunkelkammer. Eines Morgens lag eine blaue Mappe auf ihrem Arbeitstisch, sie war gerade unter der Dusche, mehr zufällig öffnete ich die Mappe und fand eine

Serie mit Selbstportraits, Aktfotografien, das erste Bild zeigte sie von hinten vor einem Spiegel, in schwarzweiß, im Vordergrund ihr Rücken, sie hielt einen Arm vor die Brust, sie hatte die Augen geschlossen, ihr Gesichtsausdruck wirkte aufmerksam, als würde sie den Betrachter durch die geschlossenen Lider hindurch im Spiegel anschauen, auf einem zweiten Bild lag sie auf einer Bergwiese, frisch gemähtes Heu, wieder hatte sie die Augen geschlossen, aber ihr Gesichtsausdruck war anders, seltsam leblos, wie schlafend, der Körper komplett erschlafft, auf einem dritten Bild erkannte ich sie kaum wieder, das Bild zeigte ihren Oberkörper, die Haut hellbeige, wie ich das von ihren Aktfotografien kannte, perfekt geschminkt, dünner Lidstrich, am unteren Bildrand konnte man erkennen, dass sie eine Jeans trug, in der rechten Hand hielt sie eine Rasierklinge, auf dem linken Oberarm war ein handbreiter, feiner Schnitt zu sehen, der gerade erst begonnen hatte, sich mit Blut zu füllen, sie schaute direkt in die Kamera, herausfordernd, beinahe glücklich, ich starrte eine Weile auf das Bild, plötzlich stand sie hinter mir, was machst du da, sagte sie, ich erschrak, sie nahm mir die Mappe aus der Hand, diese Bilder gehen dich nichts an, sagte sie leise, ich lese ja auch nicht in deinem Tagebuch, wollen wir spazieren gehen, sagte ich, ich legte einen Arm um ihre Taille, lass mich los, sagte sie, verschwinde, sagte sie, ich will dich nie wieder sehen, dann lachte sie plötzlich auf, ein helles Lachen, das ich so noch nie an ihr gehört hatte, hast du getrunken, fragte ich, sie antwortete nicht, sie drehte sich um und setzte sich an ihre Nähmaschine. Als ich sie das nächste Mal besuchte, brachte ich ihr einen Strauß weißer Lilien mit, sie roch daran, Lilien, sagte sie, gute Idee, sie stellte die Blumen in eine Vase mit Regenwasser, gestern Nacht kam ich in eine Station, die gerade gesäubert wurde, eine Handvoll Männer und Frauen liefen in Gummistiefeln durch Schaumberge und Wasserlachen, spritzten alle Flächen mit Hochdruckreinigern ab, die rotweiß gekachelten Säulen und Wände, den grauschwarzen Fußboden, Wasser, Schaum und Dreck ließen sie auf die Gleise rinnen, eine Frau ging vor den Schaumbergen her und bemühte sich, mit einem langstieligen Schaber die schwarzen, festgetretenen Kaugummis vom Boden abzulösen, auf den nassen, gereinigten Abschnitten des Bahnsteigs standen spiegelnde Wasserpfützen, der Beton glänzte, aber unter dem Wasser konnte man sehen, dass der Bahnsteig noch immer die gleiche, schmutziggraue Farbe hatte, der Dreck tief in den Poren saß. Genäht hat sie immer weiter, auch als sie nichts mehr sehen konnte, wenn ich ihr den Faden eingespannt hatte, strich sie mir wie zur Belohnung über die Wange und schickte mich dann aus dem Zimmer, sie bestand darauf, dass ich sie beim Nähen alleine ließ, oft hörte ich abends, wenn ich in ihre Wohnung kam, das Rattern der Maschine, einmal hatte sie sich mit drei Stichen in die Haut ihres Fingers genäht, als ich nach Hause kam, fand ich sie an der Maschine, vorgebeugt, sie war eingeschlafen, sie sah friedlich aus, wie ein Kind, die Gesichtszüge weich, die Fingerkuppe mit einem Stück Wildleder vernäht. Sie wollte mir nicht erzählen, was sie nähte, ich musste ihr nur die Stoffe zurechtlegen, dünnes Leinen, Wildleder, graue Spitze, manchmal saß sie abends an ihrem Arbeitstisch und trank Wodka, kippte mehrere Wassergläser voll in sich hinein, ich versuchte sie davon abzubringen, aber sie redete kaum mehr mit mir, sie schlief wenig, setzte sich nach dem Frühstück wieder an die Nähmaschine, dann war sie an einem Morgen plötzlich ausgeschlafen, sie sah besser aus als sonst, sie saß am Tisch, sie hatte die Farben und Fotos weggeräumt, die Nähmaschine beiseite gepackt, sie hatte Frühstück gemacht und Croissants geholt, es war das erste mal seit Wochen, dass sie rausgegangen war, vor ihr eine Tasse Kaffee, sie sagte, sie sei jetzt mit dem Nähen fast fertig, zeigst du mir, was du genäht hast, fragte ich, natürlich, sagte sie, sie lächelte, aber vorher sollst du noch einmal zu den Galerien gehen, zu so vielen bis dir schlecht wird, und dann sollst du mir davon berichten, sagte sie, die überbunten Farben der Blumen vor den Delis, sagte sie, das Pink, das Minzgrün der Cupcakes, ein verbotenes Dosenbier auf der Straße trinken, sagte sie, die hellen Bagels, die übergroßen Brezeln, sagte sie, das Gefühl, Haut aufzureißen, wenn du hinein beißt, das sollst du mir beschreiben, sagte sie, wie sehe ich aus, fragte sie mich an diesem Morgen. Wie schlafend. Du musst mir sagen, wie ich aussehe, du bist mein Spiegel, sagte sie, du bist dünn geworden, sagte ich, dünn, dünn, sagte sie, dein Schlüsselbein tritt hervor, deine Taille ist noch schmaler als früher, man erkennt die Sehnen an deinem Hals, mein Gesicht, sagte sie, deine hohen Wangenknochen, die etwas große, sehr gerade Nase, dein immer zerlegenes, beinahe struppiges, dunkelblondes Haar, die Haut um deine Augen ist faltig, fast knittrig, als ich von der Galerietour zurückkam, ich hatte Kopfschmerzen, ich hatte stundenlang Kunstwerke angeschaut, versucht, mir alles zu merken, ich konnte ihr von dreißig Ausstellungen erzählen, von den mit schwarzer Kohle gezeichneten, vogelartigen Kindern, von den meterlangen Kastenlandschaften, komplett mit Spiegeln überzogen, glasgrün, merkwürdige Einblicke, Durchblicke zu Blumen, zu kleinen Figuren, von den Porträts aus einem Leichenschauhaus, den ausdruckslosen, ruhigen Gesichtern, als ich zurückkam, hatte sie Stoffbahnen aufgehängt, quer durch das meterhohe Atelier, gestern Morgen sehr früh fuhr die Subway plötzlich aus dem Tunnel heraus, ein oberirdischer Streckenabschnitt, das durch die Scheiben hereindrängende Tageslicht, ich stieg aus, die um diese Zeit noch wie ausgestorbene Häuserschlucht, ein fliegender Händler, hinter den zerkratzten, matten Scheiben seines Wagens stapelten sich Plastikflaschen mit Eistee, Styroporbecher, Pumpernickelbagels, grauviolette Blueberrybagels, der Händler wärmte gerade eine Handvoll übergroßer Brezeln auf, der Geruch von verbranntem Salz, bei dem Anblick der Brezeln musste ich plötzlich an ihren Hals denken, mir wurde übel, ich musste mich setzen. Als ich zurückkam, war es draußen schon dunkel, ich rief ihr von der Treppe etwas zur Begrüßung zu, aber sie antwortete nicht, vielleicht schläft sie, dachte ich, als ich nach oben kam, konnte ich in dem Halbdunkel sehen, dass sie Stoffbahnen aufgehängt hatte, quer durch den meterhohen Raum, ich fragte mich, wie sie das geschafft hatte, einmal, als ich bei ihr geschlafen hatte, weckte sie mich früh morgens, es hatte nachts gewittert, der Keller war überschwemmt, kniehoch stand das Wasser, sie war auf dem Weg zum Bad die Stufen herunter direkt in das Wasser hineingelaufen, dann erst hatte sie begriffen, was passiert war, als ich von der Galerietour zurückkam, war im Haus nichts zu hören, sonst hatte ich sie in den letzten Tagen oft nähen gehört, schon beim Hereinkommen das Rattern der Maschine, aber jetzt lag eine merkwürdige Stille über dem Haus, ich hatte eine Lilie für sie dabei, nachdem ich ihr den Strauß gebracht hatte, hatte sie sich gewünscht, dass ich ihr weiter Lilien mitbringe, täglich eine, obwohl sie sie nicht mehr selber sehen konnte, sie stellte sie nebeneinander auf das Fensterbrett, ich musste sie ihr beschreiben, alle der Reihe nach, die noch geschlossenen, zartgrünen Knospen, die sich gerade öffnenden, die Blüten in voller Pracht, die schneeweißen, die rosaviolett eingefärbten Blütenblätter, Stempel und Staubgefäße beinahe wie Fremdkörper im Zentrum, die sich immer weiter zurückbeugenden Blütenblätter, die plötzlich begannen, braun, dann grau zu werden, das trübe Wasser in den Glasvasen, die rostfarbenen Staubgefäße, die heruntergefallenen Blätter, wenn nur noch der Stempel übrig war, ich durfte die abgeblühten Lilien nicht fortwerfen, nach zwei Wochen holte sie eine Kamera und ein Stativ und fotografierte die Blumen, jede einzeln, sie fühlte vorsichtig nach dem Stiel, der Blüte und der Wand dahinter und wählte den Ausschnitt intuitiv, ich musste für sie scharf stellen, sie sagte, sie interessiere sich für die Verfallsstadien, als ich zurückkam, gestern Abend, oder es war vorgestern, war es still im Haus, ich rief nach ihr, beinahe fröhlich, wenn auch etwas müde von meiner Galerietour, aber ich bekam keine Antwort, draußen war es dunkel, ich ging nach oben ins Atelier und rief noch einmal nach ihr, leiser, etwas war anders, sie hatte Stoffbahnen quer durch den Raum gehängt, von der Decke bis hinunter zum Boden, eine riesige Leinwand, ich rief nach ihr, und wieder bekam ich keine Antwort, meine Stimme klang dumpf in dem Raum, wie verschluckt, komplette Stille bis auf das regelmäßige Tropfen des Wasserhahns aus dem Bad, plötzlich überkam mich eine Vorahnung, ich hätte umdrehen sollen, gehen, schon vor Wochen hätte ich umdrehen sollen und gehen, jetzt war es zu spät, ich stand vor den Stoffbahnen, ich war eingenäht in ihre Geschichte, ich wusste nicht, ich schaltete das Licht ein, die Neonröhren, ich schaltete das Licht ein und sofort, wie in einem Reflex, schaltete ich das Licht wieder aus, das Bild auslöschen, den Schattenriss verschwinden lassen, die Erinnerung an das Bild tilgen, einen Moment lang dachte ich, hoffte ich, ohne wirklich daran zu glauben, alles sei ein Trick, ein böses Schattenkabinett, ich riss die Stoffbahnen herunter, das Seil, ihr heller Hals, sie hatte ein graues Hemd an, Leinen und Spitze, ihre etwas großen, beinahe kantigen Zehen eine Handbreit über dem Boden, links an der Wand ihre Kamera auf einem Stativ, der lange Drahtauslöser war ihr aus der Hand gerutscht, das aus vielen Stücken zusammengenähte Hemd umhüllte ihren Körper wie eine Decke, ihr Kopf lag schief, zur Seite gekippt, die Augen geschlossen, wie schlafend.

THOMAS MELLE

Nachtschwimmen

1

Die ästhetische Erfahrung eines Swimmingpools konnte mich schon immer begeistern. Das krasse Türkis, das mein Auge, kaum klebt es fest, mit seiner grellen Patina überzieht, zeitrafferschnell, Neon rostet auf der Hornhaut; die Rhythmen der Kachelmuster, die vom Grund des Pools heraufstrahlen und an der Wasseroberfläche hängen bleiben, dort in Schauder verfallen, so wie der Wind weht; das Wasser, welches das herumliegende Morgenlicht in sich versammelt und gemäß einem mächtigen Gesetz gleichmäßig verteilt; die Luft über diesem Wasser, die feucht ist und stillsteht und innerlich vibriert, hochschwanger mit überhitzten Teilchen, die sich niemals entladen werden; und der Schall, der im Bauch des Pools begraben liegt und nur wach wird, wenn ein eingecremter Körper die Wassermassen durchschneidet. Dann rumort es kurz im Innern des Pools, dort wo der Körper seine Blasen und Wirbel, seinen feuchten Lärm abwirft; und an anderer Stelle breitet sich ein umso dichteres Schweigen aus.

Mein Auge kann dieses Schweigen nicht sehen. Mein Ohr kann es nicht hören. Ich würde dieses Schweigen am Boden des Pools gerne hören oder sehen. Ich kann es nicht. Wenn ich hinuntertauche, bin ich selber ein Körper, der das Schweigen verscheucht. Ich kann nicht im Schweigen sein.

Es war Sommer, der heißeste Sommer seit Jahren vielleicht. Es war Sommer, die Sonne knallte, Freizeit in Brilon, waldüberbogen, nichts zu holen, nichts zu tun. Ich lernte Russischvokabeln und langweilte mich. Wochen schon war ich hier und lernte Russischvokabeln und langweilte mich. Die russische Denkweise wollte mir nicht in den Kopf, die Aspektpaare, die Präfigierung, die Verben der Bewegung. Für jedes Gehen, ob hin-

und-her, hin-und-zurück oder hurtig-im-Kreis gab es ein eigenes Verb, vollendet oder unvollendet, zielgerichtet oder unbestimmt. Die Russen schienen immer schon beim Aufbruch zu wissen, wohin und weshalb sie gingen, und vor allem, wann genau sie zurückkommen würden.

Anders ich. Ich hatte nicht gewusst, wohin es ging, als ich diesen Kurs belegte. Brilon war mir ein Fremdbegriff gewesen, das Sauerland mehr Witz als fernes Kleingebirge. Schon gar nicht hatte ich gewusst, weshalb ich mein geliebtes Berlin, du Herz aus Beton, verlassen sollte. Nur wann ich zurückkehren würde, hatte festgestanden. Betonfest: in vier Wochen.

Instinktiv war mir klar, dass der Kurs ein Fehler wäre. Ich hatte den Jahresbericht der Stiftung durchgeblättert, mich an den albernen Fotos erfreut, Porträts aller Preisträger, *Freak* an *Freak*, zudem die Praktika-Angebote studiert. Dann, schon mit schlechterem Gewissen, hatte ich die Anmeldungen für die Sommerkurse angesehen. Irgendein ehrgeiziges Über-Ich drängte mich seit Monaten dazu, das Angebot der Stiftung zu nutzen, die *Möglichkeiten* wahrzunehmen, die *Perspektiven*. Einen Russischkurs an der Universität hatte ich bereits belegt – warum nicht diese Kenntnisse, wie man so sagt, *vertiefen?* Ralf ermunterte mich: Sei doch mal initiativ. Ich füllte den blauen Anmeldebogen aus und warf ihn ein, ohne weiter darüber nachzudenken.

Von der Stiftung kannte ich vorwitzige Bürgerkinder, Abkömmlinge behandschuhter Großfamilien, welche die Weisheit mit Silberlöffeln gefressen haben. Sie behaupten sich bodenständig und stehen mit durchgedrückter Wirbelsäule im vollen Menschenleben. Ihr Habitus hat etwas Einschüchterndes, die Legitimation von Generationen im Rücken, sehr altes Kapital im Knochenmark. Die *Freaks* der Stiftung dagegen sieht man selten. Sie sorgen für die Ehre, die Preise und kümmern sich nicht um den Ruhm.

Anders in Brilon. Die Bildung, die Brillanz, die messerscharfe Intelligenz – das alles war zwar vorhanden wie immer. Aber eine gewisse Selbstverständlichkeit im Umgang damit fehlte: der

Kitt, der die Einzelqualitäten zu einem organischen Ganzen verbindet.

Bianca vielleicht. Bianca hatte diese Härte und Selbstgewissheit. Aber auch einen Zug ins Hysterische. Wir teilten ein Doppelzimmer. Die Art und Weise, wie sie ihre Kleider faltete, machte mich gleich ganz kirre, zack, zack, rum und fertig, wie am Fließband, ein Teil nach dem anderen. Dazu ihre ewig beleidigte Miene, die Mundwinkel leicht verrutscht und zerfranst zur Seite.

Bier und Wein am ersten Abend, und Beschnuppern hinter vorgehaltener Hand. Timo, ein glattblonder BWLer aus Leipzig, musterte unverhohlen das weibliche Material. Er sah gut aus, gelockter, gelgehärteter Seitenscheitel auf stattlichem Kreuz und mit einem Blick ausgestattet, der einen spöttisch durchdrang, sekundiert von einem wissenden Lächeln. Er fixierte erst Bianca, dann mich. Und wie heißt du, fragte er. *Jaa*, dachte ich und starrte auf sein gespaltenes Kinn, *mit mir nicht, du Schleimer, mit mir nicht.*

Als Einzelkind ohne große Beziehungserfahrung bin ich es gewohnt, alleine zu schlafen. Die Geräusche fremden Atems machen mich unruhig. Legte Bianca sich hin, dauerte es keine Minute, und sie schlief tief und fest wie ein Baby. Sie lag dann da wie ein toter Mann auf dem Rücken, die Arme nach außen gedreht, so als würde sie irgendetwas empfangen. Ich versuchte, mich zu vergessen in Zahlen und leeren Formen, um den Schlaf heranzulocken und Biancas Atem, das leise Pfeifen der Nüstern, auszublenden. Es gelang immer erst nach viel Herumwälzen.

Am ersten Unterrichtstag wurden wir in zwei Gruppen eingeteilt. Ich war in *Fortgeschrittene I*. Die Witwe würde also für mich zuständig sein, während eine freundliche, blondierte und feine Russin, Frau Larissa, sich um die *Fortgeschrittenen II* kümmerte.

Von Anfang an standen Bianca und ich in heimlicher Konkurrenz. Ich merkte, wie sie mich und meine kyrillischen Buchstaben genauestens beobachtete. Hatte ich eine Aufgabe vor ihr gelöst, beeilte sie sich, mich wieder einzuholen. Seltsamerweise verhielt ich mich genauso. Wahrscheinlich merkte auch sie, wie ich sie beim Beobachten beobachtete. Einmal trafen sich unsere Blicke. Sie hob die Augenbrauen. Ich lachte. Sie prustete los.

Die Witwe verlor schnell die Lust an uns. Morgens verteilte sie übelriechende Kopien mit handgeschriebenen Übungen, die wir in Stillarbeit ausfüllen sollten. Nachmittags ging es in der Grammatik weiter, aber kreuz und quer im Schneckentempo. Stellten wir zwei, drei Nachfragen, wurde sie ranzig. Sie schien über die Jahre eine ansehnliche Abneigung gegen die Stiftler entwickelt zu haben. Es machte keinen Spaß.

Die anderen dagegen ulkten am Mittagstisch herum und machten deutliche Fortschritte. Überhaupt waren sie die homogenere Gruppe, eine Gruppe, die *für sich* etwas miteinander teilte. Wir waren nur in der Opposition zur schlechten Lehrerin vereint.

Nach dem Nachmittagsunterricht entspannten wir meist im Freibad. Man musste die Landstraße hinuntergehen, dann in einen Waldweg durch unwegsameres Gelände, bis sich der Blick auf das von dichtem Wald umfasste Bad eröffnete. Es lag da wie ein eingesenkter Fremdköper, hellgrün in schwärzlichem Dunkelgrün. Der Nachmittag neigte sich seinem Ende zu, wenn wir die Badetücher ausbreiteten. Man kam sich vor wie in einem Behältnis. Es gab zwei Becken, ein kleineres mit geometrischen Formen, *clean*, ein System klarer und distinkter Ideen. Kinder tollten darin herum, Erwachsene erfrischten sich und hielten ihre Gesichter ins Licht, die Arme schlaff auf dem Beckenrand gelagert wie gebrochene Albatrosflügel. Das andere Becken, das eigentliche Freibad, war größer, amorph, mit moorigem Wasser. Es erstreckte sich von Waldgrenze zu Waldgrenze. Tief und weit, schien es zur Natur zu gehören.

Timo setzte sich bisweilen zu mir, um sein aalglattes Lächeln zur Schau zu stellen. Er blieb nie mehr als fünf Minuten und warf mir zum Abschied stets einen unheimlichen Blick zu, verschlagenes kaltes Graugrün, leicht hängende Lider. Man sah, dass es hinter diesen Augen rechnete und rechnete. Henry lud mich ein ins Wasser, und ich plätscherte ein wenig. Er schien gehemmt und wenig zu Scherzen aufgelegt. Dann wurde er von Timo zurückgepfiffen. Am besten verstand ich mich mit Lucie, einem langhaarigen, leicht pummeligen Mädchen. Sie war naiv und ohne Hintergedanken. Sinnlich, würden manche sagen.

Die beiden Gruppen gingen nie zusammen zur Pension zurück. Die anderen verließen das Freibad stets früher oder später als wir, wie ungewollt, als wenn es einfach so passieren würde. Es war ein Hauch von Feindseligkeit darin. Bianca ging eh immer alleine. Und ich ging mit Hans oder Jochen, und wir redeten über die Stiftung.

Natürlich wussten wir, was los war. Aber wir sprachen nicht darüber. Vielleicht aus Trotz, vielleicht aus Überraschung, vielleicht, um es bewusst zu ignorieren oder uns nicht einzugestehen. Mir war es egal und doch unangenehm. Was war denn das für ein Verhalten? Wie war es zu deuten? Es schien albern. Ich verstand diese Abschottung nicht. Warum?

Cliquen und Rudel waren mir schon in der Schulzeit zuwider. Also verhielt ich mich indifferent. Bianca war da anders. Weil es möglich war, bei guten Leistungen in die Zweiergruppe aufzusteigen, strengte sie sich besonders an, lernte, lauschte, bereitete die Invasion vor. Sie wollte hinauf. Sie wollte die *Ossis*, die sich da zusammengeklumpt hatten, noch im Russischen schlagen. Soll sie doch, dachte ich, soll sie doch.

Am zweiten Samstag wurde im Garten gegrillt. Fette Steaks brutzelten auf dem Rost, Fett tropfte in die Glut. Nach einigen Bieren holte Timo eine Gitarre aus dem Wagen, setzte sich ans Feuer und stimmte sie gedankenversunken. Sofort setzte sich sein Zimmergenosse Marco dazu. Es folgten die blonde Lucie, mit freundlichem Gesichtsausdruck, und die anderen drei Ostler, und schließlich, weil wir nicht recht wussten wohin, wir vier aus dem Westen. Während Funken in wirren Spiralen zum Mond hinaufschossen, stimmten Timo und Marco sanft und bedächtig amerikanische Songs an: »Just Like A Woman«, »Take

Me Home, Country Roads« und »Hotel California«. Sie schauten sich dabei innig, konzentriert, fast esoterisch in die Augen, so als müssten sie mit ihren Blicken etwas sehr Zerbrechliches in der Schwebe halten. Lucie, die Arme um die Knie gelegt, verströmte eine Aura der Wohligkeit. Der Himmel war eine Plane aus Plastik, schwarz und glänzend und voller Nadelstiche.

Mir waren diese Songs fremd. Die Lagerfeuerromantik berührte mich peinlich. Kein Funke knisterte in mir. Ich rauchte, trank Bier, schwieg und beobachtete. Böse Gedanken kamen mir.

Bianca war unruhig. Als Timo in einer Pause an seinem Bier nippte, schlug sie vor, jetzt »doch mal was Russisches« anzustimmen. Nach drei, vier Schweigesekunden und kurzem Blickaustausch mit Lucie und Marco willigte Timo ein. Flugs zog Bianca eine Flasche Wodka und drei Dosen Tomatenhering hervor, dazu eine Handvoll Stomper, die sie begeistert verteilte. *Jetzt müssen wir auch saufen wie die Russen,* rief sie und kippte die Stomper randvoll mit Wodka. Lucie und Timo warfen sich vielsagende Blicke zu.

Nach »Kalinka Moja« und einer weiteren Flasche Wodka waren alle betrunken, betrunken in Brilon. In Provinz und Natur betrunken zu sein, unterscheidet sich grundsätzlich vom Suff in der Stadt. In der Stadt bleibt man erwachsen und entfremdet, in der Provinz schlittert man in Stimmungen und Gesten der Jugend zurück. Hans legte seinen Arm um Lucie, und Henry unterhielt sich mit mir, während Timo und Marco wieder bei »Just Like A Woman« angelangt waren.

Bianca mischte mit, und wie. Sie nutzte die allgemeine Betrunkenheit, um sich in Szene zu setzen, ließ sich von Timo Gitarrengriffe zeigen, fragte Marco über einen Blockbusterfilm aus und lobte Lucie für ihre Jugend. Ich fand sie hübsch und charmant, wenn auch auf anstrengende Weise. Aber ich war froh, dass sie mir gegenüber saß, jenseits der zusammensackenden Glut. Ihre Gesichtszüge entglitten ihr bisweilen. Mit einem Zucken der Mundwinkel und wildem Wimperngeklimper fing sie es gleich wieder auf.

Timo fühlte sich umschmeichelt. Je betrunkener er wurde, desto deutlicher trat sein sächsischer Akzent hervor. Sein Grinsen war jetzt echt und träumerisch. Ich starrte in die Glut, die sich langsam in das Innere eines Holzscheits zurückzog. Träume, dachte ich, enden nie. Langsam ließ ich mich zurücksinken. Das Gras war kühl und nass am Hinterkopf. Der dunkle Himmel drehte sich über mir.

Ein Wimmern weckte mich, Wimmern eines Hundes vielleicht, der bettelt oder einen Albtraum hat. Die Bettdecke war schwer und stickig. Ich war im Zimmer? Das Wimmern wurde lauter, dazu Flüstern und Rascheln des Plumeaus. Und dumpfes Klatschen von Fleisch auf Fleisch unter Decken. Es kam aus Biancas Bett. Sie hyperventilierte kurz, dann bäumte sich ein Schatten auf und warf ein Stöhnen gegen die Wand. Dann war es vorbei.

Mein Verhältnis zu meinem Körper wäre der Blick des Betrachters auf die Bilder von Francis Bacon. Man sieht den Kern der Form, das Menschliche, das sich hinter all den Kanten und Ecken und Bögen verbirgt. Aber schon dreht das Verhältnis sich um in einem Schock. Die Verzerrung scheint dem Menschlichen nun vorgeordnet. Schlagartig wird klar: Sie ist primär. Sie ist die ursprüngliche Wahrnehmung. Das Menschliche, Realistische, das Foto: Sie sind die Lüge und sekundär. Wir nehmen die Welt verzerrt wahr und täuschen uns ständig darüber hinweg.

Ein Teil nach dem anderen, zack und zack und rum und fertig. Am nächsten Morgen war Bianca wieder mit Zusammenfalten beschäftigt. Immer dasselbe, zack und zack und rum und fertig, und die Slips in den Sack zur Altwäsche. Ich versuchte, meine Augen scharfzustellen.

Es gibt kein gutes Wort für weibliche Unterwäsche, sagte sie, als sich unsere Blicke trafen. Slip ist scheiße, Schlüpfer ist scheiße, Höschen erst recht. Oder? *Guten Morgen.*

Völlig nackt stand sie vor ihrem Bett. Der Anblick hatte etwas aggressiv Befreites. Sie lächelte verkrampft. Ihr kleines Monchichi-Gesicht war entrückt und hart wie auf Drogen.

Wer hat mich hier hoch gebracht, fragte ich, bin ich am Feuer eingeschlafen? Ja, sagte sie, wir haben dich hier hoch geschleppt, warst ganz schön voll. Aha, sagte ich, wer ist wir. Verträgst wohl nichts, sagte sie, der Wodka war aber auch übel, hast du einen Kopf? Billiger Fusel war das.

Sie knipste den Fernseher an. Eine Boygroup streichelte die Luft. Als hätte sie auf mein Aufwachen gewartet, zog Bianca sich jetzt erst an. Ich hatte einen schlechten Geschmack auf der Zunge. Als ich aufstehen wollte, bemerkte ich am verrutschenden Gewicht meiner Brüste, dass ich, bis auf den Slip (den Schlüpfer, das Höschen) völlig nackt war. Ich erschrak. Meine Brüste fühlten sich verklebt an.

Wer hat mich ausgezogen? fragte ich scharf.

Na, ich, flötete Bianca, weißt du das nicht mehr? Mädchen, du warst echt weg.

Aber wieso ganz nackt? Was soll das?

Du hast dir alles vollgekotzt, sagte Bianca scharf. In der Dusche liegt dein Zeug. Ich werd das jetzt nicht auch noch waschen.

Am Frühstückstisch herrschte Katerstimmung. Eier wurden geköpft. Keiner redete viel. Als Bianca und ich dazukamen, mit dem Wind der Vorwitzigkeit, regte sich etwas. Ich wurde begutachtet, wie geht es dir, gut, geht gut, gut. Bianca lugte zu Timo hinüber. Der grinste sein Brötchen an. Tapfer warf sie einige Fragen in die Runde. Schweigen und Murren waren die Antwort. Gott, seid ihr schlecht gelaunt, sagte sie. Mädel, halt einfach mal die *Gusche*, grinste Timo triumphierend. Die Runde schmunzelte. Als er aufstand, ruckte in ihr der Impuls, ihm zu folgen.

»Urga« hieß der Film, ein russischer Film über mongolische Peitschen. Bianca lag auf dem Bett und rauchte. Das ganze Zimmer war verraucht. Im Fernseher lief ein Hip-Hop-Video, mit schwarzen Frauen, die ihre Hintern vor fetten Cadillacs schüttelten. Und alles nickte: Hintern und Gesichter, Cadillac und Kamera.

Sie sprang auf. Klar komm ich mit! rief sie und pfefferte die Vokabelkladde lachend in die Ecke. Schon wieder schien sie mir so versperrt und unheimlich.

Sag mal, fragte ich, ich möchte es nur einmal wirklich gefragt haben, und dann nie wieder: Hat Timo mich nackt gesehen?

Dich? Nackt? Wie das denn?

Ihr wart doch zusammen hier oben und habt … –

Was haben wir? Nichts haben wir. Er hat dich hoch getragen, mehr nicht.

Ich habe es gehört. Ihr habt hier gefickt.

Haben wir nicht. Du hast sehr lebhafte Träume.

Hier ist doch was gelaufen, sagte ich.

Nichts ist gelaufen. Deine Kotze ist gelaufen. Mehr nicht.

Auf dem Weg nach unten wurde sie seltsam vertraulich, hakte sich lächelnd bei mir ein. Der chemische Geruch von Wodka stieg mir in die Nase. Ihre Augen waren gerötet. Ich wollte ja schon länger fragen, aber … – Aber was? – Also … – Ja? – Wann hast du dir die Brüste machen lassen? – Vor einem Jahr. – Hat das wehgetan? – Zuerst ja, jetzt nicht mehr. Vorher hat es mehr wehgetan. – Die müssen echt groß gewesen sein, wenn sie jetzt noch so sind. – Waren sie. – Sie sehen schön aus so. – Findest du? – Die Narbe ist nicht schlimm. Sie hat sogar was. – Ist das jetzt Mitleid? – Eher Neid. – Neid? – Du hast dich immerhin zu was entschieden.

Dann sah sie mich scharf und durchdringend an, so als hätte sie mir ein tiefes Geheimnis verraten, das ich vertraulich behandeln müsste.

Es war einfach notwendig, sagte ich beiläufig und war froh, endlich unten angekommen zu sein.

Beck's-Flaschen glänzten grün im Licht, Stühle wurden zusammengerückt. Die Witwe hatte sich herausgeputzt, im Larissa-Style. Sie hielt eine kurze Einführung zu dem Film. Eine Urga ist keine Peitsche, sondern ein Stab mit einer lasso-ähnlichen Schlinge am Ende, mit dem die mongolischen Bauern Tiere einfingen. Bianca fläzte sich im Sessel und machte Lassobewegungen mit ihrer Hand. Lucie musste kichern. Ich auch. Dann bewarf Bianca Timo, der schräg vor ihr saß, mit kleinen Kügelchen aus Beck's-Silberpapier. Der starrte sie nur bedrohlich an. Sie streckte ihm die Zunge raus.

Weite Steppen wurden durchritten, listige Mongolen führten knappe Dialoge. Der Film zog sich. Ständig pfiff ein Wind aus der Konserve. Bianca trank ein Bier nach dem anderen.

Kannst du das mal lassen? explodierte Timo.

Was denn? grinste Bianca.

Was ist denn da los, fragte die Witwe unwirsch.

Die bewirft mich hier die ganze Zeit, sagte Timo.

Oooch, eine Runde Mitleid für Timo, sagte Bianca.

Würden Sie beide sich bitte zusammenreißen, sagte die Witwe. Wenn Sie sich langweilen, können Sie auch gerne gehen.

Langweilen? sagte Bianca. *Ich* langweile mich nicht. Aber vielleicht unser Freund Timo hier? *Zuwengsch Äkschn?*

Lass die Albernheiten, sagte Timo. Die Witwe nickte.

Fünf Minuten später sprang Bianca auf und verschwand auf die Toilette. Die Klospülung ging unverhältnismäßig lange. Sie kam nicht mehr zurück, sondern polterte für alle vernehmlich die Treppe hinauf. Für den Rest des Films herrschte eine angespannte Atmosphäre im Zimmer.

In der Nacht hörte ich erneut das Wimmern. Erst sickerte es in den Traum. Dann ein Wimpernschlag, schwarzweiß alles, gescheckte Schatten an der Wand. Bianca bewegte sich unruhig, das Licht zitterte wie zerlaufender Zuckerguss auf ihrem Plumeau, das Wimmern wurde lauter, es war ihre brüchige Stimme. Mürrisch stand ich auf, ging hinüber und rüttelte und schüttelte sie. Die Lider verklebt, wachte sie auf, Blick nach innen. Es ist das japanische Bordell, flüsterte sie aufgeregt, deshalb ist der Gang nicht passierbar. Dann Schweigen. Sie starrte mich an, starrte durch mich durch. Du träumst, Bianca, sagte ich unwirsch, du machst Geräusche, wach auf, Julie, ich kann nicht schlafen. Sie schnappte nach meinem Unterarm, ihre Hand war nass. Es ist die dreifach gekreuzte Morgenblüte, sagte sie, es ist der Apparat aus Fernost. Fingernägel krallten sich in meine

Sehnen. Mensch, sagte ich, kein Bock darauf, wach auf jetzt, Bianca. Sie sah mich gefasst an. Ihre Hand aus nassem Papier, warm und widerständig, betastete mein Gesicht. Das Licht schnitt ihre Stirn in zwei Hälften, eine schwarze, eine weiße, darunter farblos die kalten Murmeln der Augen. Ich kam mir vor wie am Sterbebett einer Großmutter, die ihre Enkelin verabschiedet. Ihre Hand ergriff die meine, sie zog mich hinunter, an ihre Wange, flüsterte etwas, das ich nicht verstand, und begann, meine Brust zu betatschen. Ich ließ sie gewähren, wie gelähmt. Sie hielt meine Brust mit der hohlen Hand, kniff in die Brustwarze, es schmerzte nicht. Weiter zog sie mich hinab, ich roch ihren säuerlichen Atem aus Schlaf, Wodka, Rauch und Asche, dann berührten sich unsere Lippen. Es fühlte sich richtig an. Ihre Zunge war rau und belegt. Dann ließ sie mich los, und ich federte weg. Die Möbel verrückten im Dunkeln. Benommen tapste ich zurück in mein Bett und lag lange wach. Ihr Atem ging jetzt ruhiger, das leise, weiche Pfeifen, das Zirkulieren.

Manchmal hau ich mit dem Kopf auch ins Kissen, sagte Bianca am nächsten Morgen. *Headbanging,* sagte sie. Kümmer dich nicht weiter drum. Headbanging? fragte ich. Ja, so, sagte sie, warf sich aufs Bett und wuchtete ihren Kopf ein paar Mal hart und frontal in das Kissen. Dann lachte sie. Das geht so seit meiner Kindheit. Ich hätte es dir vorher sagen sollen, Entschuldigung. Wenn ich das mache, lass mich einfach. Nach ein paar Minuten hört es auf.

Verwirrt ging ich ins WC, um mir die Zähne zu putzen, und wusste für einen Moment gar nichts mehr.

Unser Protest gegen die Unterrichtsmethoden der Witwe wurde massiver: Aber Sie können doch nicht, mir ist das etwas, hören Sie jetzt mal, wir wollen doch nur. Die Witwe bezeichnete uns als überzüchtete Pflänzchen, die ohne Spezialdünger zu bloßer Mittelmäßigkeit verkümmern würden. Ihr Altersstarrsinn war schon klischiert. *Und schreiben Sie das bloß in Ihren Endbericht*, keuchte sie einmal, schreiben Sie das ja hinein, wie schlecht hier alles ist, wie schlecht ich Sie unterrichte, schreiben Sie das *bloß* hinein.

Und das war dann die Frage. Sollte man oder sollte man nicht? Vielleicht wollten wir anderen die Briloner Erfahrung ja ersparen? Warum nicht seinen Frust kundtun? Bianca statuierte, sie würde so etwas nie tun, entweder ins Gesicht oder gar nicht. Ins Gesicht tun wir doch auch, meinte ich. Nein, dieses schriftliche Anschwärzen, sagte sie, das ist nicht mein Stil.

Da blickte Timo von seinem Salat auf, und Marco fragte Bianca mit Nachdruck, ob sie ihm den Salzstreuer reichen könne.

Dieser Osttrotz, zischte Bianca abends im Bett, geht mir höllisch auf die Nerven. Die sind genau so verschieden wie wir, vielleicht noch verschiedener, aber dann einen auf Gruppengefühl machen. *Oooh!*, wie warm das ist, wie sehr wir zusammengehören. Das ist alles so *falsch*. Und die Lucie? Hat die irgendwas im Kopf, oder ist die nicht doch eher auf einer sächsischen Ziegenschule anschaffen gegangen? *Quoten-Ossis.* Alles egal, aber können die uns nicht wenigstens mit Höflichkeit begegnen?

In der Nacht dann wieder das Wimmern. Das kannte ich und schlief schnell wieder ein.

Die letzte Woche erwies sich als besonders anstrengend. Bianca war in die Zweiergruppe aufgestiegen und wurde unerträglich. Jeden Abend lieferte sie mir einen Tagesbericht ab, neue Folgen einer Doku-Soap namens *Allein unter Ossis*. Selbst Larissa verdächtigte sie der Parteilichkeit. Ich konnte nicht mehr erkennen, ob ihre Beobachtungen einer wachsenden Paranoia geschuldet waren oder sich wirklichen Gesten, Blicken und Worten verdankten. Vielleicht hatte sie doch mit Timo geschlafen, und die ganze Verspannung kam einfach daher.

Im Schwimmbad wurde viel gedöst. Timo näherte sich mir immer öfter. Ein Dreieck aus hellbraunen Brusthaaren schob sich dann vor mein Gesicht. Einmal fragte er, ob wir zusammen rausfahren sollten, aufs Land. *Aufs Land?* Vielleicht später, sagte ich und schirmte meine Augen mit der Hand ab, obwohl ich ganz im Schatten seines Oberkörpers lag. Ich komme drauf zurück, lächelte er, drehte sich um, lief los, mit klatschenden Füßen, und sprang kopfüber ins Wasser.

Bianca kam nicht mehr mit. Sie zog ihre Bahnen morgens, vor dem Frühstück, alleine. Und kam dann mit nass gekämmten Haaren an den Frühstückstisch, das Gröbste schon hinter sich: hübsch und streng und unnahbar.

2

Es gibt nichts Aufregenderes als die Stille eines tiefen Pools, der ja niemals ganz still ist, sondern immer auch etwas plätschert und rauscht; und es gibt nichts, das Schönheit, Schlichtheit und Geheimnis perfekter verbände als ein Pool bei Nacht. Der Mond verteilt sich auf ein paar Wasserkuppen, Licht flockt aus und zerfällt; darunter liegt das nackte Schwarz und liegt einfach und wartet auf nichts, und nichts war je so dunkel wie dieses Wasser, in dem meine Füße ganz verschwinden. Und das Wasser hat eine magnetische Wirkung, aber mehr auf die Augen, also auf die Nerven, als auf den Körper. Das Unheimliche ist anziehend und schön, und wenn man es aufsucht, im Haptischen, Taktilen, es berührt, in es hineingeht, verliert es sein Unheimliches und wirkt vertraut. Dann weiß man, warum das Unheimliche anziehend ist: Es birgt immer auch etwas Altes, Vergessenes, etwas von der verlorenen Heimat.

In der Nacht scheinen Tannen größer zu sein als tagsüber. Die Tannen sind dann furchteinflößende Riesen, die wanken, die über dich beraten, während du über den Waldweg gehst, innerlich aufgewühlt. Wir steigen über den Zaun, kichern; Timo baut mir eine Räuberleiter und wuchtet mich hoch, fast bleibe ich hängen, dann sitze ich auf dem Zaun, zähle bis drei und springe hinunter und komme weich auf, kippe nach hinten. Die anderen sind schon da und helfen mir hoch. Sofort ein Plastikbecher Wein, trocken und gut.

Es ist die letzte Nacht, wir sitzen im Gras, das schimmert. Wir trinken Bier und Sekt und Wein und kiffen und singen. Ich singe nicht, stört aber keinen. Hans und Lucie züngeln herum. *Nightswimming*, singen Timo und Marco, und ich singe jetzt auch: *Nightswimming/deserves a quiet night.* Die Bilder aus dem Video schieben sich in meine Wahrnehmung, verschwommene, von tausend Blasen umwirbelte Beine, Schnitte, Lichtcluster. Die Zigarette merke ich kaum, der Hals noch taub vom Kiffen. Jetzt schwimmen, sagt Timo, und ich, im Rausch, sage: ja, warum nicht. Der Boden fühlt sich wattiert an, weicher als sonst. Die Dunkelheit umfasst die Augen. Fast alle kommen mit.

Timo und Marco ziehen sich aus, splitternackt. Ich sehe Timos Schwanz im Lichtrest, wie ein totes, lumpiges Tier. Ich ziehe mein T-Shirt aus und weiß dann nicht weiter. Die Tannen wispern und nicken. Ruhig und ohne Hast entkleide ich mich ganz.

Schwarzes Wasser wie Tinte, zerläuft quecksilbrig auf meinen Gliedern, mein Körper verschwindet darin, rhythmisch. Der Himmel über mir, das Wasser unter mir, ich fühle mich von beidem gehalten, ganz kurz: ein Grundvertrauen in die Welt. Ich bin ein Flimmertierchen, das auf der Oberfläche eines riesigen Bechers voll altem Wasser schwimmt. Chemische Formeln tanzen auf meiner Haut. Die anderen singen schon wieder, hinten im Gras. Ich höre die Gitarre, die Stimmchen, das Gefühl; es ist weit weg. Ich schwimme Rücken, toter Mann, leichte Frau, atme ein, fühle, wie sich meine Lungen mit Luft füllen, der Brustkorb angehoben, atme aus, die Luft entweicht, und sinke ein, sacke in mich zusammen, mit dem plätschernden Wasser.

Ein Kopf nähert sich mir von fern, eine Stecknadel in schwarzer Plane. Er kommt auf mich zu, geradlinig und lautlos, ein Hund. Sofort zieht es mich hinunter, ich schwimme zackig wie eine Kaulquappe, japse nach Atem. *Hey Sonja*, sagt Timos Stimme. Ich kann sein Gesicht nicht erkennen. *Hey*, sage ich. Sein Gesicht kommt näher, noch immer unscharf, verwischt, helldunkel. *Nightswimming*, hallt es gedämpft herüber, *deserves a quiet night.* Wie warm das Wasser ist, brummt Timo. Ja, sage ich, und dunkel. Er gleitet näher. Es ist ein Spiel. Mich kriegst du nicht, sage ich plötzlich und schwimme und pruste los. *Ach ja?* kiekst er und krault hinterher. Ich kann mich vor Lachen kaum über Wasser halten. Fang mich doch! Wir machen viel Lärm, ich schwimme Brust, er krault. Es tost um uns herum. Fast habe ich den Beckenrand erreicht, der schlecht zu erkennen ist, schwer abzuschätzen, ob das noch fünf Meter sind oder zwanzig, und sitzt da nicht jemand, ich kreische – da taucht er auf neben mir, ein Muskel beult aus dem Rücken, Wasser splittert vom Körper weg, er berührt mich, umfasst meine Hüfte, zieht mich hinab, ich kreische und lache und schlucke Wasser. Wir sind nackt, erinnere ich mich und bin fast erregt, seine weiche Haut, seine Brusthaare an meinem Rücken. Er hebt mich hoch, ich fahre schräg aus dem Wasser, rufe etwas Atemloses, dann lässt er mich zurück ins Wasser platschen und umfasst meine Taille, sein Schwanz drückt sich an meinen Schenkel. Finger liegen in der Beugung meines Halses und massieren das sehnige Fleisch. Ich nehme es hin, mit einem Zucken im Auge, das keiner sieht. Die Finger streichen zärtlich über die Sehnen, wieder und wieder. Ich neige den Kopf zur Seite und schließe die Augen. Die Hand wandert in meinen Nacken, schickt Schauder den Rücken hinab. Dann bleiben die Schauder stecken. *Machts Spaß?*

Biancas Stimme, ganz nah, schneidet zwischen uns. Wir fahren auseinander. Sie sitzt am Beckenrand, ich sehe ihre weiße Haut, ihren schwarzen Badeanzug, den Kontrast unscharf gestreut wie auf einer Kohlezeichnung. *War ja klar*, sagt sie müde, *was ein Kindergeburtstag*. Dann gleitet sie ins Wasser und kommt schnittig auf uns zugeschwommen. Zwei, drei Züge, schon ist sie da. Zu dritt hängen wir im Wasser, ohne Regung, wie schwirrende Teilchen. Sekunden verstreichen. Wir atmen, paddeln schweigsam mit den Beinen, bewegen uns, um nicht in Bewegung zu geraten.

Bianca muss etwas tun. Sie hat uns in diese Situation gebracht, sie muss jetzt etwas tun, um sie wieder aufzulösen. Sie lauert aber nur. Alle drei lauern wir. Die Gitarre ist verstummt. Die anderen liegen irgendwo, bekifft und besoffen. Ich überlege, was ich sagen könnte, aber mein Kopf ist restlos leer. Da sagt Bianca: *Ich darf doch?*, und bevor jemand antworten kann, ruckt sie an mich heran, aus dem Dunklen, ein Tintenfisch, und umarmt mich, ihre Arme schnappen wie Fangschlingen nach meinem Nacken, sie zieht mich heran und drückt mir einen Kuss auf, sie zwängt mir ihre raue Zunge, die nach Tomatenfisch schmeckt, in den Mund und wartet auf Antwort. Aus Überraschung und Überrumpelung kann ich den Kuss nur erwidern. Ich halte sie fest, spüre ihre Rippen, finde langsam Gefallen am Kuss, muss gleichzeitig weiterpaddeln im Dunklen, Bodenlosen, um nicht unterzugehen. Ihre Lippen sind fleischig. Es macht keinen Unterschied mehr, ob die Augen offen oder geschlossen sind. Der Mund weiß selbst, was er macht. Ich entspanne mich, höre ein Blubbern, ein Gurgeln und Lachen. Ich schwimme und küsse ins Leere. Ich tauche kurz ein und lache, und ich tauche auf und pruste. Mehr Glieder sind jetzt da und Arme, ein weiterer Atem mischt sich in unseren, ich öffne die Augen und sehe, wie Bianca Timo küsst, zwei Tiere, die sich vereinen, zu denen ich stoße. Hände überall an mir, und meine Hände befühlen nasses Fleisch, das sich dehnt und zusammenfällt. Ich schließe die Augen und tauche unter ohne mein Zutun. Wir sind *ein* Tier.

Der feuchte Lärm schwillt an und zerstreut sich, Blasen und Wirbel, Arme und Beine. Der Himmel sprudelt. Ich kriege keine Luft und fahre wieder hoch, stoße mit dem Kopf hart auf ein Knie oder einen Ellenbogen. Unten ist der Lärm dumpf, oben hell und klar, und Bianca lacht schrill, ich erkenne die Schemen, die zusammenklumpen und auseinander schießen. Zwei Köpfe liegen vor mir und fauchen, dann bauschen sich die Schatten und Hände auf und drücken mich wieder hinunter. Es ist ein Witz, es ist das Tunken, ich verstehe und gerate doch in Panik. Der Lärm wirbelt immer lauter um mich, das Wasser ist dunkel wie nie. Sie lassen los, ich schieße wieder aus dem Wasser und schnappe nach Luft und lache, ohne es zu wollen. Ich sehe Biancas Gesicht deutlich aufleuchten, das nickt und grinst. Timo merkt schon, was Sache ist und will fliehen, doch schon hängt ihm Bianca wie ein Äffchen am Rücken und wirft mit weißem Schaum um sich, und ich lege meine Hand auf seinen Kopf und all mein Gewicht in die Hand und *drücke* ihn runter. Es blubbert und spritzt, und Bianca drückt auch und lacht mit heller, spitzer Stimme, und er kämpft dagegen an und will auftauchen, aber wir haben ihn im Griff. Bianca wuchtet sich mit ihrem ganzen Oberkörper über seinen Kopf und grunzt. Ich sehe in den Wald, der dunkelblau ist und zu pulsieren scheint. Je stärker Timo sich wehrt, desto lauter lacht Bianca.

Ich frage mich, ob Timo vielleicht das Schweigen am Wassergrund hört jetzt, während ich seine Schulter mit Knie und Händen in Schach halte. Das Schweigen wird viel dichter sein da unten, es ist so viel Lärm hier oben, Timo kann vielleicht das Schweigen sehen. Ich hechle, bekomme selbst kaum noch Luft, so anstrengend ist es. Die Bewegungen flachen ab. Ich denke, es reicht, es ist schon weit mehr als genug. Aber Bianca will nicht loslassen. Und ich lasse nicht los, solange Bianca nicht loslässt. Und sie wird nicht loslassen, bevor ich nachgebe.

Ein Phantasma blinkt vor meinem inneren Auge auf: Man sieht zuerst den Rücken, dann ein paar Streifen Mondlicht spiegeln sich auf Rippendünen, aber wie Striemen. Und Schulterblätter sieht man, zwei weiße Dreiecke, die etwas herausragen. Dann, obwohl man den Kopf sehen will, sieht man die Arme, sie stehen rechtwinklig nach oben ab, ziehen aber schon schwer hinunter. Die Ellenbogen sind deshalb leicht nach außen gedreht. Die Fußsohlen leuchten einem unerwartet hell in die Augen. Der Kopf, nur Hinterkopf, sieht aus wie eine alte, schmutzige Boje, die längst vergessen und funktionslos ist, grünlich, verwaschen, schon schwer vom eindringenden Wasser. Sie weist einen dunklen, langen Strich auf, eine Spalte oder einen Schnitt, aus dem es sickert. Und man fragt sich, ob das Wolkige, Dunkle um den Körper herum normales Moosdunkel im Tümpelwasser ist, oder nur eine Einbildung im Kopf – oder doch wirklich dunkles Blut aus dem Körper, das in die Dunkelheit schießt, das sich wegmacht, weg von dieser Leiche, sich langsam ausbreitet und, sinkend, immer dunkler wird. Der Pool bewegt sich nicht, und auch der Körper ruht starr und still. Äste und Gesträuch staken aus der glatten Oberfläche heraus wie abgemergelte, eingefrorene Arme. Timo als Wasserleiche, bald aufgebläht und ausgebeult, mit rissiger Haut, die bei Berührung aufplatzt, so dass weißer Schaum herausquillt, Würmer in den Augen, Algen im Mund.

Mir wird schlecht und schwarz vor Augen. Ich lasse los. Bianca lässt los. Timo schießt aus dem Wasser, ringt nach Luft, röchelt wie ein brünstiger Hirsch, zieht die Luft ein, so schnell es geht, seine Lungen schon voller Wasser. Er brüllt nach innen und hustet nach außen, schlägt mit den Händen über das Wasser, wirft seinen Kopf zurück, eine Menge Wasser fliegt herum. Er fragt, spinnt ihr, er röchelt, seid ihr noch ganz *dicht*. Er keucht und brüllt wieder nach innen und strampelt sich ab. Dann spuckt und rotzt er und hustet alles aus sich heraus, *alles*. Dann herrscht Stille. Ohne ein Wort schwimmt er davon, langsam, wie geprügelt, zurück zur Gruppe, die ihn schon erwartet am Beckenrand, die schon lange ruft, und wird bald von jemandem gestützt, wahrscheinlich von Marco, der ihm entgegengeschwommen ist.

Ich weiß, was jetzt als nächstes kommt, und Bianca weiß es auch; sie weiß es besser als ich. Wir schweben im Wasser, strampeln leicht, stehen uns senkrecht gegenüber, in Bewegung, um nicht in Bewegung zu sein. Kein Meter zwischen den Gesichtern, erkenne ich sie nicht. Aber sie ist es. Wir atmen tief durch. Sie lächelt und nickt vielleicht. Ich hole Luft. Sie nicht. Ich schließe die Augen. Es macht keinen Unterschied. Sie sagt *los*, und ich tauche sie mit aller Kraft hinunter.

CLEMENS MEYER

Reise zum Fluss

Wir nannten ihn »Boxer«, weil seine Nase so platt geprügelt war, dass sie fast in seinem Gesicht verschwand.

Wenn ich abends mit ihm am Fenster saß und wir im Licht der Scheinwerfer rauchten und auf die Nacht warteten, legte er manchmal seine große Hand auf sein zerschlagenes Gesicht und ließ sie dort, bis wir aufstanden und zu unseren Betten gingen.

Es gab jede Menge kaputtgeschlagene Typen bei uns, ich sah sie während der Arbeit, ich sah sie auf den Gängen und dem Hof; es gab auch welche, die mit richtig schönen Gesichtern reinkamen und kaputt wieder gingen, aber ich habe keine Nase in der ganzen Zeit gesehen, die so platt wie die vom Boxer war.

In den Nächten, wenn ich wach lag und er schlief, machte seine Nase pfeifende Geräusche, und wenn ich lange zuhörte und so vor mich hindachte, wurden richtige kleine Lieder daraus.

»Heh, Boxer, spiel mal was anderes«, sagte ich leise, aber er hörte ganz auf zu pfeifen, er war aufgewacht und wälzte sich über mir rum. »Weißt du«, flüsterte er mit seiner heiseren Nachtstimme, »weißt du, dass ich mal wirklich ... früher ...«

»Ja«, sagte ich, »erzählen sie jetzt überall. Da is so'n Typ rein, letzte Woche, so 'n Kurzer, schon bisschen grau ...«

»Wolfgang«, flüsterte er.

»Ja«, ich nickte ein paarmal, obwohl er's nicht sehen konnte.

»War schon immer 'n Schwätzer«, flüsterte er.

Er wälzte sich über mir rum, ganz kurz konnte ich seinen Fuß im Licht des Knastmonds sehen; wir hängten unsere Handtücher vors Fenster, denn die Scheinwerfer waren draußen auf dem Hof und vor den Mauern, aber ganz dicht kriegten wir es nie. Ich hörte ihn atmen, und paar Minuten später fing er wieder an zu pfeifen.

»War kein Schlechter«, hatte Wolfgang gesagt und Zigaretten verteilt, weil er Schiss hatte, »damals in der Zone. Nicht die absolute Spitze, aber paarmal kurz vor Olympia.«

Der Boxer hatte mir das nie erzählt, obwohl wir schon über zwei Jahre zusammen lagen. Der Boxer redete nicht viel, und wenn er mal anfing, weil die Russen Samogon vorbeigebracht hatten, erzählte er von seiner Tochter, die musste so siebzehn, achtzehn sein.

Er hatte noch einige Jahre vor sich, er hatte wohl mal einen umgehauen, und der war dann nicht wieder aufgestanden, Kneipensache, Streit, Geld, Frauen, keiner wusste was Genaues, und er hatte natürlich nie was von erzählt.

Einer der alten Pennbrüder, die kamen und gingen und jetzt im Winter wieder alle da waren, hatte mir mal gesagt, dass der Boxer sogar ein Rundläufer gewesen war, ein Lebenslanger, denn er hatte angeblich nicht nur den einen umgehauen, sondern auch einen Wachmann, der ihn festhalten wollte, ins Koma geprügelt, und der schlief dann so tief, dass er nie wieder aufwachte.

»Der Boxer hat frei gedreht, der Suff«, sagte der Pennbruder und wackelte mit dem Kopf und rollte so mit den Augen, dass mir schwindlig wurde, »haben ihn dann auf zehn, elf gedrückt, der Suff, verstehste.«

»Verstehe«, sagte ich, und der Alte leckte sich über die Lippen, und ich gab ihm ein bisschen Tabak. Aber ich glaubte nicht, dass der Boxer *zwei* Kalte mit sich rum trug, und die Penner quatschten jede Menge Scheiß, wenn sie langsam trocken wurden.

»Die hätten ihn am Fluss bauen sollen«, sagte der Boxer. Wir saßen am Tisch, wie jeden Morgen, draußen wurde es langsam hell, das Fenster war offen, obwohl es kalt war und geschneit hatte, und wir aßen und blickten über die Mauern auf die kahlen Bäume und die Stadt. »Wen?«, fragte ich, obwohl ich wusste, was er meinte. Er tippte an einen der Stäbe, und ich nickte. »Wär vielleicht besser gewesen.«

»Die Aussicht, verstehste.« Er schob seinen Teller zur Seite und stand auf.

»So ’n Fluss, wenn du den immer sehn kannst, auf so ’nem Fluss ist immer was los.« Auch ich stand auf und stellte mich neben ihn, und wir blickten auf die Häuser, weit weg, hinter denen irgendwo der Fluss sein musste. Er drehte zwei Kippen und reichte mir eine rüber. »Guckst ihn dir dann an?«

»Den Fluss?« Ich gab ihm Feuer, und er nickte.

»Vielleicht«, sagte ich.

»Kriegst doch deinen Urlaub, was?«

»Sieht so aus. Aber bei denen weißt du nie.«

»Willste dann verreisen?«

»Is doch bloß ’n Wochenende.«

»Ich meine, *richtig* verreisen.« Er blickte mich an, und ich sah, wie aus seinem einen Nasenloch, das nur noch ein Strich war, ein dünner Rauchkringel kam.

»Nee, die finden dich doch sowieso. Verreisen ...« Ich lachte, und auch er lächelte und schnippte seine Kippe durch die Stäbe. »Und ... und willste dann wohin, haste was Wichtiges vor?«

»So dies und das«, sagte ich, »nach Leipzig, das Übliche, weißte doch.«

»Unsere Stadt«, sagte er. Ich drückte meine Kippe in den Schnee auf dem Fensterbrett. Er drehte zwei Neue, rauchte sie an und reichte mir eine rüber.

»Willst zu deiner Schwester, was?«

»Nee, lieber nicht. Die hat grad geheiratet.«

»Kind?«

»Ja. Noch ganz neu.«

»Als meine Tochter ...« Er schnippte seine halb gerauchte Kippe zum Fenster und machte es zu. Ich nahm den Aschenbecher vom Tisch und legte mich aufs Bett. »Wegen deinem Urlaub ...« Der Boxer drehte sich kurz zu mir um, dann lehnte er seine Stirn an die Scheibe. Ich rauchte und blickte auf seinen Rücken, war ein ziemlich breiter Rücken, vielleicht war er im Halbschwergewicht gewesen, vielleicht sogar eins drüber, in seinen großen Tagen, in denen er es fast bis Olympia geschafft hatte; ich zog an meiner Kippe, bis ich die Glut an meinen Lippen spürte. »Wenn du auf Urlaub gehst ...«, sagte der Boxer dumpf gegen die Scheibe und bewegte seinen Kopf hin und her.

Ich drückte meine Kippe in den Aschenbecher, der Schlüssel knallte ins Schloss, der Boxer drehte sich zur Tür, ich sprang auf, der Ascher fiel auf den Boden, ich schob ihn mit dem Fuß unters Bett, der Schließer stand in der Tür, sieben Uhr, Arbeitsbeginn.

»Wenn du auf Urlaub gehst«, sagte der Boxer mitten in der Nacht, als er aufwachte, »hörst du …« Ich antwortete nicht, ich atmete nicht, aber er redete einfach weiter, weil er wusste, dass ich wach lag. »… und wenn du dann in der Stadt bist, in Leipzig … verstehst du, Junge …« Ich hasste es, wenn er »Junge« zu mir sagte, ich hatte meinen Dreißigsten im letzten Sommer mit ihm gefeiert. Er hatte Samogon und Angesetzten von den Russen organisiert, und dann hatte er die ganze Nacht von seiner Tochter erzählt, bis er einschlief. »Hat so dunkle Haare, fast schon schwarz, nich von ihrer Mutter, nee. Hat sie bis über die Schultern gehabt, früher, weißte… Und guck genau, wie sie jetzt aussieht, hörst du, Junge, guck sie dir so genau an, dass … Wie groß sie ist und so, die Augen, auch die Augen …« Er stieg die Leiter runter, ich sah ihn dunkel vor meinem Bett, ich richtete mich auf und lehnte mich an die Wand. »Klar«, sagte ich, »ich erzähl dir von ihren Augen, wenn's weiter nichts ist.«

»Ist noch was«, sagte er, und ich hörte, wie er durch die dunkle Zelle zum Tisch lief und sich setzte. Sein Feuerzeug klickte, und dann sah ich den Glutpunkt seiner Kippe, der sich hin und her bewegte, während er sprach. »Sind zwei Schwuchteln, schulden mir noch was. Machen keinen Ärger. Haben so 'ne kleine Bude. Bier, Schnaps, Fischbrötchen. Ich geb ihnen Bescheid, dass du kommst. Ist nicht viel. Nimm es und gib's ihr. Is 'ne Überraschung. Sie macht doch jetzt Lehre, hat nicht viel. Dir vertrau ich. Und sag ihr … sag ihr …«

»Ich sag's ihr, Boxer.« Ich lehnte an der Wand, zog die Bettdecke zu mir ran und über mein Gesicht und atmete durch den Stoff.

Der Boxer stand am Fenster. Aber als ich zu ihm hoch blickte und kurz die Hand hob, war ich mir gar nicht mehr so sicher, war doch so weit weg jetzt, waren auch die Drahtrollen dazwischen, oben auf der Mauer. Ich blickte auf die große Uhr am

Turm, zehn vor elf, wie immer. Ich merkte, dass es schneite, und wischte mir den Schnee aus den Haaren. Dann lief ich langsam vom Tor weg, drehte mich noch mal um, sah die Pförtnerin hinter der Scheibe, alt und weißhaarig, die schließt schon seit dem Führer, sagten wir. Ich lief an dem kleinen Laden vorbei, der jetzt zu hatte, sah die original Knastartikel hinterm Schaufenster, Kartoffeln, garantiert ökologischer Anbau, Holzfiguren, Körbe, *meine* Körbe, ich war ein prima Korbflechter geworden in den Jahren. Ich blieb an der Gedenktafel stehen, die ein paar Meter neben dem Laden auf einem kleinen Parkplatz war. »Zur Erinnerung an die Opfer der faschistischen Gewaltherrschaft im Fort Zinna«. Jemand hatte Blumen in den Schnee gelegt. Da war noch ein anderer Gedenkstein, ein Stück weiter, denn auch der Russe war mal hier gewesen. Als ich damals ankam, war ich zwischen den Steinen hin und her gelaufen, bis es dunkel wurde und ich zum Tor ging. Ich stellte meine Tasche ab und blickte am Knast vorbei auf die Felder. Ich zündete mir eine an und hockte mich hin. Ich drückte meine Hand in den Schnee und spürte, wie er zwischen den Fingern schmolz und blickte immer noch auf die weißen Felder und zog an meiner Kippe, bis ich merkte, dass der Schnee sie ausgemacht hatte.

Ich fuhr mir mit der nassen Hand übers Gesicht und stand auf. Ich warf die Kippe weg und lief Richtung Bushaltestelle. Ich kam an dem Flachbau vorbei, in dem die Freigänger wohnten, zwei standen vor der Tür und nickten mir zu. Ich hob kurz die Hand, die Finger leicht auseinander, so legten wir sie oft an Scheiben, Türen, Wände. Als ich mich paar Meter weiter noch mal umdrehte, blickten sie mir immer noch hinterher, die Hände in den Taschen.

»Getränke Welt«, »Sport Corner«, »Torgau grüßt seine Gäste«. Der Bus fuhr so schnell, dass mir fast schlecht wurde, aber ich wusste, er würde langsamer werden, je länger wir fuhren. Jemand hatte mir mal erzählt, dass ihm das große Kotzen gekommen war, als er nach fünf Jahren das erste Mal wieder Bus fuhr.

Ich spürte, wie die Leute auf meine kleine Reisetasche und mich starrten und lehnte meinen Kopf an die Scheibe. Als wir an der Brauerei vorüberfuhren, wollte ich aussteigen, blieb aber sitzen. Der Bus hielt an einer Kreuzung, und ich sah das Schild »Riesa 182 km« neben mir. Dort gab es einen großen Jugendknast, draußen vor der Stadt, bei Zeithain, mitten auf dem Feld, aber für den war ich ein paar Jahre zu alt. »Wie viel Zeit ist's jetzt schon, Junge?«, fragte der Boxer. »Sind schon paar Jahre geworden«, sagte ich, »so alles in allem.«

»Kann auch nicht klagen«, sagte der Boxer. Wir spielten Schach, und ich bot ihm einen Bauern an. Er fraß ihn, und paar Züge später kriegte sein König richtig auf die Fresse. Er war eben doch nur als Boxer eine Nummer gewesen.

Schach hatte ich vor über zehn Jahren in Zeithain gelernt. »Traudis Inn«. Ich stieg aus. Der Bahnhof war eine Haltestelle weiter, aber die Züge nach Leipzig fuhren den ganzen Tag, und ich ging rein zu Traudi. Die Tür fiel hinter mir zu, und ich machte sie noch mal auf und blickte nach draußen. Der Bus fuhr die Straße runter, Richtung Bahnhof, und ich sah ein paar Köpfe, die sich hinter der großen Heckscheibe bewegten. »He, wird kalt«, sagte jemand, und ich duckte mich, ließ die Reisetasche fallen und drehte mich um. War nur ein Alter an einem der Tische, der eine Bierflasche mit beiden Händen festhielt und auf die Tischplatte blickte und ziemlich runter aussah. Ich nahm meine Tasche und lief zur Theke. Ein dürrer Kerl hantierte an den Zapfhähnen, aber als ich mich auf einen der Barhocker setzte, sah ich, dass der Dürre jede Menge Lippenstift aufgelegt hatte und wohl eine Frau war. Und als wollte sie's mir beweisen, streckte sie die Brust raus und lächelte. Sie hatte ein Namensschild an ihrem Kittel, auf dem stand »hier bedient sie Traudi Schmidt«.

Drinnen erzählten sie oft von der *dicken* Traudi, »hat 'n prima Imbiss, musst du hin, wenn du raus kommst, die dicke Traudi hat das beste Bier in der ganzen Stadt, kannst du glauben«, aber vielleicht hatte sie ja Diät gemacht in den Jahren. »Tag«, sagte ich. »'n Bierchen und 'n Braunen, was?«, sagte sie und lächelte und blickte auf meine Reisetasche und drückte ihren dürren Rücken so durch, dass ich mir Sorgen um ihre Bandscheiben machte. »Kaffee«, sagte ich, und sie drehte sich um und machte sich an der Kaffeemaschine zu schaffen. Ich suchte in meinen Taschen und legte einen Zehner auf die Theke. »Können Sie den klein machen?« Traudi stellte meinen Kaffee neben den Schein. »Klar«, sagte sie und nahm ihn. Sie hielt den Zehner zwischen Daumen und Zeigefinger und bewegte ihn wie einen kleinen Fächer vor ihrem Gesicht hin und her und lächelte mich so an, als hätte sie noch andere Geschäfte gemacht, früher, als sie noch dick gewesen war. Ich wickelte den Würfelzucker aus, tauchte ihn in den Kaffee und sah zu, wie er sich langsam auflöste. Traudi grinste mich immer noch an und strich jetzt mit dem Schein um ihre Lippen. Ich trank einen Schluck von meinem Kaffee, dann goss ich etwas Sahne dazu und rührte ein paarmal mit dem Löffel drin rum. »Wie willst es denn haben?«, fragte Traudi und blickte mich über den Schein hinweg an. »Für'n Automaten«, sagte ich. Sie knüllte den Zehner in ihre Faust und beugte sich zur Kasse. Sie wühlte in den Münzen rum und knallte drei Zweier und vier Einer auf die Theke. Ich nickte und lief rüber zum Zigarettenautomaten. Der Alte blickte kurz auf, er hielt immer noch die Bierflasche umklammert, die jetzt leer war. Er sah wirklich ziemlich runter aus, wie die Säufer und Pennbrüder drinnen, wenn sie keinen Angesetzten organisieren konnten. Manche versuchten, selber welchen zu machen, und sammelten jeden Kanten Brot und jeden vergammelten Apfel, den sie kriegen konnten, aber meistens hatten sie keine ruhige Hand und versauten es. »Ein kleines Bierchen«, sagte der Alte, »ein schönes kühles Bierchen. Und 'n Braunen dazu, verstehste. Denkst doch an mich, trinkst doch auf mich?«

»Klar«, sagte ich, »'n Doppelten nur auf dich. Gleich wenn ich am Bahnhof bin.« Der Alte lächelte, und ganz kurz hörte sein Kopf auf zu wackeln und auch seine Augen waren ganz ruhig. Die Münzen klapperten durch den Automaten, und ich drückte meine alte Marke. Ich musste Geld nachwerfen, die Preise hatten sich geändert. Ich beugte mich runter und nahm die Schachtel. Ich blickte mich um, Traudi hatte sich jetzt selbst einen eingeschenkt und trank und blätterte dabei in einem dicken Katalog, der vor ihr auf der Theke lag. Sah aus wie Unterwäsche und Klamotten. »He, Kollege, haste mal eine?« Der Alte blickte mich an, neigte den Kopf ein wenig und ließ seine leere Flasche los.

Ich steckte die neue Schachtel in die Innentasche meiner Jacke und gab dem Alten vier von den Selbstgedrehten, die der Boxer mir am Morgen zugesteckt hatte, »für die Reise, Junge«. Er rauchte das billigste Kraut, das wir »Sackhaare« nannten, aber an manchen Abenden, wenn wir am Fenster saßen und auf die Nacht warteten und Zigaretten tauschten, schmeckten seine Kippen besser als Davidoff Filter. Ich zahlte meinen Kaffee und ging raus.

Ich sah vier Apotheken, bis ich am Bahnhof war, drei davon in derselben Straße. Vielleicht waren die Leute in Torgau besonders schwach und wurden schnell krank, oder sie schlugen sich öfters mal die Fressen blutig und brauchten dann jede Menge Verbandszeug.

Im Schalterraum standen ein paar Typen, und ich kaufte meine Karte am Automaten. Die Bahnhofskneipe machte erst abends auf, und ich stand vorm Fahrplan und rauchte und las die Namen der Städte, bis sie meinen Zug ansagten und ich merkte, dass ich fror und mir ein bisschen übel war. Auf dem Bahnsteig stand ein Mädchen mit einem Hund. War sogar ein ziemlich hübsches Mädchen, vielleicht noch bisschen jung, so siebzehn, achtzehn, dunkle Haare, fast schon schwarz und bis über die Schultern, und ihre Augen …

Der kleine graue Hund trippelte um sie rum, und sie ging ein paar Schritte, damit die Leine sich nicht um ihre Beine wickelte. Ich ließ meine Tasche fallen und hockte mich hin, denn der kleine graue Hund trippelte in meine Richtung und blieb ein paar Meter vor mir stehen, vielleicht reichte die Leine nicht oder sie hielt ihn zurück. Aber ich sah sie gar nicht mehr, obwohl sie wirklich ziemlich hübsch gewesen war; da war nur noch der kleine graue Hund vor mir, mitten auf dem Bahnsteig. Er hob den Kopf und schnüffelte, seine Nase glänzte, ich hielt ihm meine geöffnete Hand hin, die Finger leicht auseinander, der Hund trippelte ein wenig hin und her und jaulte leise, ich hörte den Zug einfahren und stand auf.

Und dann die Nacht. Eigentlich war es noch Abend, aber schon seit vier wurde es dunkel, und ich sah die vielen bunten

Lichter der Stadt. Ich stand vor der Haustür, blickte auf die Autos, die vorüberfuhren, blickte auf die Leuchtschilder und Schaufenster der Läden und Kneipen gegenüber. Die Türken und Araber hatten vor Jahren das Viertel übernommen, und auch der Russe mischte bisschen mit, und damals, bevor ich gegangen war, hatte ich ein paar Mal Ärger auf den Straßen gehabt, wenn wir nachts von Kneipe zu Kneipe zogen, aber das war schon lange vorbei. Ich machte die Tür auf und ging nach drinnen. Ich nahm das Geld aus meiner Reisetasche, zählte es durch, rollte es zusammen und steckte es in die Innentasche meiner Jacke. Das Geld roch nach Fisch, und auch die zwei Schwuchteln in ihrer kleinen Imbissbude hatten nach Fisch gestunken.

»Der Boxer, hat dich geschickt, was? Wohnst mit ihm zusammen, was?«

Der Typ zwinkerte mir zu und beugte sich über die kleine Verkaufstheke, »hat auf mich aufgepasst, hat immer auf mich aufgepasst, damals«, er erzählte von ihrer großen Freundschaft, von der Ehre des Boxers, »lässt keinen hängen, lässt dich nie im Stich, kannst du glauben«, und erzählte, wie der Boxer kurz vor Olympia gewesen war, damals. Er stellte eine Büchse Bier vor mich hin und machte sich selbst eine auf. »Trink erst mal einen. Bist auf Urlaub, was? Trinken wir auf den Boxer.« Ich stieß mit ihm an, und wieder fing er an zu erzählen, vom Boxer und vom Knast und von ihren großen Zeiten. Der andere Schwule war die ganze Zeit still und schnitt Brötchen auf und Heringe, und als er sich an den Zwiebeln zu schaffen machte und der Schwule Nummer eins immer noch quatschte, schnippte ich meine halb gerauchte Kippe zu ihm über die Theke und sagte: »Wird Zeit.« Er grinste und nickte und ging mit mir zu einem kleinen Wohncontainer, den er »mein Büro« nannte, und auch dort stank es nach Fisch und Bier und Zigaretten.

Ich lief langsam die Treppe hoch. Im Haus war es still, und als das Licht ausging, blieb ich stehen und zündete mir eine an. Ich lief langsam im Dunkeln weiter. Durchs Türfenster fiel Licht. Ich blieb stehen und legte die Hand auf das Gitter. »Mach mal zu, will dir was zeigen.« Ich schloss das Fenster, drehte mich um und spürte das Gitter immer noch kalt auf meiner Hand. Der

Boxer stand mit nacktem Oberkörper vor seinem Bett. »He, Alter, was soll'n das werden?«

»Will dir nur was zeigen, Junge, komm doch mal her, komm doch mal näher ran.« Er hatte seine große Hand auf seine Brust gelegt, und ich ging langsam zu ihm rüber. Er hatte die üblichen Schriftzüge und Bilder auf seinen Armen und ein großes Auge mitten auf seinem Bauch, aber das alles hatte ich schon oft gesehen in den zwei Jahren, in denen wir zusammen lagen. Der Boxer war nicht ganz so bemalt und beschrieben wie die Litfasssäulen, die ich beim Duschen sah und die ihr ganzes Leben auf ihrer Haut mit sich rum trugen, aber aller paar Monate ging er zu einem von unseren Haustätowierern. »Is was ganz Neues, kennste noch nicht, noch ganz frisch. Brauch ich kein Foto mehr. Nie wieder. Hab sie alle weggeschmissen. Ist sie jetzt immer bei mir.« Er nahm die Hand von seiner Brust. Da war das Gesicht einer jungen Frau, die hatte schulterlange schwarze Haare und lächelte. Ihre Augen waren viel zu groß, fast wie in den japanischen Comics. Sie musste wirklich noch ziemlich frisch sein, denn ihr Gesicht war entzündet, vor allem auf der Stirn und unterm Mund, denn es gab keine Tattoopflege-Sets im Fort Zinna. »Sieht richtig schön aus«, sagte ich, und der Boxer nickte und wurde ein bisschen rot. Ich blickte auf seine Tochter, die mich mit ihren großen Augen anlächelte. »Komm rein«, sagte sie. Ich blickte auf ihre Nase, dann auf ihre Haare, die ziemlich kurz waren, und dann auf ihre Augen … jetzt zwinkerten sie und blinzelten mich an. »Komm rein«, sagte sie noch mal, »nun komm doch schon rein.« Sie drehte sich um, und ich lief hinter ihr her durch den Flur. Vielleicht hatte der Boxer ihr Bescheid gegeben, vielleicht die Fischbrötchenschwuchteln. »Die Tür« sagte sie, und ich ging noch mal zurück und machte sie zu.

Sie saß auf dem Sofa, und ich blieb vor ihr stehen, und sie blinzelte so zu mir hoch, dass ich ein paar Schritte zurücktrat. Ich hielt meine kleine Reisetasche mit beiden Händen fest und blickte mich um. Sah alles ziemlich billig aus, aber der Boxer hatte mir ja erzählt, dass sie gerade irgendeine Lehre machte, als Hotelfachfrau oder so. »Willst was trinken?« Ich nickte. Sie ging an mir vorbei zur Schrankwand, und ich hörte wie sie hinter mir mit Gläsern hantierte. Sie ging ein paar Schritte, und dann spürte ich ihren Atem in meinem Nacken. Ich hielt meine Tasche fest und blickte an die Wand überm Sofa. Da hing irgendein nachgemachtes modernes Bild, auf dem nur Farbkleckse waren. Sie ging langsam zum Sofa und stellte zwei Gläser mit braunem Schnaps auf den Tisch. »Setz dich doch«, sagte sie, strich über die Sofapolster und neigte den Kopf und lächelte, das musste sie bei ihrer Lehre gelernt haben.

Ich stellte meine Tasche auf den Boden und setzte mich neben sie. »Hast eine kleine Reise gemacht wegen mir, stimmt's«, sagte sie und rückte näher an mich ran. »War nicht allzu weit«, sagte ich. Ich nahm mein Glas, roch nach »Goldbrand«, schmeckte auch so.

»Bist jetzt froh, dass du hier bist, stimmt's?« Sie rückte wieder ein Stück von mir weg zur Sofalehne, streifte ihre Schuhe ab und machte ihre Beine lang, sodass ihre Füße mein Knie berührten. Ich griff nach meinem Glas und schob es auf dem Tisch hin und her. Dort stand auch ein Aschenbecher, und ich nahm meine Zigarettenschachtel. Ich fühlte die Geldrolle in der Innentasche. »Biste lieb, haste mal eine?« Ich zündete meine Zigarette an und reichte ihr die Schachtel rüber. Sie fingerte sich eine raus und legte die Schachtel auf ihr Bein. Ich wollte ihr Feuer geben, aber sie nahm die Zigarette aus meinem Mund und drückte sie an ihre. Ich stand auf und griff in meine Innentasche. »Hör mal …«

»Jetzt renn doch nicht gleich weg.« Sie sprang so schnell auf, dass ihre Zigarette und meine Zigarette und auch die Schachtel auf den Teppich fielen, aber sie kümmerte sich gar nicht drum und drückte sich ganz dicht an mich ran und legte ihre Arme um mich. Sie hatte wirklich Kraft, obwohl sie so klein war. Ich wollte sie irgendwie wegdrücken, das Geld auf den Tisch schmeißen und verschwinden, mich irgendwo verkriechen und auf Montag warten, aber sie hielt mich fest umklammert, die Kraft musste sie vom Boxer geerbt haben.

»Das geht nicht«, sagte ich, aber sie hing immer noch an mir dran und rieb ihr Gesicht an meinem Hals, das musste ihre Nase sein, nein, die konnte sie nicht vom Boxer geerbt haben, aber vielleicht hatte der mal die schönste Nase der ganzen Stadt gehabt, *bevor* er es fast bis Olympia geschafft hatte. Sie fummelte an meinem Hosenstall rum und sagte: »Da musst mir aber noch was geben, weißt du doch …«

Ich spürte die Geldrolle in der Innentasche, aber ich wusste, dass sie die nicht gemeint hatte, und ich wusste jetzt auch, dass weder der Boxer noch die Fischbrötchenschwuchteln ihr Bescheid gegeben hatten. Ich packte sie an den Schultern, ließ sie aber sofort wieder los, weil ich ihre dünnen Knochen spürte. Ich nahm mein halb volles Glas und schmiss es in die Schrankwand, sodass Scherben und Schnapstropfen bis zu uns spritzen. Sie ging langsam ein paar Schritte von mir weg und blickte mich mit den großen Augen der japanischen Comics an. Ich stolperte zurück und setzte mich aufs Sofa. Ich nahm ihr Glas und trank es aus. Da stand plötzlich der Typ mitten im Raum. »Ärger«, sagte er und kam zu mir rüber. Er lief ziemlich langsam, und ich hätte ihn mit dem Glas mitten im Gesicht erwischen können, stellte es aber wieder auf den Tisch. Ich stand auf. Ich sah, wie er zum Schlag ansetzte, bewegte mich aber nicht. Er hatte eine gute Rechte, und ich ging zu Boden. Ich drehte mich auf die Seite und blickte unterm Tisch durch. Sie hockte jetzt vor der Schrankwand, das Kinn auf den Knien, und ich blickte ihr direkt ins Gesicht. Ich stand auf. Der Typ gab mir sofort zwei, drei Dinger, und wieder ging ich runter und blickte unterm Tisch durch auf die Tochter vom Boxer, die immer noch vor der Schrankwand hockte und sich nicht bewegte. Ich spürte Blut auf meinem Gesicht. Ich sah die Beine des Typen direkt neben mir, ich hätte sie packen, ihn umreißen und kaputtmachen können, aber ich stand wieder auf und blickte ihn an. Er schlug nicht sofort zu, und ich blickte über seine Schulter an die Wand. Der Typ knallte mir sein Knie in den Bauch, mir blieb die Luft weg, und ich ging in die Hocke.

»Bleib unten, Arschloch.« Er schlug wie ein Profi und redete auch so. Ich hob den Kopf ein wenig und sah, wie sie sich nach vorne beugte und beide Hände auf dem Teppich hin und her bewegte, als würde sie mit irgendwas spielen. Ich stand langsam auf und schloss die Augen. Er erwischte mich ziemlich schlimm, und ich spürte, wie meine Nase zu Bruch ging.

»He, Junge«, sagte der Boxer, »bist ja fast so schön wie ich.«

»Dumm gefallen«, sagte ich, »in der Stadt, das Übliche, weißt du doch.«

»Hat sie dich so gesehen? Hast ihr doch keine Angst gemacht?«

»Nein, nein Boxer, war zuerst bei ihr, war alles bestens. Geht ihr gut. Hat sich gefreut, das Geld und so, hat sich richtig gefreut.«

»War ja nicht viel, aber sie lernt noch, in 'nem richtigen Hotel. Da kriegt sie nicht viel, muss sie sparsam sein.«

»Ich weiß.«

Ich stand auf der Brücke und blickte auf den Fluss. Links und rechts auf den Uferwiesen waren noch paar Reste vom Morgennebel. Ich hörte die Autos hinter mir, war ziemlich viel Verkehr, Wochenanfang. Weit weg sah ich einen Schlepper auf dem Strom. Er schien sich nicht zu bewegen, vielleicht fuhr er rüber zu den Tschechen, vielleicht in meine Richtung und dann weiter nach Hamburg zum Meer. Ich zündete meine letzte Aktive an und schmiss die leere Schachtel in den Fluss. Meine Nase fing wieder an zu bluten, und ich zog ein Taschentuch aus meiner Innentasche. Es roch nach Fisch, genau wie das Geld. Ich hatte es unten im Haus in ihren Briefkasten gesteckt. War wirklich nicht viel, knapp über Tausend, aber sicher waren es die letzten Reserven des Boxers aus seiner großen Zeit, in der er es fast bis Olympia geschafft hatte. Ich blickte noch einmal auf den Fluss, ein paar Eisschollen verschwanden unter der Brücke, eine blieb an der roten Fahrrinnenboje hängen, kam dann los und trieb weiter. Ich presste das Taschentuch an meine Nase, schmiss meine Kippe in den Fluss und ging nach Hause.

ANNETTE MINGELS

Nachbeben

Am frühen Nachmittag erreichen sie das Dorf, das weiße Dorf, wie es im Reiseführer genannt wird (tatsächlich ist es hell: die schmucklosen Häuser, die Brunnen, der blasse Stein der Straßen und Plätze), und Ellen beugt sich vor und fragt, wann sind wir endlich da? Albert zieht eine Grimasse, die an eine Teufelsmaske erinnert oder an ein seltsames Tier, und Irene sagt: Jetzt.

Vom zweiten Stock des schmalen Holzhauses aus sieht Irene das Meer, eine grüne Fläche, die sich zum Horizont hin wölbt und die sie einen Moment lang für eine Wiese hält. Sie sieht, wie David und Almo im Garten sitzen und David seinen blonden Kopf in Almos dunkles Fell legt; sie beobachtet, wie Ellen und Albert vom Auto zum Haus gehen, wie sie die Taschen und Koffer hineintragen. Für ihr Alter ist Ellen groß. Sie ist erst elf, aber sie hat ein erwachsenes, dreieckiges Gesicht mit breiten Wangenknochen und kurzem Kinn. An ihren Augen kann man alles ablesen: Schrecken, Freude, vor allem Ungeduld (der Blick nach oben bei gesenktem Kopf, eine einzelne steile Falte zwischen den Brauen); wegen ihrer Augen kann Ellen nicht lügen, aber vielleicht lernt sie das noch. Sie behandelt David mit zärtlicher Verachtung, sie liebt es, ihn zu umarmen und zu küssen, doch er lässt sich das nicht mehr gerne gefallen. Sie lacht, wenn er sie abschüttelt.

Die nächsten Häuser sind gut fünfzig Meter entfernt, weit genug, um Ruhe zu haben, nah genug, um sich nicht einsam zu fühlen. Zwischen den Häusern und dem Meer ist ein Pinienhain, ein schmaler, hoher Streifen locker stehender Bäume. Vom Garten führt ein Trampelpfad zwischen den Stämmen hindurch an den Strand; Ellen und David laufen vorneweg, um ihre Beine springt Almo und schnappt nach ihren Knöcheln, sie rufen, hör auf!, aus!, aber Almo versucht es immer wieder. Am Strand legt er sich in den Schatten, stößt von Zeit zu Zeit die Schnauze in den Sand und beginnt zu graben, eifrig, als habe er die unterirdischen Tritte einer Maus vernommen, irgendwann gibt er auf, kippt zur Seite und hechelt. Irene und Albert breiten ihre Handtücher nebeneinander aus. Sie blicken aufs Wasser, das nur in der Ferne ruhig scheint und solide, während es sich im Näherkommen tosend aufbäumt, um gleich darauf in sich zusammenzustürzen. Wenn sie etwas sagen, sind sie höflich, zwei Fremde auf einer Feier. Die Kinder schwimmen ein paar Züge, dann richten sie sich im flachen Wasser auf und warten mit vorgestreckten Armen auf die Wellen, in die sie mit Kopfsprüngen eintauchen.

Die Tage sind matt und blau, sie reihen sich aneinander, unterschiedslos in ihren Gerüchen, Geräuschen und Farben. Einmal sehen sie in der Nähe der Küste ein Schiff, seine träge flatternden Segel, die Flagge eines Landes, das sie nicht kennen.

Der Nachbar trägt eine knielange Badehose, deren Nähte farbig abgesetzt sind, und ein Poloshirt. Wie wäre es, wenn Sie und Ihre Frau heute Abend zum Essen kämen?, fragt Irene. Aus ihrem Schlafzimmerfenster beugt sich Ellen heraus und betrachtet unbeteiligt das Geschehen. Vom Strand her ertönt das Heulen einer Sirene; als es verstummt, herrscht für Momente eine unterseeische Stille, dann sind wieder Stimmen zu hören, brüchig wie Glas. Sturmwarnung, erklärt der Nachbar. Gehen Sie vorerst besser nicht ins Meer.

Sie kommen pünktlich und bringen eine Flasche Wein und einen Kaktus mit. Man verschenkt eigentlich keine Kakteen, nicht wahr?, sagt Linda. Sie hat die dunklen Haare zu mädchenhaften Locken aufgedreht und trägt Ohrringe, die bei jeder Bewegung vor und zurück schaukeln. Ihr Gesicht ähnelt dem einer sanft gealterten Puppe: die kreisrunden Augen unter den zu erstaunten Bögen gezupften Brauen, die stumpfe Nase, der kleine Mund. Hübsch, aber mit einer ersten Schlaffheit in den Wangen. Sie lächelt viel, ein um Nachsicht bittendes, verhaltenes Lächeln, das Mitleid erregt und den Wunsch, ihr weh zu tun. Sie ist nicht dick, aber auch nicht ganz schlank; fraulich, ist der Ausdruck, der Irene als erstes in den Sinn kommt. David und Ellen haben auf dem Fußboden gespielt, jetzt sind sie aufgestanden, um die Gäste zu begrüßen. Linda beugt sich zu ihnen hinab und streicht David über das Haar, das vom Teppich elektrisiert ist und ihm wie der verblühte Flor einer Kuhblume um den Kopf steht.

Linda und Peer leben die Hälfte des Jahres hier, die andere Hälfte arbeiten sie als Galeristen. Sie verkaufen moderne Kunst, Bilder, Installationen, vor allem Skulpturen. Das meiste davon erotisches Zeug, sagt Linda, nackte Frauen, ineinander verschlungene Menschen, riesenhafte Genitalien in grellen Farben. Sie gibt ein kurzes Lachen von sich. Die Leute mögen das, man kann gut davon leben. Sie sieht sich in der Wohnung um. Es sieht anders aus, stellt sie fest. Hast du gesehen, Peer?, es ist renoviert worden. Sie kannten die Leute, die das Haus in den Jahren zuvor gemietet hatten. Engländer, sagt Peer, nette Familie, aber nicht gerade zugänglich. Er zieht die Augenbrauen in die Stirn und sieht nachdenklich auf seinen Teller. Und ziemlich unglücklich, fügt er hinzu, so schien es wenigstens. Während er spricht, schneidet er geschickt den Bauch des Fisches auf und löst das Fleisch von den Gräten. Das Besteck sieht klein aus in seinen Händen, er ist größer, als es zunächst den Anschein hatte, sehr muskulös, fast unförmig. Bei ihrer ersten Begegnung hatte Irene ihn auf Mitte fünfzig geschätzt, jetzt ist sie sich nicht mehr sicher; er könnte jünger sein, in seinen dunklen Haaren ist kein Grau, kein Weiß zu entdecken. Sein Gesicht ist breit, sein Blick so unverwandt, dass er mitunter bedrohlich wirkt. Die Oberlippe ist schmaler als die Unterlippe, die Mundwinkel sind lang gezogen und enden in zwei kurzen Falten; wenn er lacht, vertiefen sich die Falten zu kleinen Mulden.

Er hat eine Theorie über das Leben, die er mit großem Ernst erläutert. Die Welt bestehe aus Gegensätzen, die sich zu einer spannungsreichen Einheit zusammenfügen: das abstrakte und das konkrete Denken; die Suche nach Neuem und die nach Geborgenheit; die Strenge, die Sanftmut; das Nehmende und Gebende. All das. Licht und Dunkel. Männer und Frauen. Erst aus den Widersprüchen entsteht Großes, sagt Peer und sticht seine Gabel in die Limonentarte, wo sie stecken bleibt, aufrecht wie ein Spaten im Schnee. Was habe die Moderne erreicht, mit ihrem

Drang zur Nivellierung? Nichts, sagt er entschieden, nichts als Unordnung und Konfusion. Nehmt zum Beispiel die Ehe: Hier bin ich der General, und Linda ist die Kavallerie, nur darum funktioniert's, und Linda sagt feierlich, als rezitiere sie ein Gedicht: Wir sind eine Null und eine Eins, aber zusammen sind wir eine Zehn. Peer nickt ihr zu, wie man einem Kind zunickt, das gefallen will. Wie ist das bei euch, fragt er, wie habt ihr euch arrangiert? Er sieht Irene an, und sie sagt mit einer Gelassenheit, der sie selbst nicht traut: Keine Arrangements, keine Rangordnung, wir schlagen uns so durch.

Sie hat den Eindruck, dass sich hinter Peers Besonnenheit, seiner Ruhe und dem demonstrativen Interesse an dem, was sie sagt, hinter seiner ganzen ausgeklügelten Kultiviertheit und Schläue eine Brutalität verbirgt, eine Roheit, die nur notdürftig bemäntelt ist. In manchen Momenten – wenn Linda zu sehr auf das vertraut, was man weiblichen Charme nennen könnte – bricht diese Brutalität auf, lässt sich in seinem Gesicht erkennen, in dem Blick, den er Irene zuwirft. Und wie sieht's aus, fragt er, wollt ihr im nächsten Jahr wiederkommen? Albert sagt, wer weiß schon, was in einem Jahr sein wird? Er presst die Lippen zu einem Lächeln zusammen, sieht Irene an und dann rasch seine im Schoß verschränkten Hände. Seit Wochen trägt er seine Bereitschaft zur Vergebung vor sich her wie eine Fahne.

Nach dem Essen steht Linda auf. Nein, wehrt sie ab, als Irene ihr den Weg erklären will, ich erinnere mich, wo die Toilette ist, wir waren ja schon oft hier. Irene sieht ihr hinterher, wie sie zur Treppe geht. Lindas Gang hat etwas Laszives, sie knickt in den Hüften ein und macht kleine Schritte, bei denen sie die Füße so exakt voreinander setzt, als balanciere sie auf dem schmalen Grat einer Mauer; an der Treppe bleibt sie einen Moment lang stehen und sieht, eine Hand auf dem Geländer, zu ihrem Mann zurück, vielleicht ist sie betrunken, vielleicht möchte sie ihm mit ihrem Blick etwas mitteilen, aber Peer sieht sie nicht an.

Als sie nach fünfzehn Minuten nicht zurückgekommen ist, geht Irene ihr nach. Linda steht im Schlafzimmer und dreht sich nicht um, als Irene eintritt. Die Bettdecke ist unordentlich; Linda muss sie in aller Eile glatt gezogen haben, Irene glaubt die

Stelle sehen zu können, auf der Linda bis eben gesessen hat. Linda verschränkt die Ellbogen vor der Brust und schiebt die Unterlippe vor, als überlege sie. Siehst du den roten Saum am Himmel?, fragt sie schließlich. Ist das nicht schön? Irene sieht den Sonnenuntergang an, das Rot, das an den Rändern verwischt und in die Farbe einer abheilenden Wunde übergeht, die dunklen Wolken, die sich, zögernd wie scheue Tiere, vor das Leuchten schieben. Ja, sagt sie, wirklich schön.

In der Nacht setzt der Regen ein, der Sturm reißt am Haus, bis es ächzt. Im ersten Morgenlicht kommen die Kinder zu ihnen und legen sich zwischen sie. Es stürmt den ganzen Tag, und sie verlassen das Haus nur kurz, um mit Almo zum Pinienwald zu gehen. Das Haus ist ihr Schiff, Irene ist der Kapitän und Albert der erste Offizier. David ist der Maat und kocht das Mittagessen, Ellen hilft ihm. Sie schneiden Paprika und Zwiebeln in dünne Ringe und braten sie an, bis das ganze Haus danach riecht. Sie spielen, was wärst du für ein Tier, wenn du eins wärst? Sie sind ein Schakal (Albert), ein Gnu (Irene), ein Reh (Ellen) und ein Hamster (David). Sie spielen Theater; Ellen legt Irenes Schmuck an und bindet sich einen Seidenponcho als Schleier um den Kopf, David führt sie ins Wohnzimmer und ist ihr Diener. Er nimmt ihre Befehle entgegen und holt das Gewünschte (Kissen, einen Apfel, Stifte, den Malblock). Er baut ihr aus den Kissen einen Thron, er reicht ihr den Apfel, und sie isst langsam, während er neben dem Kissenthron kniet und aufmalt, was sie ihm befiehlt. Als ihr langweilig wird, nimmt sie ihm den Block aus der Hand und schreibt auf ein leeres Blatt: Hiermit gebe ich dich frei, und Irene muss David erklären, was das heißt und dass er nicht weinen muss.

Am Abend bringt Linda ihnen eine Packung Kerzen. Ihre Locken sind aufgelöst, die Strähnen hängen feucht herab, sie sieht älter aus als gestern. Vielleicht könnt ihr sie ja brauchen, sie zuckt mit den Schultern, wäre nicht der erste Stromausfall hier. Am Gartentor dreht sie sich noch einmal um. Keine Sorge, sagt sie, wir kümmern uns um euch.

Weil das Wetter auch am nächsten Tag nicht aufklart, beschließen sie, zum dreißig Kilometer entfernten Meeresmuseum zu fahren. Das Dorf ist nicht weiß an diesem Morgen; es ist grau und von einer dunklen Wolkendecke überspannt, die keinen Strahl durchlässt und keine Wärme. Die langen Blätter der Palmen werden gezaust, die Läden haben ihre Markisen eingefahren und die Auslagen nach innen geräumt. Die Stühle des Cafés sind gegen die Tische gelehnt und strecken ihre gusseisernen Beine von sich. Ein Mann in langem Kittel rennt über die Kreuzung, in jeder Hand eine Milchpackung. Sie biegen auf die Landstraße ein, fahren durch schroffe, rote Felsen, die Straße ist eine Rinne, durch die das Auto wie eine Murmel gleitet. David und Ellen streiten sich kurz, dann schweigen sie und wenden die Köpfe ab, um sich bis zum Ende der Fahrt nicht mehr anzusehen.

Die einzigen Lichtquellen sind die Aquarien, große Glasquader, aus denen heraus es leuchtet. Ellen steht vor dem Becken mit den Kaiserfischen. Sie presst ihr Gesicht gegen die Scheibe, der schönste der Fische (mit blauem Kopf und gelb kariertem Bauch) schießt auf sie zu und weicht dann ruckartig zur Seite aus. In einem anderen Aquarium schwebt ein Seepferdchen vorbei, das eine lange, rüsselartige Schnauze hat und acht Flossen. Es gibt kugelige Fische und solche, die an auffällige Broschen erinnern. Albert erzählt den Kindern, was er über die Fische weiß; es ist nicht viel. Irene geht in einen Raum, in dem sich außer ihr nur ein alter Mann befindet, der auf der Steinbank rechts der Tür mit auf die Brust gesunkenem Kinn schläft. Wenn sie sich in den Scheiben spiegelt, sieht es aus, als lebte auch sie in der Unterwasserwelt, als streckte die Seeanemone ihre zahllosen Finger nach ihr aus, fordernd und unheimlich, als schauten sich die mageren Röhrenaale, die senkrecht aus dem Boden ragen, suchend nach ihr um. Als sie die goldgesprenkelten Piranhas betrachtet, wie sie, reglos bis auf das Spreizen der Kiemen und das nervöse Rollen ihrer hervorquellenden Augen, einander belauern, als würden sie der eigenen Art misstrauen, überkommt sie die Erinnerung wie ein heftiger Stoß vor die Brust.

Die Müdigkeit. Die Scham. Und, mit irritierender Gleichzeitigkeit, eine jähe Freude.

Während sie im Museum waren, muss ein Gewitter niedergegangen sein. Auf dem Parkplatz liegen Äste herum, die sie bei ihrer Ankunft nicht bemerkt hatten, und es gibt Pfützen an Stellen, wo vorher keine waren. Die Dämmerung hat eingesetzt, eine gelbliche, ins Braune sinkende Dunkelheit. Ein Zittern liegt in den Kronen der Bäume, eine letzte Vibration, ein Nachbeben. Es ist dunkel, als sie ins Dorf zurückkommen. Sie parken das Auto neben dem Haus. Im Garten stehen Peer und Linda, sie winken, und Ellen schnaubt und hebt unwillig die Hand, um auch zu winken. Was machen die denn schon wieder hier?, fragt Irene leise. Peer trägt einen schwarz glänzenden Regenmantel und Turnschuhe, seine Beine sind nackt. Die Regenjacke von Linda ist gelb, beide haben sich die Kapuzen über die Köpfe gezogen; sie hängen ihnen weit in die Stirn und machen ihre Gesichter klein. Wir dachten schon, ihr wärt abgereist, sagt Peer. Kamen gerade hier vorbei und haben in alle Fenster geschaut, aber nirgendwo war Licht. Ihr solltet immer ein Licht anlassen, unterbricht Linda ihren Mann, sonst wird vielleicht noch eingebrochen. Tja, sagt Albert, da habt ihr wohl recht. Er lächelt und nickt einige Male. Linda sagt, schlimmes Wetter, ich bin ganz durchgefroren. Sie schüttelt sich, ich werde bestimmt krank, hab' so was im Gefühl. David steht an der Haustür und ruft, schließ doch mal einer auf! Wollt ihr mit reinkommen?, fragt Irene, und Peer sieht fragend zu Linda, die den Kopf zur Seite legt, einen unschlüssigen Kussmund macht und einmal kurz mit den Schultern zuckt. Na, warum nicht, sagt Peer, aber nur auf einen Sprung.

Die Hitze kommt unvermittelt zurück, sie fällt auf das Dorf, auf seine von Schlamm befleckten Mauern, die braunen Rinnsale, die zerrissenen Girlanden in den Nationalfarben; sie ist so stark, als müsse sie die zwei verschenkten Tage wiedergutmachen. Albert ist mit den Kindern im Wasser. Sie haben eine Luftmatratze dabei, und Irene kann ihre Rufe hören, ihr Lachen. Das gleichmäßige Heranrollen der Wellen, die Wärme auf ihrem Bauch, der Sand, der sich den Formen ihres Körpers anpasst. Sie muss eingeschlafen sein; sie befindet sich in einem

Zimmer, dessen dunkler Boden zu schwanken scheint. Vor dem Fenster steht ein Mann, sie sieht die Umrisse, kann aber sein Gesicht im Gegenlicht nicht erkennen. Sie glaubt zu wissen, wer es ist; sie ruft seinen Namen, doch er reagiert nicht. Sie geht auf ihn zu, der Boden gibt unter ihren Füßen nach, sie läuft langsam und ungeschickt wie auf einer Turnmatte, es ist Winter, die Stadt vor dem Fenster ist fremd und klamm, sie sagt, da bin ich (und denkt, was für ein Satz, was für eine Feststellung: ein Angebot oder eine Forderung, in die sie ihr ganzes Leben setzt).

Als sie die Augen öffnet, sieht sie ein Gesicht im Blau des Himmels. Hast du gehört?, sagt Peer, nicht einschlafen. Sie lächelt, und er setzt sich neben sie. Ist Albert im Wasser?, fragt er. Irene nickt und richtet sich auf. Da hinten! Sie zeigt auf das Wasser, aber sie kann Albert und die Kinder nicht sehen. Wo?, fragt Peer. Da waren sie eben noch, sagt Irene. Sie blickt auf den Strand, der fast leer ist, und es gibt einen Moment lang die Möglichkeit, dass sie verlassen worden ist, oder dass es all das (ihre Kinder, Albert, das Haus) nie gegeben hat, dass einzig der Mann existiert, von dem sie geträumt hat. Peer sagt, da ist niemand. Er legt ihr eine Hand auf das Bein, sie betrachtet ungläubig seine Finger auf ihrem Oberschenkel, seinen Handrücken. Zieh dir lieber etwas über, sagt er, du bist schon ganz rot. Er steht auf, sieht sie nachdenklich und ein wenig belustigt an und sagt, Linda, als verbinde ihn und Irene ein gemeinsames Wissen, das mit diesem Namen abgerufen werden könne; als würde der Spott, den er in seine Stimme legt, auch Irenes Spott sein, als betreffe er sie und ihn und Linda. Sie wartet sicher schon, sagt Irene, und Peer nickt und lächelt und dreht sich im Weggehen noch einmal um, ohne seinen Schritt zu verlangsamen. Ellen rennt über den Sand und weicht Peer aus, der bei ihrem Anblick stehen bleibt; in einer Hand hält sie ein Eis, das sie Irene entgegenstreckt. Hast du uns schon gesucht? Sie lacht, du hast sicher schon gedacht, wir wären ertrunken! Und hast du gewusst, dass es hier Quallen geben soll, die die Haut verbrennen, wenn man sie berührt?

Albert weiß mehr als Irene. Er weiß, dass er sie liebt, und dass das nicht selbstverständlich ist. Er sagt, ich werde dich immer lieben, und: Ich kann dir verzeihen, aber du musst es auch wollen. Er hat sich auf dem Bett ausgestreckt, während Irene, den Kopf in die Hände gelegt, auf dem Sessel am Fenster sitzt. Er spricht mit einer Dramatik, die sie erst erschreckte und jetzt ärgert. Ich mache es nicht mit Absicht, sagt sie matt. Sie hebt den Kopf und sieht aus dem Fenster, sie sagt, rate mal, wer da ist, und Albert fragt, was um alles in der Welt wollen die von uns? Er steht auf und beugt sich über Irenes Schulter, um in den Vorgarten zu schauen.

Peer und Linda haben das niedrige Tor geöffnet und kommen aufs Haus zu; Ellen sitzt in der Hollywoodschaukel, sie stößt sich mit einem Fuß vom Boden ab und nickt den Besuchern kurz und ohne ein Lächeln zu. Irene kann sehen, wie Peer langsam auf sie zugeht, wie sie den Fuß über den Boden schleifen lässt, um der Schaukel den Schwung zu nehmen, wie sie aufsteht und Peer, beide Hände in die Hüften gestützt, zuhört. Von hier oben sieht sie aus wie eine schöne, kleine, sehr zierliche Frau. Sie streckt einen Arm aus und nimmt den Umschlag entgegen, den Peer ihr hinhält, dann wendet sie sich abrupt von den Besuchern ab, die noch einen Moment stehen bleiben, bevor sie den Garten verlassen. Sie sind Bluthunde, die das Unglück riechen und ihre Opfer verfolgen wie angeschossene Tiere, denkt Irene. Sie kann sich nicht wünschen, anders gehandelt zu haben, daran wird auch dieser Urlaub nichts ändern. Unten wird die Haustür geöffnet, und Ellen ruft, eine Feier, ihr seid eingeladen!

Im Licht der Nachttischlampe betrachtet Irene Albert, der, kaum dass sie sich hingelegt hatten, eingeschlafen ist, während sie in einem Buch gelesen hat, müde und aufgekratzt. Ganz nah hält sie ihr Gesicht vor seines, mustert sein braunes, struppiges Haar, sein schmales Kinn, die zuckenden Lider, hinter denen er Kämpfe auszutragen scheint. Sie legt eine Hand auf seinen Bauch und spürt das Heben und Senken, sie denkt, man sollte nicht im Mai heiraten, sie denkt, ich gehe langsam zugrunde, oder er, und dass es ein Rätsel gibt, das, wenn man es lösen kann, verrät, wen man wirklich liebt, und Albert schlägt die Augen auf, so plötzlich, als habe er gar nicht wirklich geschlafen. Was ist?, fragt er. Nichts, flüstert sie, gar nichts, und er wird wieder einschlafen und sich am nächsten Morgen nicht erinnern können.

Linda trägt ein quergestreiftes Kleid, das sie molliger und kleiner erscheinen lässt, als sie ist. Der Hut auf ihrem Kopf ist aus Bast, an einem violetten Band sind Stoffblüten befestigt, Rosen, Nelken, eine dickblättrige Lilie; ihr Gesicht ist geschminkt, auf ihre Wangenknochen hat sie je einen Klecks Rouge aufgetragen und zu zwei länglichen Striemen hinabgezogen, die Lider schillern grün, eine Schicht Puder ist über die Wangen gelegt, so dass ihre Haut staubig aussieht. Sie dreht sich um die eigene Achse; Irene und Albert bleibt nichts anderes übrig, als zu klatschen und ihre eigenen Kostüme – eine gelbe Tunika, die Irene in der Taille mit einer Kordel zusammengeschnürt hat, und zwei taubengraue Badetücher, die Albert als Turban und Umhang trägt (ein arabischer Fürst, hat Ellen erklärt) – mit einer ähnlichen Geste vorzuführen. Sehr schön, sagt Linda, ihr habt also etwas zum Verkleiden gefunden! Irene sieht erst jetzt, dass Linda an den Füßen nichts trägt außer einigen silbernen Ringen an den Zehen und je zwei Reifen um die Fessel, die bei jedem Schritt ein Klirren von sich geben. Ja, sagt sie. Auf der Einladungskarte hatte gestanden: Um Verkleidung wird gebeten. Es war Ellen gewesen, die sich die Kostüme für sie ausgedacht hatte, und sie war es auch gewesen, die sie beruhigt hatte, dass sie auf David würde aufpassen können. Wir haben keine Angst, hatte sie gesagt und ungeduldig auf ihre Eltern geschaut, die in ihren Verkleidungen auf der Bettkante saßen und zögerten, das Haus zu verlassen. Geht schon!

An den Wänden hängen Bilder, die nur aus Farbflächen bestehen, und das Porträt einer Nackten, die sich dem Betrachter über die runde Schulter zuwendet, der Blick auffordernd und ein wenig spöttisch. Das Esszimmer ist voller Menschen; Albert ist nicht der einzige, der einen Turban trägt, aber es gibt auch originellere Kostüme: einen Ritter mit paketbrauner Papprüstung, eine orientalische Tänzerin mit einem Rock aus Vorhangstoff, eine Squaw, die sich die langen Haare mit Bändern umwickelt und zu einer Fontäne hochgebunden hat. Irene geht zum Esstisch, auf dem Speisen bereitstehen, Gläser, Flaschen und eine Schale mit Eiswürfeln, die schon in sich zusammensacken. Ein Mädchen mit blauen Augen und blassen, nackten Armen ist neben sie getreten, sie hebt eine der Weinflaschen gegen das Licht, dann sieht sie Irene fragend an, und Irene nickt und hält ihr ein Glas hin. Das Mädchen schenkt den Wein ein, Irene trinkt und blickt sich suchend um. Sie kann Albert nicht finden. In einer Ecke des Zimmers sieht sie eine Frau und einen Mann. Der Mann hat ein hageres Gesicht mit eng stehenden Augenbrauen, dunkel und pelzig wie Raupen. Die Frau ist älter als der Mann. Weil sie klein ist, muss sie den Kopf in den Nacken legen, wenn sie mit ihm spricht. Um den Hals trägt sie eine Kette aus bunten Papierblumen. Irene hört die empörte Stimme der Frau und sieht den Mann antworten, sie ahnt plötzlich, dass aus dem Gespräch ein Streit werden könnte, die Frau verstummt, sie senkt den Kopf; es sieht aus, als gebe sie auf, oder als sei sie schuldig.

Als Irene sich umdreht, steht Peer hinter ihr. Er ist weiß angezogen, nicht eigentlich verkleidet, nur seine Hände stecken in Latexhandschuhen, wie ein Chirurg sie tragen würde; er deutet mit einem Kopfnicken auf das Paar in der Ecke und sagt leise, das kann nicht gut gehen, oder was meinst du?, und als sie nicht antwortet, fragt er, hast du sie gesehen? Sie folgt seinem Blick und entdeckt zwischen den Menschen Linda, die mit dem Rücken zu ihnen steht. Eine Blume an ihrem Hut hat sich gelöst und droht im nächsten Moment über den Rand der Krempe zu fallen. Sie sieht aus wie ein dickes Bonbon, sagt Peer. Er klingt, als habe Linda ihn enttäuscht. Ein rundes, gestreiftes Bonbon. Aber nein, sagt Irene. Sie ist erschrocken über den Verrat, doch da ist noch etwas anderes, eine boshafte Freude, die Bereitschaft zu einer Gemeinheit. Komm, sagt Peer und zieht sie vom Tisch weg, ich zeig' dir was. Seine Hand im Handschuh fühlt sich weich und glatt an; Irene denkt an eine Echse, an die pulsende Haut eines Salamanders. Wo gehen wir hin?, fragt sie. In den Garten, sagt Peer, brauchst keine Angst zu haben. Er redet mit ihr wie mit einem Mädchen, dem er eine Überraschung präsentieren will. Irene lässt sich von ihm aus dem Esszimmer ziehen, sie stößt gegen Rücken und Arme, sie entschuldigt sich im Weitergehen. Im Garten lehnt sich ein Mann gegen den Stamm des Affenbrotbaumes, er blickt der Terrasse entgegen, als warte er. Peer zieht sie weiter, bis sie am Ende des Gartens einen Schuppen erreichen, um den er sie herumführt. Er macht einen Schritt auf sie zu, sein Gesicht nähert sich ihrem, eine dunkle Strähne fällt ihm in die Stirn, er ist bedrohlich und im nächsten Augenblick lächerlich, wie eine Kippfigur; Irene sieht an ihm vorbei auf die Lichter eines Hauses, das sie einen Moment lang für ihres hält. Was willst du?, fragt sie unwillig, und Peer tritt einen Schritt zurück und sagt, du musst dir nichts einbilden, weißt du. Aus seiner Hosentasche zieht er ein Päckchen Zigaretten und zündet sich eine an. Vom Haus her dringt Musik zu ihnen, ein langgezogener kläglicher Laut, der von einer Reihe schneller Klavierläufe abgelöst wird. Irene lehnt sich gegen den Schuppen und sieht Peer an; sieht, wie er an der Zigarette zieht, wie seine weiße Kleidung schimmert im Dämmerlicht, sie hört das Geräusch, das entsteht, als er sich mit dem Handschuh über die Haare fährt. Was soll man machen?, sagt Peer, ich mag dich halt. Er sieht sie abwartend an. Und du bist unglücklich, das merkt man, sagt er dann, und Irene beginnt zu lachen, leise erst, dann lauter, als ihr klar wird, wie dumm Peer ist (so dumm, dass er nichts von seinem Zufallstreffer ahnt), und wie richtig das ist, was er sagt. Es gibt die Möglichkeit, sich zu ergeben; es gibt die Möglichkeit, diesen Mann, dessen Alter sie nicht einschätzen kann, der zwischen vierzig und sechzig sein kann, dessen Haare vielleicht gefärbt sind, in diesem unnatürlichen Schwarz, das ihn trotz der Sonnenbräune blass erscheinen lässt, diesen Mann, der seine Frau verrät und der Irene mit den simpelsten Tricks beeindrucken will, zu küssen, es gibt sogar die Möglichkeit, mit diesem Mann, dem sie und Albert verschiedene Spitznamen gegeben haben (il Professore, der General), zu schlafen, im Schuppen oder im Gebüsch, schnell und achtlos wie zwei Hunde; es könnte sie heilen, denkt sie, indem es alles entwertet; es könnte sogar Spaß machen, sie müsste nur für einige Minuten sich und ihn vergessen können. Was ist, fragt er, warum lachst du? Er gibt ein schnaubendes Geräusch von sich, das wie der Auftakt zu einem Lachen klingt, dem er aber kein Lachen folgen lässt. Was ist so komisch? Irene zuckt mit den Schultern. Nichts, sagt sie, eigentlich ist gar nichts komisch. Sie legt den Kopf zurück und schließt die Augen. Wenn ein Tier die Kehle darbietet, appelliert es an das Mitleid des Gegners; ob er das weiß? Aber sie selbst weiß nicht, ob sie Schonung will oder die Annahme ihres Opfers.

Wenn er jetzt spricht, ist seine Stimme sehr nah. Er flüstert, er sagt ihr Nettigkeiten. Sie will nicht hören, dass sie schön sei und er sie seit ihrer ersten Begegnung begehrt habe, sie hat den Eindruck, dass ihr schlecht würde, wenn er von Liebe spräche oder von Schicksal. Er muss sich nicht sorgen, dass sie aufhören könnte, ihn zu mögen; sie hat ihn nie gemocht. Er versteht nicht, dass das der Grund ist, warum sie mit ihm schlafen wird. Dass sie hofft, die Dinge dadurch wieder ins richtige Maß zu bringen, das Körperliche auf seinen Platz zu verweisen (*vom* Platz zu verweisen, denkt sie), als eine Sache, die passieren kann, aber nichts bedeutet. Sie ist jetzt schon schön, sagt Peer, sie kommt ganz nach dir. Er zieht am dünnen Stoff der Tunika, um an ihre Schultern, ihre Brüste zu gelangen. Und sie weiß es, flüstert er, sie weiß es ganz genau. Er spricht von Ellen, und es ist, als würde er Irene in ein Becken mit Eiswasser tauchen. Sie sagt, ich muss gehen, sie stößt sich von der Wand ab, sie geht zwischen den Farnen entlang, er schickt ihr ihren Namen hinterher wie einen verirrten Schuss, sie stolpert über einen Stein und kann sich im Fallen noch halten, sie beginnt zu laufen, auf das Haus zu, dessen Fenster buttergelbes Licht ausstrahlen, der Affenbrotbaum steht verlassen in seinem Rondell, die schwarzen Früchte hängen wie erschlaffte Ballons an den Zweigen, auf der Terrasse kann Irene Albert erkennen, der sich suchend umschaut; sie fühlt sich, als komme sie nach einer langen Reise zurück, aber noch weiß sie nicht, ob sie alles so vorfinden wird, wie es war, ob ihre Kinder unversehrt sind, die sie alleine in einem fremden Haus zurückgelassen hat, in einem Haus, von dessen Balkon sie sich hinabstürzen, dessen hölzerne Wände in Flammen aufgehen könnten, dessen Ecken und Kanten und Fallgruben sie nicht kennen. Lass uns gehen, sagt sie, als sie außer sich vor Angst Albert erreicht, der inzwischen den Turban abgesetzt hat und aussieht wie immer; lieber, lieber Albert, denkt sie. Sie verabschieden sich hastig von Linda, die ihren Hut in die Hand nimmt und ihnen hinterherwinkt. Und sie rennen die paar Schritte zu ihrem Ferienhaus, halten sich an den Händen, sie lachen heiser und wie erleichtert auf, als sie das Haus erreichen, das führerlose Schiff, in dem ihre Kinder schlafen, der Dunkelheit ausgeliefert, dem nächsten Tag entgegentreibend, nichts ahnend von der Gefahr.

DIRK VON PETERSDORFF

Anfang

Als ich während der Geburt an der großen schwarzen Brille der Ärztin vorbeisah zum Fenster, riss der Himmel auf: Ein gezacktes Loch mitten im Grau, aus dem es gelb herausfiel, war zu sehen, auch rotes Licht in Strahlen dahinter. Vorher war ich unruhig, hinter einem halbhohen Vorhang hantierten Ärzte mit Masken, murmelten Anweisungen. Ein paar Strahlen am Nachmittag, nun wird es gut. Und irgendwann die Ruhe danach, schöne Mattheit, wenn eine Anstrengung geschafft ist, Spannung abfällt, so gliederschwere Stille. Man hat mich durch Gänge in eine Kammer gebracht, wo ich meine Kleidung wieder bekomme, die grünen Sachen ablege, die ich tragen musste. Dann weiter in ein Zimmer. Dort sitze ich allein mit einer fahrbaren, durchsichtigen Plastikwanne, an der zwei Schilder kleben: »Max« und »Luise«. Zwei Köpfe sind auch zu erkennen. Der Himmel ist nun wieder grau, geschlossene Decke wie den ganzen nieselnden Tag schon, aber ich merke mir das Licht, den plötzlichen Riss da oben, alles still.

Wir kamen nach Hause und am Anfang war es ruhig. Sandra hat Luise auf ihren Bauch gelegt, wo sie nach einigen schwachen Bewegungen eingeschlafen ist. Sie liegt da mit wenig Festigkeit, Arme und Beine zur Seite, ein Arm hängt herunter, ganz Gewicht, die Glieder verteilt. Da ist Länge und Schwere, die Ruhe selbst. So nur noch Schlaf sein, um einen Mittelpunkt gerollt, und der Atem, kaum zu hören – man muss nahe herangehen – leise: der Schlaf, der Schlaf. Uns sieht man in der Nacht die Kämpfe noch an, Streit, Unruhe. Im schlafenden Erwachsenenkörper ist Spannung, laufen Programme, wird gearbeitet, geruckt; es spricht, wirft sich. Aber Luise auf dem Bauch ihrer Mutter, hingelegt wie ausgegossen, ja die schlafende Luise war eine Mischung aus fest und flüssig.

Am Morgen stand ich am Bett und sah dem Aufwachen zu.

Auf dem Gesicht erscheinen verschiedene Züge: ein Lächeln, aber ohne Grund, eine Frage, die keine Frage ist, ein Runzeln der Stirn, weil die Stirn auch runzeln kann. Das alles nur kurz, manchmal nur angedeutet, es wird nicht fest, es ist so wie ein Huschen auf glattem Wasser, und das Wasser kräuselt sich. Lächeln oder Runzeln, es liegt noch zusammen, man weiß nicht, was es werden soll. So ein Treiben – wie man gedankenlos in einem Becher rührt, am Fenster sitzt, hinaussieht. Auch Luises Finger spielen, aber ohne dass sie es bemerkt, ohne Zweck, denn es gibt noch keinen. Die Finger gehen in verschiedene Richtungen, bewegen sich einzeln, einer nach vorn, der Daumen wird abgespreizt. Einfach ist das nicht, langsam und nur mit Mühe geht es voran; man weiß nicht, ob sie es selber will. Es sieht aus wie Zählen, aber ohne zu zählen; erst spreizen, dann ballen, ein Spiel, vielleicht eine Übung für später, aber auch das gibt es noch nicht.

Max schrie. Es stieg aus ihm, brach los, war überall, ließ kurz nach, kam dann mit voller Wucht, Schreien wie Sturm, schreiende Luft, Steine, die einen Abhang herunterrollen, hochspringen, einen Sprung machen, aufschlagen, kollern, immer weiter herunter. Ich stand mit ihm in der Küche, Sandra mit Luise im Bad. Was ich mit Max anstellte, sein Schreien änderte sich nicht. Ich hielt ihn hoch, hielt ihn waagerecht in der Luft, zog ihn an mich; setzte mich auf den Küchen-Hocker, so ein wackelndes Gerät, ging, hielt still, versetzte ihn in Schaukelbewegungen. Aber er hörte nicht auf, es hörte nicht auf, denn es schrie in ihm, der Körper krampfte, wand sich. Der Schrei spitz, der Schrei gellte, drohte zu reißen. Kurze Stille, die hält, vielleicht hält – es brach hervor, der Mund aufgestoßen, es stieß aus ihm, brüllende Luft, schreiende Küche.

Ich wurde angefasst, an mir wurde gezerrt, es war etwas, das riss. Früher konnte ich gehen und fahren, wohin ich wollte, man brauchte nur Geld zum Tanken. Ich war frei, wollte nicht berührt werden – diese ständigen Umarmungen beim Begrüßen. Ich war der Spötter, saß mit anderen Spöttern in der Kneipe, die »Oblomow« hieß. Saß zuhause, die Füße auf der Schreibtischkante, kippelte mit dem Stuhl vor und zurück. Das war die Zeit, in der Nena sang: »Heut komm ich, heut geh ich auch«, das konnte ich immer noch summen, fast der ganze Text fiel mir noch ein, »ich seh mich um, probiere was, ich kenn den Weg nicht so genau.« Aber jetzt wurde ich mitgenommen, begann eine neue Fahrt, und ich steuerte nicht. Und ich sah auch nicht zu. Ich hatte keine Ideen, sondern Aufgaben, und es gab eine Ordnung, die den Tag und die Nacht bestimmte.

Wasser aufsetzen, sechs Flaschen und Sauger in den Sterilisator. Wasser abgießen, abkühlen lassen. Flaschen nach Erlöschen der Kontroll-Lampe entnehmen, 80 ml Wasser einfüllen, Flasche eins bis sechs. Die Pulvertüte nehmen, den Mess-Löffel, fünf Löffel Aptamil einfüllen, links beginnen. Flaschen mit den Saugern verschließen, dann schütteln, Sauger wieder öffnen, Flaschen bis zur Markierung von 180 ml auffüllen. Eins bis sechs wieder verschließen, Schutzhüllen aufsetzen. Flaschen kräftig durchschütteln, Reihe zweimal abgehen, Flaschen in die Kühlschranktür stellen. Messlöffel in die Pulvertüte legen, schließen. Den Sterilisator reinigen. Flaschenwärmer für die Nacht vorbereiten, Wasser zum Einfüllen daneben stellen, Licht löschen, die Küche wird dunkel, ich darf mich hinlegen, Nacht.

Im Bogenfenster stand der Mond, Halbmond, hell leuchtend. Ich drehte mich weg, wieder zurück. Licht, das blendet, anzieht, nicht loslassen kann, weißer Mond, Mond-Magnet. Ich zog die Jalousie herunter, aber sie verteilte das Licht nur, brachte es ins Fließen, ich zog sie wieder hoch, Wolken zogen vorbei, Fetzen, die schnell segelten, ich war wach, ich schlief: »Was ist passiert? In mir gehen Leute spazieren an einem Meer, dessen Wellen dunkel schäumen. Diese Wellen muss ich niederhalten, aber wie hält man Wasser, wie fasst man Gischt?« Ich musste aufstehen, ging durch die Wohnung, legte mich wieder hin. Aber der Mond war stärker: Er kann Meere auf und nieder bewegen, arbeitet in den Steinen. Ich wälzte mich, drehte die Decke auf die andere Seite, drückte das Kissen zusammen. Über dem Meer starteten Vögel und flogen in verschiedene Richtungen auseinander, ich konnte sie nicht halten, ein Vorhang wehte, öffnete sich zum Schlaf, ich kam nicht hindurch.

Allein im Haus ging es gut, wenn sie auf dem Teppich lagen,

in den Händen kleine Geräte, eine Plastikdose, einen Stoffwurm. Aber dann ließen sie es fallen, wurden unruhig, befanden sich auf der Kippe, die Gesichter verzogen. Sie wollten schreien, ich sah es, es würde laut werden, und das einzige, was blieb, war der Einsatz eines starken Gegenreizes, der sie verblüffte. Sie müssen die Absicht vergessen, das Schreien vergessen, müssen ruhig werden – und ich bewege eine weiße, eine leichte Stoffwindel durch die Luft, und Max und Luise spüren den Luftzug, sehen die langsame Bewegung des Tuches, das gehoben wird, sich über ihnen bauscht und senkt. Ich legte mir das Tuch über den Kopf, beugte mich zu ihnen, war ein Gespenst. Es wohnt im Wald, äugt zwischen den Bäumen hindurch und sieht sich die Neuankömmlinge auf Erden an, wie ich mit hoher Stimme erzähle.

Es war eine neue Fahrt, und wenn ich früher unterwegs war, am Abend ankam, am Vormittag wieder einstieg, saß ich jetzt auf dem Fußboden mit einer Stoffwindel um den Kopf. Früher mochte ich Wolkenformationen, sah Wolkenzügen nach, jetzt lebte ich in einem Gehäuse, kannte mich mühsam. Wer war das, der ein Mobile mit Raupen hielt und den Kindern, die mit blanken Augen auf dem Sofa lagen, die Familienverhältnisse der Raupen erläuterte, Farben und Korrespondenzen der Tiere besprach: Wer sind die Eltern, welche Farbe, wie viele Kinder haben sie? Der den Zusammenhang der Raupen mit dem Apfel erläuterte, in dem ein Stück fehlte, und ihr Essverhalten malmend nachahmte? Dann wurden die Ringe am Bauch der langen blauen Raupe gezählt, vor und zurück, um zum Abschluss das Mobile in kreisende Bewegung zu versetzen.

Alles war ganz leicht. Ich war nicht gerade schwerelos, aber doch kurz davor. Schauer liefen mir über den Rücken, und ich hatte das Gefühl, heiligen Dingen beizuwohnen, dabei geschah eigentlich fast gar nichts. Ich musste am Abend zum Möbelmarkt, weil wir etwas brauchten, wie in dieser Zeit fast immer, eine kleine Kommode, eine Windelbox, Wolldecken. Die Autobahn führt an einem stillgelegten Stahlwerk vorbei, das wie eine erhobene Krake da steht, wie ein Stahl gewordenes Tier. Es ist angestrahlt, leuchtet im roten und braunen Rost, die hohen

Greifer zur Seite gestellt, früher konnte es sich bewegen. Das neue Werk dahinter, eine flache Halle, ist in Betrieb: Rauch drängt aus den Luken, Fetzen und Ballen tauchen über der Straße auf. Sie treiben ins Licht, strudeln im Licht, reißen auf. Da zieht die Straße eine weite Kurve, und ich hörte Bob Dylan, »All along the watchtower«, der von seltsamen Dingen sang: Prinzen auf Wachtürmen, Reitern, die sich im Dunkeln nähern, der Wind begann zu heulen. Da war der Rauch, war die Stimme, »outside in the distance«, leuchtender Rauch, ich in einer großen Kurve, die kein Ende nahm.

Luise lag auf dem Rasen, in der Nähe eines hohen Busches. Sie hörte, weil der Wind durch die Blätter ging, sie aufrascheln, kräuseln ließ, und ihr Gesicht war eine Frage. Sie hört, alles andere vergessen, ganz Ohr: Nur das Geräusch, wenn der Luftzug die Blätter hebt, das Säuseln, Schwingen der Zweige vor und zurück. Durchrascheln, Streichen der Blätter, und sie weiß nicht, dachte ich, woher es kommt. Aber es könnte sein, dass ich etwas nicht weiß, etwas vergessen habe, das wichtig war. Vielleicht hört sie mehr, weil es das erste Mal ist, weil sie eine Frage hat. Wie muss es sein am Anfang Wind in einem Busch zu hören. Während ich herumlaufe und vieles gar nicht bemerke, nicht weiß, abgeschnitten von ganzen Bezirken, und vielleicht von den besten. Wer würde sich denn ins Gras legen und Zweigen zuhören. Das würde als peinlich gelten; aber ich habe auch das versucht.

Und in dieser Zeit träumte ich das erste Mal genau den eigenen Tod. Ich wusste vor einem Atemzug: Der wird der letzte sein, und tatsächlich war es ein langsames Ausgehen der Luft, ein Aufhören, von dem man wusste, dass es für immer war. Danach würde man darüber nicht mehr nachdenken können, würde überhaupt nie mehr da sein. Dabei war ich bei klarem Bewusstsein und seltsamerweise entsetzlich traurig, bedauerte mich selbst, verstand es nicht, wollte nicht verschwinden. Aber es musste sein, war soweit, der Atem ging, ein letzter Stoß, Seufzer nach innen, der Körper zog sich zusammen, aus. Am Morgen erwachte ich erschöpft, abgekämpft, aber erleichtert. Ich war noch da, kannte mich, wusste, wo ich war, Dienstag, das

Denken funktionierte noch. Es gab zu tun. Ich zog die Sachen an, die auf dem Fußboden lagen, sah nach den Kindern, putzte lange die Zähne, spülte mehrmals. Mit Zufriedenheit leerte ich den Geschirrspüler, den wir erst neu angeschafft hatten, Wasserdampf, grün und gelb glänzendes Frühstücksgeschirr, das ich direkt zum Tisch trug.

Einzelteile traten aus Bildern hervor, kamen näher, wurden lebendig. Das geschah im Lauf der Zeit, die ich mit den Kindern verbrachte, der Blick schärfte sich, das Zusammenleben genügte. Beim gemeinsamen Joggen wies ich einen Freund auf ein Reh hin, das in der Mitte eines frisch besäten Feldes stand, niedrige Halme, grün im Saft. Mein Mitläufer sah mich kurz von der Seite an, denn natürlich standen hier ständig solche Rehe auf solchen Feldern herum, und deshalb redete ich nicht weiter. Das Tier hielt still, um in hohen Sätzen zum Rand des Feldes zu eilen, eigentlich zu schweben, denn die Schwerkraft gilt da nur zum Teil. Das Reh, das über die Saat springt, scheint seine Bestimmung ganz zu erfüllen, dachte ich, und dachte jetzt immer solche Sachen: Das Reh ist ganz bei sich, das Reh ist der Sprung, und was für ein Anfänger ist der Mensch, ein Dreispringer zum Beispiel: Dieses heftige Aufsetzen, wobei er fast den Fuß verdreht, dieses Hochreißen, das in einer Sandgrube endet. Schon beim Zusehen schmerzen die Sehnen – aber ich sah nun dem fliehenden Reh nach, seinen Bögen, seiner Spannung im Sprung, die es mit der Luft teilt. Wie es den Boden touchiert, kaum merklich, schon im nächsten Satz, in Bewegung gehalten, gestreckt.

Sandra sang den Kindern am Abend vor. Ich legte mich im Nebenzimmer auf den Teppich, das Kippfenster oben geöffnet, von der entfernten Straße Autorauschen zu hören. Die Vermieterin unter uns lief die Holztreppe, die immer knarrte, eilig herunter. Was ich am Tag gesehen hatte, ging mir durch den Kopf, wie Max und Luise jeder auf einem Elternbein sitzen, denn an diese Verteilung hatten sie sich nun gewöhnt, von dort aufmerksam herabblicken. Draußen in einem Garten wurde geredet, Worte kamen herauf, aber nur Laute, dahinter die Autos in langer Reihe, Vogelrufe, einer vorn, die anderen schwächer.

So ein Strom, der mich mitzog, in dem ich gerne lag, und es war gut, dass sich alles so fortspann, vor sich hin lief, weiter ging, redete, hereinwehte. Irgendwo lachte jemand. Dass man der Länge nach dalag, die Muskeln vom Tragen der Kinder merkte, weil man etwas getan hat am Tag. Milchpfützen, die auseinander liefen. Das alles ging durch mich hindurch, nahm mich mit, trug mich weiter hinab. Autos und Stimmen, Luftschwall, wieder die Holztreppe und von der anderen Seite Gesang.

Ich saß auf einem Stuhl, Max mir gegenüber in einem Sitz, der Wipper heißt und in dem sie normalerweise überhaupt nicht still hielten, heraus wollten. Aber jetzt saß er ruhig, der große runde Kopf kahl und glatt, die Augen weit geöffnet. Wir sahen uns an, und er hielt die ganze Zeit den Blick fest und still. Ob er sich wunderte, warum ich hier saß? Wie es kam, dass wir beide hier saßen. Mich wunderte es: Was hatte uns zusammengebracht? Sein Blick kam mir prüfend vor, nicht unfreundlich, aber genau. Wer hatte das entschieden, dass wir uns kennen lernten? Sein Blick fest, während ich immer wieder blinzelte, neu ansetzte. Er war jetzt mein Sohn und bestimmte mein Leben. Was ich zum Entstehen dieses Jungen mit den wirklich großen Augen beigetragen hatte, kam mir gering vor. Ich nahm einen Schluck Tee. Es geschah so vieles. Er sah mich an, ganz ruhig, hatte sich eingefunden.

Die Wagen der neuen Generation haben Luftdruckreifen, Aluminiumrahmen, laufen leicht. Auf den flachen Teilen des Waldwegs muss ich nur antippen. Hinten an der Stoff-Wand zeichnen sich zwei Köpfe ab, bohren sich hinein, wie sie sich überhaupt beim Schlafen gern in etwas hineinbohren. Mäuse wohnen am Weg, schnell vorüber. Äste ragen, beschatten den Asphalt. Auf einer Kuppe eine kleine Schlange, kommt nicht weg, ringelt, ringelt schnell, bleibt auf der Stelle. Der Wagen kaum zu hören auf dem glatten Boden. Bergab muss ich ihn halten, bergauf mich hinter ihn stemmen. An einer alten Eiche vorbei, daneben ein Schild, »1919«. Einen Stachelzweig abknicken, der in den Weg ragt, wegen der Reifen, denn ich hatte schon abends mit abmontiertem Rad unter der Schreibtischlampe gesessen, den Schlauch geflickt. Dann wieder ruhige Fahrt. Im

Sommer, als der Weg voll Schatten war, standen vorn die nackten Füße heraus.

An einer Stelle der Fahrt steht eine Gruppe von Mittelmeerkiefern, helle herunterbrechende Rinde. Ein Geruch von süßlichem Holz, den ich einsog, der sich verteilte, mich erinnerte, und dann lag eine Landschaft da, in der ich stand; wie ein gespeicherter Punkt, der sich durch Berührung entfaltet. Man überquert die heiße Küstenstraße, dann durch ein Waldstück, Schuhe schon ausziehen. Unter dem Sand, unter der Sohle sind die Wurzeln der Kiefern, wie Muskeln gespannt. Die Füße mahlen den Sand, die Hacke sinkt ein, Nadeln in der Haut. Das Meer noch nicht zu sehen, aber der kühle Geruch kommt schon, hängt im Baumvorhang, vorne wird er sich öffnen, das Stimmengeräusch ist schon da. Wärme und Erwartung, hoher Puls, Tag am Meer – mit Sand in den Fingern, Wasserluft, Lachen, Ploppen. Mit Eistee, schwarzen Badeanzügen, deren Linien die Haut entlanggleiten, denen man folgen muss. Meer, das hinten in großes Blinken übergeht, und mehr gab es nicht an diesen Vormittagen als das warme Dösen, Versinken im Sand, müde Erregung.

Der Hauptweg, den ich die meisten Tage nahm, leer und still im Winter, im Frühjahr bei langsam einsickernder Wärme, dann im Sommer, als sich unter den Blättern die Kühle hielt, läuft auf halber Höhe durch den Wald. Ansteigende Bäume auf der rechten, abfallende auf der linken Seite. Das sind vor allem Buchen mit ihren ganz glatten Stämmen: Rinde wie Haut, helles Grau, wie aufgezogen, und man möchte hinüberfassen, darüber streichen. Sie stehen nicht zu dicht, viel Grün im Unterholz, eine Schicht mit altem Laub bedeckt den Boden, großer brauner Teppich. Ein mächtiger herabgefallener Zweig, der auch ohne Baum noch grünt, noch ragt, junge Blätter verteilt. Auf einer freien Fläche ein paar halbhohe Bäume, die plötzlich ins Auge fallen, im Licht stehen, als ob sie selber überrascht sind, sich jetzt neu betrachten.

Viele Wochen ging ich denselben Weg, sah nur die kleinen, sehr langsamen Veränderungen, wie das vorsichtige Hellgrün im Frühjahr Saft gewann, dunkler wurde, wie Brombeerranken sich dem Weg näherten, ihn an einem Morgen erreichten hatten, wie die Lichtflecken im September wuchsen, als das Laub dünner wurde. Vor langer Zeit hatte ich solche Dinge bemerkt, das fiel mir jetzt wieder ein, Restwärme des Septembers, dieses Noch-einmal, Tau-Morgen, pflaumenschwerer Mittag, warme Dunkelheit. Dann hatte ich lange woanders zu tun. Jetzt rückte alles wieder heran, und ich konnte die Feinheiten erkennen, stand vor einer glitzernden Spinnwebkonstruktion zwischen zwei Ästen, weit gespannt, erstaunlich wie die hält, schob den Wagen vor und zurück. »Ach, werden die schnell groß«, sagten Leute, die wir trafen, aber es war nicht so.

Es war viel Zeit. Die Zeit war anders, sie war dichter, war gefüllt, man kam nur langsam hindurch. Die Zeit war Widerstand, Beine schwer, man ging wie durch Sand. Am Abend fragte ich: War das gestern? Nein, das war heute Vormittag. Zwischen Morgen und Abend eine lange Straße, immer geradeaus. Nichts schien voranzugehen, die Kinder lagen auf dem Bauch, wollten krabbeln, wippten aber nur wie Fische vor und zurück, Beine in der Luft. Ich sah zu, hatte Zeit, sah genau hin, wenig bewegte sich. Die Entfernung war gering, man sah wie durch ein Fenster ohne Glas.

Während Max als Lokomotive durch den Flur krabbelt, Luise wie ein schwankender Wagen hinterher, den Anschluss zu verlieren droht, dann aber ebenfalls die Küche erreicht, um sich dort am Kissen eines Stuhles hochzuziehen, also umzufallen, denke ich an die Ärztin, Prophetin, die bei einer Ultraschall-Untersuchung vor der Geburt zwischen Tasten, Touchscreen, farbigen Blutströmen und Signaltönen murmelte: »Da ist Leben«. Sie hatte Recht, hier ist Leben: Zähne, die schmerzen, jammern und klagen. Zähne, es tropft, das Halstuch durchnässt, der Anzug bis zum Bauchnabel nass, Zähne. Zwei sind schon da, feine Türme, nebeneinander gestellt. Wir gaben Max einen Ring, auf den er beißen sollte, aber er verstand nicht, was wir wollten; wir gaben ihm eine Mohrrübe, aber daran leckte er nur. Ich bekam Zweifel: Ein Naturprodukt sieht doch wohl anders aus. Wenn Max im Urwald so auf dem Rücken liegen würde, schreiend, rot angelaufen, tropfend, Zähne, wären längst schon sämtliche Kojoten da. »Ja«, sagt ein Freund, dem ich das am Telefon erzähle, »so ist der Mensch, aber nur am Anfang. Dann zündet der Geist, und nach drei Jahren hängt er jedes Tier ab.« »Ja«, sage ich laut, denn Max schreit laut.

Meine Haut war dünn, manchmal knisternd wie Pergament, dann nur Luft, die gar nichts abhält. Umgeben von wilden Lauten, versuchte ich mir Mut zu machen, geduckt saß ich im Zimmer, hatte mir ein Buch mit der Weisheit des Ostens mitgenommen, versuchte zu lesen: »Was gebeugt ist, wird aufgerichtet.« Aber ich verstand es nicht, entleertes Gehirn, denn sie schlugen Bauklötze gegen die Heizungsrohre, dass die Wohnung ewig hallte: »Was hohl ist, wird ausgefüllt.« Ich war schwach, kam nicht gegen das Geschrei an, tat nichts, las mir vor: »Das Stille wird das Ungestüme besiegen.« Aber das glaubte ich nicht, ließ sie ihre Spiele treiben, saß auf dem Boden, schob einen Schwung von Bauklötzen von meinen Beinen herunter, es war fünf Uhr morgens. Denn aus irgendwelchen Gründen waren sie sagenhaft früh wach, und es dauerte zwei Stunden, bis um uns herum im Viertel wenigstens die ersten Fenster hell wurden.

Was kann passieren? Wie unwahrscheinlich ist das einfache Durchkommen? Das Kind ist nun einige Monate alt, sitzt wie ein rechter Winkel im Unterhemd auf dem Teppich, mit einer Fliegenklatsche beschäftigt, die es in der Hand zu wenden versucht. Es gibt den großen Geländewagen der Nachbarin, die ihn kaum lenken kann: Wenn sie die Einfahrt anvisiert, wird sie rot im Gesicht. Es gibt tückische Freunde, die Luise in sumpfiges Gelände mitnehmen werden, während wir zuhause sitzen und nichts ahnen. Es gibt Wahngespenster, die fünfzehn Jahre schlafen, um sich eines Morgens in der inneren Burg zu räkeln, langsam aufzustehen. Um durchzukommen, braucht man jede Menge Glück. Und eine Naturausstattung, die man sich nicht aussucht; man muss wendig sein, eine feste Haut haben, aus ihr heraus können. An sich glauben, aber nicht zu sehr, Gefahren ahnen. Ja, ich dachte an Gefahren, sah die Kinder, hatte Naturkatastrophen vor Augen, Überschwemmungen, brennende Häuser. Der Krieg kann wiederkommen, mein Vater war im Krieg. Da saß Max: ein kleiner Junge, der nun seinen Hasen, Glücksbringer, Trostbringer, Heilsbringer, in einen

Koffer gestopft hat und mühsam versucht, den Deckel zuzupressen.

Immer noch hatte ich nicht verstanden, nur das dringende Gefühl, etwas fassen zu müssen, von dem ich nicht wusste, was es war. Gleichzeitig saß alles klar vor mir, zwei Wesen auf dem Teppich, reine weiße Haut, die mich erwartungsvoll ansahen. Es ging um die Hauptsachen, ich strengte mich an, aber kam der Frage nicht näher, die sich immer kurz davor auflöste. Man kann sagen, dass sogar das Licht Zeit braucht, das alte, das noch Helligkeit schickt, das neue, das langsam hochsteigt, noch nicht wärmt, und man steht immer noch in einem alten Leben.

Als wir weitergingen, fing es an zu regnen, warmer Sommerregen. Der befeuchtet die Erde, lässt sie frisch aufbrechen. Erdgeruch hängt, süß, herb. Man hält die Haut hin, wenn er kommt. Regen hängt an den Zweigen, tropft. Er läuft den Weg hinab uns entgegen, sucht sich die Bahn zwischen Steinen hindurch, in Furchen, schlängelt sich herunter, wird mehr, über eine kleine Anhöhe hüpfend. In einem Kinderbuch, das sie noch nicht verstanden, aber gerne ansahen, war der Regen erklärt, ein Kreislauf: Die Sonne scheint auf die Erde, Wasser verdampft. Die Luft füllt sich, bis eine Wolke entsteht. Diese Wolke wird schwer, Wasser löst sich, es regnet. So bilden sich Pfützen. Auch die Ursachen haben Ursachen. Und die Folgen sind neue Ursachen, die wiederum Folgen haben. Aber das muss man nicht verstehen. Man muss mit Gummistiefeln in die Pfützen laufen, mit kleinen Trommelschritten heftig treten, rechts, links, dass es aufspritzt, sich verteilt. Pfütze leer treten. Oder sich gehen lassen im Sommerregen, der alles bedeckt, besetzt, mit dem Wind heransprüht. Alles trinkt und tropft und hängt ins Land. Da geht man, geht und summt ein Regenlied.

Sie saßen auf dem Topf, ich musste sie bewachen, und sie forderten, dass ich das »Röslein« singen sollte. Wir hatten uns nur unter Mühen die Vertonung von Goethes »Heideröslein« angeeignet; es gibt da komplizierte Partien, die mich immer ins Stolpern brachten, wo ich hörte, dass etwas nicht stimmte. Aber nun musste ich singen, denn sie drohten damit, die Töpfe wieder zu verlassen, hatten ihre nackten Unterleiber schon halb erhoben:

»Sah ein Knab ein Röslein stehn.« Still ruhten dicke Schenkel, blauer Topf, roter Topf, man lächelte zufrieden. Ich saß auf dem kalten Fußboden, denn die Badezimmermatte lag ja unter ihnen: »Röslein sprach: Ich steche dich, dass Du ewig denkst an mich.« War umgeben von Feuchttüchern, kleinen Büchern, Schiffen und sonstigen Dingen, die sie mit auf die Toilette nehmen wollten und die sich dort sammelten: »Und der wilde Knabe brach's Röslein auf der Heiden.« So saßen wir eine Zeit, denn auf ihrer Seite geschah nichts, während ich das Lied zu Ende führte und die Schönheit leiden musste, worüber ich aber nicht nachdenken konnte, weil sie eine Wiederholung verlangten, »Röslein-Lala« riefen, fordernd. Mir war ängstlich zumute, ich begann wieder zu singen, wieder ging der Knabe über die Heide, erblickte wieder das Mädchen, und die alte Geschichte begann, es half kein Weh und Ach.

Ich ging auf Wattefüßen und stand auf einem Felsboden. Ja, das sind Widersprüche, so wie ich lachen musste, fluchte, in Andacht versunken stand. Und wenn einer fragt, war es heilig, war es komisch, kann ich es nicht sagen. So wie Luise, die eben noch aus dem Fenster den Vollmond ansah, ganz gelöstes Gesicht, vom Mond beschienen – gleich einen Becher aus ihrem Set griff und laute hineinredete, dass es wie eine scheppernde Durchsage am Bahnhof klang. So umgeben von Rätseln. Wie Reisende, die in den Pyramiden stehen, Zeichen, Tiere, Ornamente ansehen, die sie nicht verstehen; aber es muss doch eine Botschaft darin stecken, und sie starren konzentriert hin, als würde das helfen. Kinder, die Bauklötze gegen die untere Hälfte des Schrankes schlugen. Spitze Beulen im Holz, Hieroglyphen. Meine Beine schwer wie vom Gehen durch weichen, tiefen Sand. Bilder in der Mattigkeit des Abends, die sich nicht ordneten, aber auch nicht auflösten, nur im Kopf herumzogen wie Tuff-Wolken, rosa angestrahlt.

Schmaler Streifen Rot am Nachthimmel, und endlich kamen gleichmäßige Atemgeräusche aus dem Bett, ein leises Pfeifen, rückwärts ging ich leise weg. Die Gedanken kreisten langsam zu Ende, als ich durch die Wohnung ging. It's the end of the world as we knew it and I feel fine – Die Himmel wechseln ihre Sterne

– Die Barke segelt wieder los. Ich habe nicht viel verstanden, gehe herum, sehe zu, wundere mich, stecke Legosteine in die Hosentasche, feel fine. Langsam kommt die Müdigkeit. Wie Balsam, sagt man, das ich nicht kenne, aber mir vorstelle, Kühle auf die Haut gelegt, ein klarer Geruch, der sich senkt, reinigt, Balsamtuch. Balsam stelle ich mir vor wie das Wort Balsam, das die Zunge sanft bewegt, nicht schwer, es klingt mit seinem »l« und »s« und »a« nach Pflege, Kühle, Frieden, da will einer Gutes tun. Stille senkt sich, Balsamnacht. Die Fensterbank, vom Mondlicht hell, weißes Tuch, das ausgebreitet wird. Auf die Unruhe legt sich Balsam, Muskeln sinken dann zurück, und ich kann liegen, kann schlafen, Balsam, denke ich, ist gut.

KEVIN VENNEMANN

In Komponierhäuschen

(Auszug aus dem Roman *Mara Kogoj*, der 2007 bei Suhrkamp erscheint)

Als Kind an einem einzigen Tag ein Rudel erfrorener Rehe als Resonanzkörper in eine Senke unweit des Komponierhäuschens zusammengeschleift, mit Ästen und Moos sorgsam bedeckt, mich frierend und weinend zu den eiskalten Körpern gelegt ohne zu erfrieren, als Kind bereits das Komponierhäuschen und sowieso Mahler nie wirklich gemocht, wie Sie wissen, wissen Sie überhaupt, alle Sinfonien, dieses so ewige wie endlose Bedächtig. Nicht eilen ebenso wenig je ausstehen können wie die zahllosen In gemächlicher Bewegung. All das Ohne Hast und so viele Ruhevoll und Sehr behaglich und so weiter regelrecht gehasst als Kind bereits gehasst wie die Pest. Als Kind bereits unter heldenhaft verstümmelten Pilgern in Kinderuniform am Ulrichsberg unter fallenden Schüssen dem heiligen Untergang im Nebel salutiert, in Kinderstiefeln stillgestanden bis in die Ohnmacht an der Seite des Vaters und Onkels und Großvaters an jenen zuletzt noch zumeist sehr spät so milden Oktobertagen, in einem Marktplatzrestaurant der Landeshauptstadt an diesen Tagen während Salutpausen zur Beruhigung und Belohnung für mein Durchhaltevermögen Salsiccias sogar außer Haus und Risotto auf dem weit beiderhand bestuhlten Marktplatz serviert bekommen auf Zwiebelringen und ganzen Platten Essigwurst mit Senf, und im Anschluss geglaubt, doch wieder sehr gerne dort oben am Ulrichsberg gestanden zu haben, gegrüßt, gesungen wie selbstverständlich weil selbstverständlich die eiskalte Hand des Vaters festgehalten, die andere im Handschuh in der Manteltasche und mitgesungen mit aller Kraft, die gehaltenen, wenn auch kaum je wirklich verstandenen Reden mit summend heißem Kopf gehört und geliebt. Am Ulrichsberg als kindlicher und so gar nicht verkrüppelter Pilger und als Kind über Vormittage unter Hunderten alter Herren, Kameraden, jüngerer Bewunderer während Versöhnungs- und Friedensfeiern bis zur Ohmacht stillgestanden und halb ohnmächtig den heldenhaft Gefallenen und oder Verwundeten die mächtige verpflichtende Ehre der zur Ehrerweisung verpflichteten noch Lebenden und oder (zu) Jungen erwiesen dem Splitter in der Hüfte und Tinnitus im Ohr des Onkels dem Stolz der Tante den Schmerzen den Qualen dem Trauma des Vaters dem Stolz der Mutter dem abgeschlagenen Bein des Großvaters dem gebrochenen Herzen der Großmutter der großen Niederlage und gebeten darf ich den Stumpen gefragt einmal anfassen gefragt fühlt sich wie ein Herz an gesagt wie ein Herz an darf ich ihn festhalten gefragt das auf immer ein pumpendes Herz dieses, berichtet Pflügler an guten Tagen. An den meisten anderen erzählt er nicht viel, und auch an diesen Tagen, ohne mich zu erkennen, sucht er sich mit bald jedem zweiten Satz den langen Weg hinüber zu einer Sprache aufzuraffen, scheinbar angekommen: die als nicht die seine zu erkennen ist in den meisten Fällen im ersten Moment. Pflügler an solchermaßen guten oder ähnlichen Tagen vielleicht auch: Als Kind beim Komponierhäuschen unterhalb des Komponierhäuschens am Seestrand den Slowenen mit Schwung und immer wieder in Phrasen und leere Versprechungen, falsche Freundschaften geworfen, einen Stein an seine Fesseln gebunden, die Augen versiegelt mit Teppichklebeband, an unsere Angel ein Messer gebunden, das Messer an der Angel in den See zum zwangstauchenden Slowenen hinunter gehalten aus Spaß nach so langer Zeit endlich, soll ich, muss ich, den Slowenen als Kind schon nicht ausstehen können, berichtet Pflügler an solchen Tagen ruhig, an anderen: Als Kind bereits vor Zorn den eigenen Schädel aufgeschlagen nach verlorenen Spielen mit und oder gegen den Slowenen wenigstens einmal im Jahr, nach vom Slowenen oder sonstwem nicht wie verlangt gereichten Dingen, und als Kind bereits immer wieder wahllos Arme und Schultern in Fensterglas geschlagen und zerschnitten nach nicht wie verlangt geschehenen Dingen. Als Kind mir bereits regelmäßig den Schädel an der Stallwand bis an die Ohnmacht heran regelrecht zertrümmert vor Zorn und dabei geschrieen, dass die Gendarmerie ausrücken musste, als Kind beeits in regelmäßigen Abständen einen offen daliegenden Muskel im am Glastisch aufgeschlagenen Unterarm und oder Handgelenk zu beobachten geglaubt, zu berühren versucht, wie Sie wissen, wissen Sie am steigenden Schnee zu ersticken versucht, völlig eingeschneit zu werden versucht oder erdrückt zu werden oder frei fallend zu ertrinken im Schnee, endlich zu ertrinken im Schnee, als Kind bereits. In Krumpendorf oder am Ulrichsberg. Gerne auch irgendwo sonst, die vielen endlosen Geschichten gehört aus den Julischen Alpen. Die großen Julische Alpen-Geschichten gehört jeden Tag und hören. Müssen und am Tag dann zu ertrinken versucht immer wieder und. Am Tag zu ertrinken versucht immer wieder, immer. Wieder, nachts dann ertrunken.

Wenn Pflügler an guten Tagen auf diese oder ähnliche Weise berichtet und zusammenfasst, was alles für den Verlauf seines Lebens ein Grund gewesen sein mag. Was sich zugetragen haben mag in Pflüglers Kärntner Kinderleben während der Treffen am Ulrichsberg zum Beispiel. Pflüglers Blick vor mir also starr und abgewandt, auf den Boden gerichtet, oft über Stunden nicht eine Sekunde auf mich oder jeden vergeblichen Versuch, an ganz normalen Tagen etwas Verwertbares aus dem doch eigentlich alles andere als verschwiegenen Pflügler herauszubringen, über was geschehen ist während der letzten sagen wir fünfunddreißig, vierzig Jahre im Leben des inzwischen alt werdenden Großbauern Ludwig Pflügler, würde es mich nicht im Geringsten stören, wenn du mich in den Schlaf brächtest heute. Nacht, nicht einmal würde ich, glaube ich, kämpfen wollen, murmelt Pflügler, und sicher: Ich würde. Den Schmerz nicht vermissen, murmelt Pflügler, und: Aber ich weiß, ich muss mein Leben leben und die Qual spüren und auf dem Weg dorthin erst allmählich begreifen, dass ich nicht mehr bin als ein Salzkorn im Salz der Erde. Nicht mehr. Und alles. Alles ist Gnade, murmelt Pflügler, ich würde an solchen lohnenswerten Tagen nicht im Traum je vermuten, dass Pflügler tatsächlich noch immer ohne mich zu erkennen da sitzt und vor mir sitzt, wie ich ihn seit meiner unserer Kindheit schon kenne, und. Denkt. Dass er mir etwas vorspielt und noch immer nicht wieder weiß, wer ich bin. Dass er außerdem auch nur ansatzweise wüsste, was er tut, und kalkuliert, dass er mit mir spielt, dass er nichts als mich leiten will, wohin, zeigt er mir nicht, er zeigt mir rein gar nichts und sich mir selber noch immer nicht. Vielleicht liege ich falsch. Sicher ganz falsch, Pflügler denkt.

Es vergeht viel Zeit an diesen Morgen, an denen er während seiner Bewährungszeit dreimal in der Woche zu mir kommt und von sich berichten soll, ohne dass etwas geschieht. Es gibt hauptsächlich normale Tage, an denen kein Wort aus ihm herauszubekommen ist, gute Tage, an denen er redet, solche Tage sind vielleicht jene Tage, an denen Esther Kogojs Nähe wirkt, ihr gutes Zureden, solche Tage sind aus welchen Gründen auch immer selten, an solchen Tagen berichtet er. Von sich, nichts kann ihn an solchen Tagen mehr beeindrucken, als wenn er Kogoj im Stationsflur auf sich wartend sitzen lässt, was ihm sichtlich gefällt. Wenn ich ihm hereinzukommen winke, schüttelt er ihr die Hand ganz förmlich zum Abschied, was nicht nötig wäre, weil er nicht lange bleiben wird, weil er nie lange bleibt in meinem Büro, weil er, und dies wird mir dreimal pro Woche am Morgen im Türrahmen zu meinem Büro immer dann erst bewusst, wenn ich Pflügler Kogoj die Hand schütteln beobachte, als sähen die beiden sich zum letzten Mal, als verbrächten sie untertags eine gute Zeit miteinander, kalkuliert. Als wenn er wüsste, was er tut, als hätte er einen Plan, weil diese Sitzungen bei mir für ihn nur eine Etappe und stets bereits im Voraus geplant vorausgesehen sind. Weil Kogoj sich an diesen Morgen gerne im Flur sitzen lassen lässt, über jeden Augenblick, den sie nicht mit Pflügler zusammen verbringen muss, ist sie glücklich, wie ich weiß, und lässt sich aber dennoch morgens auf dem Gang vor meinem Büro nur ungern Kaffee von mir bringen, wartet auf uns, Pflügler und mich, darauf, dass wir sie allein lassen, einen steinalten Paustowskij-Erzählungsband neben sich, in dem sie lesen wird, während wir weg sind, seit Monaten bereits dasselbe Buch an wenigstens einem von drei Morgen, an den anderen abwechselnd Block, Chlebnikov, Jessenin, Mandelstam, Zwetajewa, oder tippt lächelnd etwas zur Abwehr gegen mich über den Stationsgang zu ihr Kommenden in ihr Telefon, damit ich weiß, dass ich störe und nur rasch Pflügler abholen und dann mit Pflügler zusammen wieder gehen soll so schnell wie möglich, selbst wenn und obwohl ich Kaffee mitbringe. Dich bewirte ich nicht, Achilles, sagte er zu dem Friseur, zitiert Kogoj einen mir damals (noch) nicht bekannten Leutnant Friedrich Kohlberg eines Morgens letzten Sommer. Aus Paustowskijs englischem Rasiermesser, verrät sie mir bleich vor Ekel über meinen anhaltend ungebrochenen Aberglauben, regelmäßiges Kaffeebringen könne zu einer angenehmeren Arbeits-, Umgangs-, Untersuchungsatmosphäre beitragen. Kohlbergs Bedienen meint das qualvoll langsame Zugrunderichten zweier jüdischer Jungen aus Mariupol, indem er sie große Mengen Wodka trinken zwingen lässt, klein und schwarz lagen sie da wie vom Blitz versengt. Dass Kohlberg sich, wiederum später, von Awetis, den er Achilles nennt, rasieren lässt, habe Awetis demütigen sollen, allerdings dann doch zur Niederlage des teuflischen Kohlberg und Awetis' glücklicher Flucht geführt. Was von beidem haben nun Sie vor, mit mir, mit Pflügler, wenn Sie ihm und mir Kaffee bringen jeden Tag, liefern Sie sich aus, ihm, mir, oder wollen Sie uns täuschen, nun, will sie wissen an jenem Morgen lacht. Sie legt ihr Telefon beiseite und lächelt erst dann zu mir herauf, als keine Wahl mehr bleibt. Lässt sich dann doch gerne auch von mir einen Becher zweiten Frühstückskaffee geben, alles wie immer, beruhigt sie, nichts Neues, bestätigt sie, treiben Sie's nicht zu bunt, mahnt sie. Pflügler gibt mir zur Begrüßung die Hand, in die er zuvor seine Zigarettenasche abgeklopft hat: Oder, fügt sie hinzu, machen Sie doch gerne mit ihm, was Sie wollen lacht gleichzeitig den halb geblendet vor Angst lasst mich gehen lasst mich los und Ähnliches keuchenden Slowenen in den Seeufersandstrand unterhalb des Komponierhäuschens vor uns auf die Knie gestürzt. Der Länge nach den Slowenen zu dritt in den Sand gedrückt zu dritt mit den Knien in den Sand gestemmt, murmelt Pflügler, aber vorm Abreißen des Klebebands dem keuchenden Slowenen am hellbraunen Seestrand unterhalb des Komponierhäuschens am Wasser noch triefend und durch und durch durchnässt ins nahe gelegene Unterholz geworfen beim Abreißen des versiegelnden Teppichklebebands beinahe dem Slowenen die Augen ausgerissen, wissen Sie, dem Slowenen die Lider offen gerissen bei jedem Abreißen des Klebebands, murmelt Pflügler im Moment der Zuweisung der Bewährungshelferin Esther Kogoj und Ihrer Zuweisung als Pflichttherapeut die Slowenin Esther Kogoj als Bewährungshelferin und Sie als Slowenen und Pflichttherapeut zugewiesen aufgezwungen bekommen zu haben bereits ab dem Moment ihrer und Ihrer Zwangszuweisung als die größte Demütigung empfunden ehrlich gesagt, murmelt Pflügler. Dem keuchenden Slowenen am hellbraunen Seestrand ein Hemd oder ein Handtuch oder einen Strumpf um den Kopf und um die blutenden Augen gebunden, als Kind schon, murmelt Pflügler, und auch als Kind schon tagtäglich auf die Dunkelheit gewartet jeden. Tag mir den Milchtisch als Schlachtbank vorgestellt, eine Gerätekammer als Gruft, wenn er, jeden Tag mir vorgestellt, ich stürbe, wir stürben auf dem Milchtisch als Schlachtbank unseren Tod zusammen durch die Hände des Vaters Onkels Großvaters in ihren Händen, wenn er, den ich verdiene und wir alle verdienen aus ihren Händen, wie ich, wie wir nichts sonst verdienen, wenn er dann plötzlich, weil es die anderen an unserer Statt nicht oder zu schnell oder zu viele zu wenig schmerzvoll getan haben, murmelt, rufend um sich zu schlagen und zu treten beginnt und diesmal rufend intoniert: zu sterben nämlich. Da stehe ich und. Habe die Zeit seit dem letzten vergleichbaren Zwischenfall genutzt, zwei Nächte lang die sich auf meinem Schreibtisch seit Pflüglers Haftentlassung stapelnden Zeitungen und Fotos und Papiere und sonstigen Dokumente einzeln vom Schreibtisch genommen und jeweils zu zweit in Klarsichthüllen geschoben gegen Pflüglers bald täglich während ähnlicher Ausfälle über den Schreibtisch fliegende, halb oder zur Gänze gefüllte Kaffeetasse. Pflüglers und Rahns seit Jahren regelmäßig auf so vielen Zeitungsseiten auftauchendes Foto und zahllose Artikel über zwei unscheinbare, in etwa gleichaltrige Männer in jeweils verschiedenen Altersstufen vor sämtlichen denkbaren Hintergründen, und unter vielen anderen Dokumenten Pflüglers und Rahns Namen auf nahezu jeder Liste im deutschen Sprachraum in den letzten Jahren auffällig gewordener so genannter Volksgruppengruppen, Bilanz: hoher Aggressionsgrad, wenig Einsichts- oder Selbstregulierungstendenzen. Pflüglers und Rahns Namen in bald allen

Reaktionen auf die regelmäßig, jährlich von verschiedensten Verlagen und Publikationen, Opferverbänden, Presseagenturen, Bürgerinitiativen gestellten offenen Anfragen zu den Statistiken als migrationsfeindlich, antisemitisch und oder antizionistisch, antiziganistisch, im weitesten Sinne rassistisch motiviert eingestufter Straftaten: niedrige Hemmschwelle, schwierig zu kategorisieren, viele Grenzfälle, hohe Dunkelziffer, behördliches Desinteresse, im Allgemeinen geringes Aufmerksamkeitslevel. Eine ausführliche Darstellung sämtlicher Aktivitäten des von Pflügler und Rahn gemeinsam initiierten Landwirtschaftlichen Selbstverteidigungsbunds (LS) seit seiner Gründung etwa neunzehnhundertdreiundachtzig. Pflüglers und Rahns Namen wiederholt in der im Frühherbst neunzehnhundertsechsundneunzig umfangreich dokumentierten Berichterstattung zur so umstrittenen wie ereignisreichen Eröffnung der so genannten Wehrmachtsschau im landeshauptstädtischen, leicht peripher gelegenen Neubau der privaten Kunsthalleninitiative Ritter. Immenses Öffentlichkeitsecho, zahllose unergiebige Diskussionen im Vorfeld, ungeahnte Abgründe unter anderem auch und besonders der sozialdemokratischen Landespolitik. Etliche aussagekräftige Ausgaben von Pflüglers inzwischen eingegangenen Zeitschriften Das Erbe und Die Saat ab etwa neunzehnhunderteinundachtzig bis neunzehnhundertvierundachtzig. Ein vom Berg aus gegen den abfallenden Hang geschossenes Foto, auf dem über Pflüglers Osttiroler Gutshof die weinrote Sonne jenseits flacher Hügel untergeht. Eine Bäuerin zupft im Zwielicht Trauben mit den bloßen Händen direkt in ihre Schürze, ein, ja, blonder Junge in Lederhosen turnt vor der Kamera sichtlich überglücklich auf der Wäschestange.

Esther Kogoj betritt das Zimmer aus dem Hintergrund mit regungslosem Gesicht auf ihr Telefon eintippend. Die zwei privaten Sicherheitskräfte kümmern sich um Pflügler auf Kogojs Fingerzeig hin. Dahinter der Hofbrunnen, eine Scheune, ganz rechts Pflügler, der mit einladender Geste seinen ausgestreckten Arm und den Blick der Betrachtenden über das Tal und seine Besitzungen schweifen lässt, als Ursprung all dessen der Wein, der das Sonnenlicht glutrot in sich brechende gute Wein gleich neben Kogoj als Zentrum des Bildes im Büro und meiner den zu Ende gegangenen Tag raffenden Notiz am Abend: Im Laufe der Wochen und Monate, um Pflügler aus der Reserve zu locken, vermehrt die Konfrontation mit Pflügler gesucht und dabei in zunehmendem Maße die Kontrolle verloren. Während jeder Sitzung oder während jeder zweiten Sitzung Pflügler mit einer Auswahl seiner Aussagen konfrontiert und dabei die Kontrolle über unser Gespräch mehr und mehr Pflügler überlassen, anstatt sie ihm wie doch eigentlich beabsichtigt Stück für Stück zu entreißen. Pflüglers Reaktionen auf seine eigenen Aussagen beobachtet und aufgezeichnet und systematisiert und analysiert, währenddessen von Pflügler beobachtet worden, ich kann es von seinem Gesicht ablesen, wenn er auf meine Fragen antwortet. Er sieht mich ungerührt an, während ich ihn zu fassen zu bekommen versuche mit seinen eigenen, in der Vergangenheit getroffenen Aussagen, holt er mich Stück für Stück wieder ein. So zum Beispiel Pflügler im Juli neunzehnhundertfünfundneunzig in einem Flugblatt: Ein Land, das den wahren Verbrechern, Rauschgift- und Menschenhändlern, Kinderschändern, politischen Mördern, Dieben, größte Nachsichtigkeit gewährt. Pflügler: Gesagt. Pflügler über die Zukunft seiner kurzzeitig aufstrebenden Partei Neue Deutsche Ordnung (PNDO) im Januar neunzehnhunderteinundneunzig: Nach Etablierung der Basis unserer aufstrebenden Volksbewegung haben wir mit diversen Veranstaltungen und Zusammenkünften sowie der Initiation von Jugendbünden unser nächstes und wichtigstes Entwicklungsstadium erreicht. Nach und nach stößt mehr und mehr Jugend zu uns, das Opfer ihrer Väter gläubig annehmend, die Unsterblichkeit der dahingemetzelten Helden bewahrend. Zielstrebig und ohne jede ernstzunehmende Gegenwehr gewinnen wir mit der Jugend auch die Zukunft. Pflügler: Gesagt. Nein: Geschrieben. Pflüglers Zukunftsvisionen in einer seinen abermaligen Rücktritt vom Rücktritt aus dem von ihm ausgerufenen nationalistischen Freiheitskampf verkündenden Aussendung vom dreizehnten Zehnten neunzehnhundertsechsundneunzig: Die vor dem schon krankhaft zerbröselnden Demokratiegeschwür Kriechenden haben unbeabsichtigt und völlig ahnungslos dem Volkswillen den allergrößten Dienst erwiesen. Eine grundsätzliche Umstrukturierung des Freiheitskampfes stellt sich ein. Überall beginnt nun die so brutale wie rücksichtslose Gegenwehr gegen das mit Hilfe der Demokratie nur mehr höchst mühsam agierende verfaulte antifaschistische Unrechtssystem. Pflügler: Gesagt. Pflügler über das österreichische Rechtssystem im Allgemeinen und im Dezember neunzehnhundertsiebenundneunzig: Staatsanwaltschaft unter die alles und alle beherrschende, terrorisierende Knute des Dokumentationsarchivs des österreichischen Widerstandes (DÖW) gezwungen. Pflügler an guten Tagen: Gesagt. Oder geschrieben, suchen Sie sich etwas aus. An schlechten sagt er nichts, fährt mit seiner sorgfältig justierten Sesselsitzfläche hinauf und hinab, hinauf und hinab etliche Male hintereinander, bis er die so seltene wie kostbare Ursprungsposition nicht wieder findet und für den Rest des wie fast immer kurzen Tages sich vor Wut nicht länger in der Lage sieht, noch etwas zu Protokoll zu geben. Pflügler hingegen an anderen, kaum besseren Tagen in der zweiten Ordnung und Konsequenz-Ausgabe vom März neunzehnhundertzweiundneunzig über den: Justizterror, bis die aufgrund ihrer systematisch kommunistisch-antifaschistischen Heranzüchtung psychisch deformierten Schwerverbrecher im Talar endlich verantwortlich gemacht werden können für ihre Taten. Das NS-Verbotsgesetz ist ein Unrechtgesetz und ein Willkürgesetz im Vollbesitz geisteskranker Kommunisten und gewalttätiger Antifaschisten in den höchsten politischen und angeblich Recht sprechenden Gremien. Pflügler: Gesagt. An einem jener besonders guten, heißt: bald redseligen, nahezu selbstkritischen Tage, an denen die Führung über unser Gespräch längst bei ihm liegt: Damals am Ulrichsberg.

Mit den anderen zusammen und unter dem immensen Druck der anderen, Älteren mich erinnert, mich erinnern müssen notwendigerweise, und auch später regelmäßig in diversen Komponierhäuschen dann aber nur für mich. Nur für mich meine eigene Wirklichkeit komponieren wollen abseits der der Erinnerung des Vaters Onkels Großvaters und heute unter anderem als Gedächtnisverantwortlicher im Komponierhäuschen meiner

Parteinachrichten oder Volksdeutschenaussendung für ein wesentlich breiteres Publikum alle nötigen Harmoniefäden und Tonspuren gezogen, Akkorde dessen gesetzt, was gesagt und gedacht werden kann und auf keinen Fall nicht gesagt oder gedacht werden darf, als Kind schon immer wieder versucht, mein eigener Memorizer, wie Sie sagen würden nicht wahr, zu sein, komponiert, später neben den Arbeiten in den Ställen auf den Feldern in den Scheunen Wäldern Weinbergen Freiheitskämpfen der ausschließliche Tonsetzer, Wirklichkeitsmixer, Erinnerungskomponist, Gedächtnisverantwortliche der Volksdeutschenaussendungsleserschaft, lacht Pflügler mich an, bei sich nun, gewesen, und also zurückgekehrt: So würden Sie sagen, nicht wahr. Das sind Worte, die nach Ihrem wissenschaftlichen Geschmack wären, nicht wahr, eine Wissenschaftsschlagzeile schwarze riesige Lettern: Osttiroler Großbauer Wirklichkeitsmixer Erinnerungskomponist Pseudomemorizer Gedächtnisverantwortlicher siebenfarbige Kleidung tragender Neonazi Pflügler auf einem Platz zur Seite des alle Erinnerungsinhalte oberbefehlenden Königs eine Traumvorstellung für Sie jede Nacht wenn Sie alleine wach liegen und nicht neben Kogoj wach liegen können dürfen nicht wahr weiß ich doch. Lacht Pflügler, Sie lassen Ihre albernen Notizen hier recht achtlos herumliegen, wissen Sie. Allerdings interessant, worüber Sie schreiben, was Sie so lesen, um darüber schreiben zu können. Wenn Sie an der Tür bei und mit der Kogoj stehen und. Sich die Zeit nehmen, mit ihr zu plaudern, während ich hier sitze und auf Sie warte, wissen Sie, die Zuweisung einer slowenischen Bewährungshelferin und eines slowenischen Pflichttherapeuten immer schon als die überhaupt größtmögliche Zumutung und Demütigung empfunden, murmelt Pflügler. Heute spät am Abend Pflüglers karge Angaben zum Moment des Kennenlernens Rahns und Pflüglers vor bald zwanzig Jahren notiert. Eine durchaus beliebige Stelle in einer Stadt oder auf einem Dorf, diktiert Pflügler, irgendwas irgendwo irgendwann irgendwie wissen Sie, diktiert Pflügler und lacht. Weder wisse er, was ich von ihm wolle, noch, wo und wann er Rahn kennen gelernt habe. Noch wisse er selber genau, was Rahn genau gewollt habe, beides sei ihm durchaus noch immer ein Rätsel. Sie und Rahn, sagt Pflügler. Ohne mich zu erkennen, im Grunde, sagt Pflügler, sind Sie und Rahn sich sehr ähnlich. Ich weiß schlicht nicht, was Sie wollen. Darin gleichen Sie Rahn. Sie fragen und reden den Großteil einer jeden unserer Sitzungen über vor sich hin irgendwas, und ich antworte nur, plappere ein wenig, ohne dass Sie je merken, dass ich nicht wirklich etwas sage. Ich erzähle Ihnen irgendetwas für Sie und für Kogoj und irgendwelche Studien oder Untersuchungen Statistiken möglicherweise Bedeutsames, damit Sie dann endlich zufrieden sind was soll ich sonst tun. Was er heute wolle, welche Ziele er, Rahn, noch habe, wisse er, Pflügler, heute ebenso wenig, wie irgendwann sonst, und deshalb könne er mir auch heute nicht sagen, wo und wann er Rahn zum ersten Mal getroffen habe. Ich dürfe im Nachhinein selber entscheiden, wo, wann genau. Pflügler im März neunzehnhundertzweiundneunzig weiter: Nur sich mit Hirnkrankheiten herumschlagende Antifaschisten, die derartigen historischen Evolutionsprozessen ohne jeden Geist oder Verstand und daher auch ohne jedes Verständnis tatenlos zusehen müssen, sind dazu auf immer verdammt, in ihrer selbstmitleidigen Rückwärtsgewandtheit stecken zu bleiben. Pflügler: Gesagt. Pflügler als Vorsitzender einer Hilfsgemeinschaft des Österreichischen Bauerntums (HGÖB) über die laut Wiener Zeitung vom zweiten Zehnten neunzehnhundertsechsundneunzig von zwei bis dahin noch unbekannten Attentätern nur wenige Minuten nach ihrem Überfall auf die so genannte Wehrmachtsausstellung per Fax in Umlauf gebrachte Botschaft Lügen- und Hassausstellung des antifaschistischen Hamburger Instituts für Sozialforschung beschlagnahmt und im Namen aller Österreicher geschlossen: Für Österreich, für die deutsche Nation. Gefallen im Kampf gegen niemals blutsatte südslawische Partisanen. Nicht ein Verbrecher, nicht ein Lügner, nicht ein Feigling, nicht ein Ehrloser, nicht ein Untreuer, nicht ein Heuchler, nicht ein Verlierer, nicht einer, der nicht alles gegeben hätte. Die Schließung der Ausstellung gerade noch rechtzeitig vorgenommen. Pflügler: Gesagt, und an solchen außerordentlichen Tagen: Andauernd immer wieder schmerzhaft und tagtäglich seit Anbeginn des unnachgiebigen Vaterkampfes gegen die weltweiten antibäuerlichen Ausrottungsmechanismen daran erinnert worden, dass es eine weltumspannende Struktur gibt, welche den Untergang der Bauernschaft verursacht, und also mich als Kind bereits bald tagtäglich im Komponierhäuschen befunden, murmelt Pflügler, und komponiert, sozusagen.

Im frühen September geht Pflügler in Berufung, sein Verfahren wird an die nächsthöhere Instanz verwiesen. Esther auf einem der Spitalgänge zu mir: Als Kind habe ihn seine Familie zu den »sich sanft in einen Nationalrausch hinübersaufen[den]« Treffen am Ulrichsberg angeblich zwingen, zu jedem einzelnen Treffen am Ulrichsberg unter Gewaltanwendung zerren müssen, kein einziges Mal sei er freiwillig aus eigenem Antrieb dorthin gegangen, niemals, so Pflügler, hätte er sich je gegen einzelne, ihm im weitesten Sinne ausländisch oder jüdisch oder zigeunerhaft, um seine Bezeichnung zu verwenden, erscheinende Mitschüler und -bürger gewandt, wenn er dazu nicht von seiner Familie gezwungen worden wäre. Esther dann eines Morgens ganz früh: Symptome von Schizophrenie, gottähnliche Erscheinungen, angeblich mystische Visionen, Reue-, Bußanflüge, Wahnzustände, Todes- und Foltersehnsüchte, Schlachtvisionen, Angstanfälle, chronische Paranoia. Du hättest während eurer Sitzungen all das bereits an ihm erlebt, es seien nur mehr einige Sitzungen mit dir nötig, bis du diese jüngste Entwicklung seiner Krankengeschichte bestätigen würdest und deine Einschätzung sich mit der seinen nahtlos decke. Diese würdest du dann ohne jeden Zweifel bestätigen und ein Urteil darüber abfassen, das seinen Antrag unterstützen wird darauf also will er hinaus er spricht von eurem Vertrauensverhältnis als der besten und gültigsten also schlagkräftigsten Referenz von eurem Vertrauensverhältnis.

An diesem Morgen sitzt Esther auf der Terrasse neben mir mit Blick über die Herbstfarben der Stadt: Warum tust du dir diese erbärmliche Gestalt nur an das verstehe ich nicht. Immerhin kommt der Frühherbst verlässlich darauf also will er hinaus: Kindheitstrauma. Du wirst ihn nicht stützen nicht wahr. Du wirst seinem Antrag nicht stattgeben nicht wahr. Kannst du ihn nicht loswerden. Es gibt genug andere Ärzte, die ihn dir mit Handkuss und ausreichend dicker Haut abnähmen. Warum tust du dir das nur an, deshalb vielleicht: Als Kind beim Komponierhäuschen von Pflügler und einigen wenigen anderen immer wieder an den Händen gebunden worden, am hellbraunen Seestrand mit blutenden Augen in den Seeufersandstrand unterhalb des Komponierhäuschens lasst mich gehen lasst mich los und Ähnliches keuchend der Länge nach in den Sand gedrückt oder mit den Knien mehrerer immer wieder in den Sand gestemmt und ins nahe gelegene Unterholz geworfen worden regelmäßig. Pflügler ganz ähnlich heute wieder mit Rasierpinsel, eisernem Leuchter, englischem Rasiermesser über mir da hast du sicherlich Recht. Aber er sieht und erkennt mich nicht während der an einem der nächsten Nachmittage anstehenden Berufungsverhandlung gegen Pflügler und Rahn wegen ihrer Unterstützungskampagne für die beiden Burgenländer Robert Dürr (vierzig) und Michael Gruber (achtunddreißig) sowie ihrer auf diese Kampagne folgenden, weiteren Aufrufe zum über Dürr und Gruber hinausgehenden gewalttätigen Widerstand gegen die Wehrmachtsausstellung zitiert Pflüglers Verteidiger zum Beweis eines sich angeblich: geschlossen hinter meinem Mandanten sammelnden kollektiven Kärntner Gedächtnisses, zu Pflügers Entlastung also, eine am neunundzwanzigsten Achten neunzehnhundertsechsundneunzig im Rahmen hitziger Debatten über Recht- und Unrechtmäßigkeit der Ausstellung und deren Gleichzeitigkeit zur Versammlung am Ulrichsberg getroffene Aussage des inzwischen ehemaligen Bürgermeisters: »Das ist eine Provokation, so etwas rund um den 10. Oktober zu inszenieren, wenn man weiß, wie heilig den Kärntnern ihr Gedenken an die Volksabstimmung ist«, um, ebenfalls zu Pflüglers Entlastung, im Anschluss und abschließend einen Der Standard-Kommentar vom selben Tag anzubringen: »Nicht die ›linkslastige Historiker-Schickeria‹ und ihre verbündeten Medien haben es auf die Verbiegung des Kärntner Bewusstseins abgesehen, sondern die Enkelgeneration der Handy-Träger, Cabrio- und Motorbootfahrer, die am Wörther See den Begriff ›Schickeria‹ so nachdrücklich definiert hat. Die Ansagen eines Karl Heinz

Grasser […] oder eines Martin Strutz […] legen den geistigen Horizont dieser Schickeria endgültig mit dem Durchmesser einer Zirkelspitze fest. […]« Um also diesen in jeder Hinsicht unzulässig gekürzten Kommentar anzubringen als Beweis für die nach Meinung des Anwalts unsachliche Polemik der Wehrmachtsschaugegnergegner von der sicheren Plattform einer Wiener Tages- und Mehrheitspresse aus, deren Voreingenommenheit seinen Mandanten, Pflügler, bereits im Vorfeld unschuldig verurteilt habe. Alles Lüge, ruft Pflüglers Verteidiger also noch in die Verhandlung, alles Lügner.

Ingeborg-Bachmann-Preis 2006

Die Preisträger:
Norbert Scheuer, Kathrin Passig, Angelika Overath, Bodo Hell
(von links nach rechts)

Ingeborg-Bachmann-Preis: Kathrin Passig
Preis der Jury: Bodo Hell
3sat-Preis: Norbert Scheuer
Ernst-Willner-Preis: Angelika Overath
Kelag-Publikumspreis: Kathrin Passig

Die Preisvergabe

Burkhard Spinnen: Ich stimme für »Nachtschwimmen« von Thomas Melle, ein Text, der auf sehr intelligente Art und Weise, sprachlich risikobereit, das Dilemma der Identität inszeniert. Ich wünsche diesem Text auch einen Abdruck in sehr vielen Schülerzeitungen. Wer anders als Schüler sollte mit guter Literatur konfrontiert werden?

Daniela Strigl: Meine Wahl fällt auf »Sie befinden sich hier« von Kathrin Passig, weil mich der Text wie siebeneinhalb meiner Kollegen überzeugt hat. Mich ganz und gar, als kluge und komische Geschichte vom Nicht-Überleben im Naherholungsgebiet, als Beschreibung eines eingebildeten Bewusstseins in einer präzis angemessenen Sprache der Unangemessenheit.

Ilma Rakusa: Ich votiere für einen Text, der die Fatalität eines nahen Erfrierungstodes zum Anlass nimmt, auf ungewöhnliche, auch ungewöhnlich witzige Weise Gegenwartsbeobachtungen und Vergangenheitsbilder, Spontaneinfälle und Wissensvorrat zu einem Überlebensmonolog zu verknüpfen. Ich votiere für Kathrin Passigs »Sie befinden sich hier«.

Heinrich Detering: Ich gebe meine Stimme der Erzählung von Kathrin Passig, die so todkomisch von den Schrecken des Eises und der Finsternis erzählt und vom Überlebenskampf unseres Denkens und Erzählens in der tödlichen weißen Fläche.

Iris Radisch: Ich stimme für einen Text, in dem das Wasser rauscht, in dem es langsam etwas unheimlich zugeht, wo es

Geräusche, Gerüche, Farben und sehr viel Landschaft gibt, wo man halbertrunken und halbvertrieben, aber dennoch zuhause ist. Ich stimme für Norbert Scheuer.

Klaus Nüchtern: Trotz oder gerade wegen der hochsommerlichen Hitze stimme ich für eine verbale Schneefräse, die sich umso zielstrebiger durch die Anhäufungen an Wissen und Halbwissen, Lebensweisheiten und Mutmaßungen vorarbeitet, je aussichtsloser die Lage wird. In einer trotzigen Suade wird hier dem Tod bis zum letzten Atemzug eine lange Nase gedreht und dieser zumindest im Medium der Literatur durch Komik suspendiert. Ich stimme für Kathrin Passigs »Sie befinden sich hier«.

Martin Ebel: Ja, jetzt wird es spannend. Ich stimme auch für Kathrin Passigs »Sie befinden sich hier« und möchte das noch kurz begründen. Dazu bin ich verpflichtet und das tue ich gerne. Ein Text, dessen Heldin sich im Schnee und in sich selbst verirrt, der der Unangemessenheit von Ton und Situation immer neue Wirkungen abgewinnt, auch sehr komische Wirkungen. Ein Verbergungs,- und Enthüllungstext, bei dem der Leser am Ende so klug ist wie zuvor und zugleich enorm bereichert.

Ursula März: Jetzt wird's auch ernst! Ich gebe meine Stimme einem Text, der es mit der Kraft der Literatur und der Fiktion sehr ernst meint, denn er erzählt von einem Vater, dessen Existenz voll und ganz von der Illusion über das Leben seines Kindes abhängt. Ein Text von konzentrierter Kürze, eleganter Komplexität und Symbolik. Ich meine »Reise zum Fluss« von Clemens Meyer.

Karl Corino: Ich habe für Angelika Overath und ihren Text »Das Aquarium« gestimmt. Eine Geschichte, die in sich spiegelt und schwimmt: Wasserlinsen und optische Linsen, Aquaristik und Fotografie, die Welt durch ein Aquarium gesehen, das Aquarium als Metapher der Welt.

Demnach erhalten Thomas Melle (Burkhard Spinnen) und Clemens Meyer (Ursula März) jeweils eine Stimme. Für Kathrin Passig votieren Martin Ebel, Heinrich Detering, Klaus Nüchtern, Ilma Rakusa und Daniela Strigl (fünf Stimmen). Karl Corino gibt seine Stimme Angelika Overath (eine Stimme) und Iris Radisch stimmt für Norbert Scheuer (eine Stimme).

Den mit 25 000.– € dotierten Ingeborg-Bachmann-Preis 2006 erhält Kathrin Passig.

Telekom-Austria-Preis

Burkhard Spinnen: Nicht anders als zu erwarten bleibe ich bei Thomas Melle.

Daniela Strigl: Ich stimme für ein literarisches Gesellschaftsspiel, in dem die Vielstimmigkeit der Welt, das Hin- und Hergerissensein zwischen Natur und Zivilisation, zwischen Birkhahn und BMW-Adventure auf eigensinnige Weise vertont wird, mit Witz und Aber-Witz, mit Lust am Klang und an der enzyklopädischen Belehrung. Ich stimme für Bodo Hells »Stadt, Land, Berg«.

Ilma Rakusa: Ich votiere für einen Text, der über Birkhähne, Pflanzenheilmittel, menschliches Fahr,- und Liebesverhalten spricht, indem er auf anmutig-witzige Weise Sprachelemente der Medien-, Wissenschafts,- und Werbewelt montiert. Ich votiere für die poetische-enzyklopädische Anthropologie von Bodo Hell in »Stadt, Land, Berg«.

Heinrich Detering: Ich votiere für eine Erzählung von der beglückenden und schockierenden Konfrontation mit dem Anfang des menschlichen Lebens, von der Verwandlung des Blicks auf die Welt und auf sich selbst in einer unerhört ruhigen, genauen und gespannten Prosa. Ich stimme für den Text von Dirk von Petersdorff.

Iris Radisch: Ich hätte jetzt gerne für Kathrin Passig gestimmt, brauche das aber nicht mehr, deshalb stimme ich noch einmal für Norbert Scheuer.

Klaus Nüchtern: Ich gebe meine Stimme einer Geschichte, die auf ruhige und völlig uneitle Weise von einem Verbrechen und einem mentalen Verfall erzählt, darüber hinaus auch poetische und präzise Ortsbeschreibung leistet. Es handelt sich um einen Text, der Trauer über den Verlust vergangenen Lebens evoziert, ohne sentimental zu werden. Ich stimme für Norbert Scheuers »Überm Rauschen«.

Martin Ebel: Ich stimme für Annette Mingels und den Text »Nachbeben«, einen leisen, verstörenden Text über Liebe, Vertrauen und Versuchungen in postmoralischen Zeiten, der die Hilflosigkeit seiner Figuren mit traumtänzerischer Sicherheit in makellose Prosa umsetzt.

Ursula März: Ich stimme für Clemens Meyer.

Karl Corino: Ich habe meine Stimme wieder Angelika Overath gegeben mit der bekannten Begründung.

Somit geben Ilma Rakusa und Daniela Strigl ihre Stimmen Bodo Hell (zwei Stimmen). Jeweils eine Stimme erhalten Thomas Melle (Burkhard Spinnen), Clemens Meyer (Ursula März), Annette Mingels (Martin Ebel), Angelika Overath (Karl Corino) und Dirk von Petersdorff (Heinrich Detering). Für Norbert Scheuer stimmen Klaus Nüchtern und Iris Radisch (zwei Stimmen).

Im zweiten Wahlgang gibt es eine Stichwahl zwischen Bodo Hell und Norbert Scheuer. Bodo Hell bekommt die Stimmen von Heinrich Detering, Martin Ebel, Ursula März, Ilma Rakusa und Daniela Strigl (fünf Stimmen), Für Norbert Scheuer votieren Karl Corino, Klaus Nüchtern, Iris Radisch und Burkhard Spinnen (vier Stimmen).

Der Telekom-Austria-Preis (10 000.– €) geht an Bodo Hell.

3sat-Preis

Burkhard Spinnen: Thomas Melle.

Daniela Strigl: Meine Stimme bekommt eine Geschichte, die die Provinz sine ira et studio ins Visier nimmt, die nicht vom Rauschen der Großstadt, sondern vom Rauschen des Flusses erzählt und wie das zum Ersatz für ein Leben werden kann. Ein Text der mannigfachen Metamorphose, eine Prosa von großer sinnlicher Qualität, der Text von Norbert Scheuer.

Ilma Rakusa: Ich stimme für einen Text, der das brisante Thema kärntnerischer Rechtsradikalität und einiges darüber hinaus in eine kühne, die Komplexität des Gegenstands nirgends vereinfachende Sprache bannt. Ich stimme für Kevin Vennemanns Romanauszug »Im Komponierhäuschen«.

Heinrich Detering: Ich bleibe bei Dirk von Petersdorff.

Iris Radisch: Ich bleibe bei Norbert Scheuer.

Klaus Nüchtern: Auch bei mir rauscht es weiterhin. Norbert Scheuer.

Martin Ebel: Annette Mingels, dieselbe Begründung.

Ursula März: Clemens Meyer.

Karl Corino: Angelika Overath.

Jeweils eine Stimme erhalten damit Thomas Melle (Burkhard Spinnen), Clemens Meyer (Ursula März), Annette Mingels (Martin Ebel), Angelika Overath (Karl Corino) und Dirk von Petersdorff (Heinrich Detering). Drei Stimmen (Klaus Nüchtern, Iris Radisch und Daniela Strigl) entfallen auf Norbert

Scheuer. Die Stimme von Ilma Rakusa bekommt Kevin Vennemann.

Zur Ermittlung eines Gegenkandidaten für Norbert Scheuer gibt es eine Stichwahl zwischen Melle, Vennemann, Meyer, Mingels, Overath, Petersdorff

Burkhard Spinnen: Thomas Melle.

Daniela Strigl: Ich stimme für »Nachbeben« von Annette Mingels, eine präzise Geschichte über Versuchung und Verführung und dämonische Nachbarschaft und über die tektonischen Verwerfungen, die ein Familienurlaub auslösen kann.

Ilma Rakusa: Noch einmal Vennemann.

Heinrich Detering: Ich bleibe bei dem Vorschlag Petersdorff.

Iris Radisch: Ich stimme für einen Text, in dem wirklich, ich schwöre es, anders als bei uns, sehr viel Wodka getrunken wird, wo die Grenze zwischen Traum und Wirklichkeit, Spiel und Tod ins Rutschen kommt, wo man das Schweigen und die Stille sucht, aber ständig russische Vokabeln büffeln muss. Ich stimme für Thomas Melle.

Klaus Nüchtern: Ich stimme für einen Text, der sein Augenmerk auf einen Unort richtet, wo die leisen Erschütterungen einer zufälligen Begegnung höchst unterschiedlicher Individuen lange nachhallen. Ich stimme für Angelika Overath.

Martin Ebel: Annette Mingels, wie gehabt.

Ursula März: Clemens Meyer, wie gehabt.

Karl Corino: Overath.

Für Thomas Melle stimmen Iris Radisch und Burkhard Spinnen (zwei Stimmen), für Clemes Meyer votiert Ursula März (eine Stimme), für Annette Mingels entscheiden sich Martin Ebel und Daniela Strigl (zwei Stimmen), Angelika Overath erhält die Stimmen von Karl Corino und Klaus Nüchtern (zwei Stimmen), für Dirk von Petersdorff stimmt Heinrich Detering (eine Stimme) und Kevin Vennemann bekommt die Stimme von Ilma Rakusa.

Eine erneute Stichwahl zwischen Thomas Melle, Annette Mingels und Angelika Overath wird somit notwendig. Jetzt votieren für Thomas Melle Iris Radisch und Burkhard Spinnen (zwei Stimmen), für Annette Mingels Martin Ebel und Daniela Strigl (zwei Stimmen), für Angelika Overath Karl Corino, Heinrich Detering, Ursula März, Klaus Nüchtern und Ilma Rakusa (fünf Stimmen).

In der Stichwahl zwischen Angelika Overath und Norbert Scheuer geben ihre Stimme Angelika Overath: Karl Corino, Martin Ebel, Heinrich Detering und Ursula März (vier Stimmen). Für Norbert Scheuer entscheiden sich: Klaus Nüchtern, Iris Radisch, Ilma Rakusa, Burkhard Spinnen und Daniela Strigl (fünf Stimmen).

Norbert Scheuer ist der Gewinner des 3-sat Preises 2006 (7500.– €).

Ernst-Willner-Preis

Burkhard Spinnen: Ich sage wieder Melle.

Daniela Strigl: Angelika Overath.

Ilma Rakusa: Noch einmal Vennemann.

Heinrich Detering: Ich komme nach der Unterbrechung wieder auf Dirk von Petersdorff zurück.

Iris Radisch: Thomes Melle noch einmal.

Klaus Nüchtern: Overath noch einmal.

Martin Ebel: Mingels.

Ursula März: Clemens Meyer.

Karl Corino: Overath.

Demnach stimmen für Thomas Melle Iris Radisch und Burkhard Spinnen (zwei Stimmen), für Clemens Meyer Ursula März (eine Stimme), für Annette Mingels Martin Ebel (eine Stimme), für Angelika Overath Karl Corino, Klaus Nüchtern und Daniela Strigl (drei Stimmen), für Dirk von Petersdorff Heinrich Detering (eine Stimme) und für Kevin Vennemann Ilma Rakusa (eine Stimme).

Es wird eine Stichwahl zwischen Thomas Melle und Angelia Overath notwendig. Dabei stimmen für Thomas Melle: Martin Ebel, Iris Radisch und Burkhard Spinnen (drei Stimmen), für Angelika Overath: Karl Corino, Heinrich Detering, Ursula März, Klaus Nüchtern, Ilma Rakusa und Daniela Strigl (sechs Stimmen).

Der mit 7000.– € dotierte Ernst-Willner-Preis 2006 geht an Angelika Overath.

Kelag-Publikumspreis

Den Kelag-Publikumspreis (5000.– €), der per Internet ermittelt wurde, erhält ebenfalls Kathrin Passig.

Iris Radisch: Selten waren sich Jury und Publikum so einig wie in diesem Jahr. Zum zweiten Mal überhaupt und dieses Mal Gott sei Dank auch wieder. Ich finde, das ist ein schönes Zeichen. Wir haben den Wettbewerb doch jetzt ganz glücklich über die Schwelle in dieses dreißigste Jahr gebracht, und mir scheint in der langen Zeit, die ich dabei bin und in der langen Zeit vorher, in der ich ihn beobachtet habe, ist er schon ziemlich erwachsen geworden. Er hatte früher großen Charme, aber er hatte eben auch den Charme, den große Kinder ausstrahlen. Er neigte ein bisschen zur Unberechenbarkeit, zur Einseitigkeit, vielleicht auch zur Ungerechtigkeit. Er brachte auch nicht selten die ihm Anvertrauten zu Tränen. Das hatte, wie das mit Kindern eben so ist, natürlich seine sehr anziehenden, auch magischen Seiten, aber heute, habe ich das Gefühl, verfügt er über alle Vor- und Nachteile einer reifen und auch halbwegs unneurotischen Erwachsenenbiografie. Er ist, das hoffe ich doch, immer noch kritikfähig, aber er ist auch kritisierbar. Er ist, wie ich finde, sehr lebendig, aber er ist nicht unbedingt hysterisch. Er ist ausgewogen, aber nicht unbedingt langweilig. Er ist intelligent und wie ich hoffe, nicht mehr so rechthaberisch. Mit einem Wort: Er ist in ziemlich hohem Grade lebensfähig und das ist ja auch ganz gut so. Unsere Unternehmung hier, die hat ein paar strukturelle Eigenheiten, nicht nur die, die uns alle gerade an den Rand der Tränen und des Lachens brachten, sondern noch ein paar andere strukturelle Eigenheiten, die ja viele, die nicht müde werden, immer wieder beklagen. Der Nachteil, oder der scheinbare Nachteil, ist ja mit einem Wort zu benennen: Hier wird kritisiert. Hier versuchen ein paar Leute ein paar Tage lang Gründe zu finden für das Gelingen und Misslingen von Literatur, und hier wird eben auch nicht alles gut gefunden. Wir haben natürlich, auch in diesem Jahr wieder und das können wir überhaupt nicht verhindern, den einen Autor, der die andere Autorin verletzt. Dagegen kann ich immer nur ins Feld führen, dass wird hoffentlich noch lang gelten, wo gibt es denn das, dass sich neun Leute, die sich halbwegs in der Literatur auskennen und dort bewandert sind, eine halbe Stunde lang öffentlich über die Arbeit eines Autors beugen, sich versenken, sich bemühen Vor- und Nachteile dieses Textes zu stärken und Schwächen und auch sein Geheimnis herauszufinden und dabei auch, und das finde ich ziemlich wichtig, sich selbst die Chance geben, sich gründlich zu blamieren. Besonders Letzteres ist von unseren Beobachtern auch immer wieder bemerkt worden, und wir sind dankbar dafür, denn nichts wäre für unsere Sache schrecklicher, als wenn sie nicht mehr kritisiert werden würde. Auch wir brauchen die Kritik. Natürlich muss diese Kritik ihre Grenzen finden, denn nach meinen Kenntnissen – ich kenne natürlich nicht unbedingt den afrikanischen und indischen Literaturbetrieb, aber ich glaube doch, dass das, was wir hier machen, weltweit einmalig ist – wird man das nicht noch einmal finden und wir haben allen Grund, diesen Schatz lebhaft zu verteidigen und zu hüten. Ich danke euch.

Pressespiegel

Frankfurter Allgemeine Sonntagszeitung, 2. 7. 2006
Harald Staun

Und nächstes Jahr den Nobelpreis!
Sie waren schon ein wenig müde, die Menschen vor den Fernsehapparaten und die Juroren hinter ihren Holzkisten in Klagenfurt. Der Tag hatte zwar gerade erst begonnen, aber vielleicht war das genau der Grund, vielleicht war die Nacht davor zu kurz gewesen, oder die vergangenen Tage waren zu lang und zu voll von Texten, von lähmenden, klappernden und maultrommelnden Texten, Texten über das Scheitern, gescheiterten Texten. Und dann sitzt da plötzlich eine junge Frau in Camouflage-Shirt, liest, beeindruckt und gewinnt. Den Ingeborg-Bachmann-Preis. Und den Publikumspreis gleich noch dazu. Und alle fragen sich: Wer ist Kathrin Passig?

Dabei könnten sie es eigentlich wissen. Es gab da zum Beispiel jene drei Buchstaben, die auf dem T-Shirt zu lesen waren, das die Preisträgerin dann am Tag der Preisverleihung trug, die Buchstaben »ZIA« unter einem gezeichneten Computer, und mit ein wenig detektivischem Spürsinn oder einfach nur Neugier hätte man schnell herausfinden können, wofür diese Abkürzung steht. Denn das rätselhafte Kürzel hat in Klagenfurt schon fast Tradition: 2004 trug der Publikumspreisträger Wolfgang Herrndorf ein T-Shirt mit demselben Logo. Und auch die Gewinnerin des Ernst-Willner-Preises 2005, Natalie Balkow, hatte etwas mit ZIA zu tun, auch wenn sie das Logo gemeinerweise unter einem grauen Sakko versteckte.

Das Zentralorgan der Agentur: die »Riesenmaschine«
Aber vielleicht hätte das alles auch nichts geholfen. Was das nämlich genau sein soll, ZIA, das erschließt sich nicht unbedingt

sofort nach einem Besuch der Website dieser Organisation, der »Zentralen Intelligenz Agentur«; das immerhin hat die Gruppe mit dem echten Geheimdienst gemeinsam, den sie in ihrem Namen parodiert. Es handle sich um ein »kapitalistisch-sozialistisches Joint Venture«, ist dort zu lesen, das »an der Schnittstelle von Journalismus, Wirtschaft, Wissenschaft und Kunst« arbeite; es gibt eine Mitarbeiterkartei, unterteilt in Agenten, Inoffizielle Mitarbeiter und Schläfer. Passig, die die Agentur 2001 zusammen mit Holm Friebe und anderen gegründet hat, ist Agentin für »Taktik, Technik und Theorie«, Balkow firmiert als »Senior Consultant«, Herrndorf ist IM.

Zu den »Operationen« der ZIA gehören Kolumnen für die »Berliner Zeitung« und die »taz«, Newsletter für Werbeagenturen oder Werbetexte für BMW. Man veranstaltet abwegige Lesungen wie die »Bunny Lectures«, eine Comedy-Reihe, bei der die beiden Figuren »Supatopcheckerbunny« und »Hilfscheckerbunny«, beides Charaktere aus dem gleichnamigen »Titanic«-Comic des Zeichners Tex Rubinowitz, zum Leben erweckt werden. Seit Anfang des Jahres gibt es auch sogenannte »Après-Bunny-Formate« wie das »Powerpoint Karaoke«, bei dem sich Besucher an kreativen Improvisationen zu Powerpoint-Vorträgen aus dem Internet versuchen.

Das Zentralorgan der Agentur allerdings ist das vor kurzem mit dem Grimme-Online-Award ausgezeichnete Blog »Riesenmaschine« (http://riesenmaschine.de), das sich als kollaboratives Weblog zum Thema »Fortschritt« versteht und mit dem Anspruch antritt, den Blog-Journalismus in Deutschland nach amerikanischem Vorbild zu professionalisieren. Statt Tagebuchnotizen und Befindlichkeitsimpressionen verfassen die Autoren feuilletonistische Einträge über wissenschaftliche und mediale Entwicklungen. Ein »Blog mit Bügelfalte« nannten das die Grimme-Juroren. Darüber hinaus bietet die ZIA auch »Gehirnstrom-Protokolle« zu beliebigen Themen an, für 100 Euro pro teilnehmendem Experten aus der Kartei.

Einfach den Ball ins Tor gehauen

Und zwischendurch gewinnt man eben den Bachmann-Preis. Herrndorf, Balkow, Passig: Nach drei Jahren hat es nun geklappt mit dem ganz großen Coup, und es liegt nicht nur an der von der ZIA bereitgestellten Geheimdienst-Metaphorik, dass einem die ganze Geschichte vorkommt wie die Unterwanderung einer ahnungslosen Institution. »Mission erfüllt!« lobt die Website der ZIA in ihrem »Lagebericht« Agentin Passig. Aber auch aus den harmloseren Aussagen der Preisträgerin spricht, wenn man sie nicht als Koketterie versteht, sondern als die Dreistigkeit, als die sie gemeint sind, derselbe Mangel an Respekt vor dem Wettbewerb.

»Das kann ich auch«, habe sie sich nach einem Besuch in Klagenfurt im vergangenen Jahr gedacht, als handle es sich um einen Gedichtwettbewerb der örtlichen Bücherei, sie habe dann einfach die größten Fehler vermieden, habe versucht, keinen komischen Text zu schreiben, keine schlechten Dialoge und nicht über Beziehungsprobleme. So einfach ist das. So ähnlich reden Fußballspieler, wenn man sie fragt, wie sie ein geniales Tor geschossen haben: »Ich habe einfach den Ball ins Tor gehauen.«

Und trotzdem ist es nicht leicht zu sagen, worin überhaupt der Coup der ZIA besteht. Es wurden keine Regeln gebrochen und keine Juroren bestochen, und wenn sich trotzdem Menschen an der Nase herumgeführt fühlen, dann liegt das eher daran, dass sie ein sehr verklärtes Bild von Literatur haben. Jana Hensel etwa warf Kathrin Passig in der Online-Ausgabe der »Zeit« vor, sie habe keine »Autorenstimme« und tat ihren Text als »Schreibkurs-Arbeit« und »intellektuelle Spielerei« ab. Hensels Kritik ist exemplarisch für die Forderung nach literarischer Wahrhaftigkeit, die Passig gnadenlos torpediert. Mit der Authentizitätspose eines Clemens Meyer etwa hat Passigs Text nicht viel zu tun, es ist ein abgeklärter und zurückhaltender, vor allem aber ist es ein kalkulierter Text. Und dieses Kalkül ist es wohl, das irritiert. Hensel hat es zu der absurden Klage veranlasst, heutige Autoren würden, statt etwas zu erleben, einfach »irgendwelche Geschichten« ausdenken.

Das Geheimnis ist: Es gibt kein Geheimnis

Die Jurorin Iris Radisch hat in diesem Jahr gerne mit der Metapher des Spielgelds hantiert, und natürlich zahlt auch Passig, aus der Sicht einer an Wirklichkeitsbeschreibung orientierten Ökonomie, mit Spielgeld; wenn nicht mit Falschgeld. Die Frage ist nur, ob ihre Haltung und ihre Motive für die Interpretation des Textes überhaupt eine Relevanz haben. Worin besteht der Betrug? In der Tatsache, dass ein paar dahergelaufene Blogger einen wichtigen Literaturpreis gewinnen? Dass Passigs Text nicht aus ihrem Herzen käme, sondern aus ihrem Hirn? Und wie soll das überhaupt funktionieren: Literatur zu fälschen? Am Ende geht es um den Text, und dieser war offensichtlich auch als Blüte gut genug, um alle echten Scheine auszustechen.

»Das Geheimnis ist: Es gibt kein Geheimnis«, sagt Holm Friebe, wenn man ihn nach dem Erfolg der ZIA-Autoren in Klagenfurt fragt. Und trotzdem hat Passigs Sieg etwas von einem Streich. Er besteht schon allein darin, die Durchschaubarkeit der Bachmann-Jury nicht lediglich zu behaupten, wie das ja Kritiker seit langem tun, sondern diese auf eine Weise zu entblößen, die dann doch niemand für möglich gehalten hätte. Wie sehr Klagenfurt-Texte zu einem eigenen Genre geworden sind, das kann man kaum besser demonstrieren.

Schon mit ihrem Videoporträt, das sie zusammen mit anderen Mitgliedern der ZIA gedreht hatte und in dem nicht nur Kollege Herrndorf als Bettler vorkommt, diesmal in einem T-Shirt mit dem Schriftzug des Kärtner Energieversorgers Kelag, dem Sponsor des Publikumspreises, sondern auch herrlich hirnverbrannte Off-Kommentare (»Jeder Anschlag ein Anschlag auf das Nichts«) gegeben werden, zerlegte Passig ein zur drögen Form gewordenes Klagenfurt-Format. Im nachhinein lässt sich das Video durchaus als Prolog zu ihrem Text lesen. Was sie über das Autorenporträt sagt, galt ja auch irgendwie für die ganze Veranstaltung: »Das lag schon so mit hingestreckter Halsschlagader da.«

Wer hat hier eigentlich wen entdeckt?

Dass Passigs Text endlich ein wenig Leben nach Klagenfurt brachte, dass er mit kühlem Humor, Stilsicherheit und souveräner Ausstrahlung nicht nur den Hauptpreis gewann, sondern auch die Juroren zu seltener Einigkeit und Emphase verleitete, gibt der Veranstaltung eine neue Energie, von der sie sich so schnell nicht erholen wird. Allein in Heinrich Deterings Erlösungsjubel, mit dem er nach der Lesung den Reigen des Passig-Lobs eröffnete, entlud sich eine in Jahren angestaute Emphase: »Wir haben eine sehr gute deutsche Schriftstellerin entdeckt.« Endlich, endlich. Nur leider stimmt an diesem Satz etwas nicht: das Wörtchen wir.

Es ist schon eher umgekehrt: Kathrin Passig und die ZIA haben Klagenfurt entdeckt. Wenn Passig im Gespräch erzählt, dass der Bachmann-Preis schon immer ein großer Spaß war, dem sich das Autorenkollektiv am liebsten aus der Perspektive von »Waldorf & Stadler«, der beiden Alten aus der Muppet Show, genähert hat, indem sie das Geschehen live über das Internet kommentierte; wenn sie davon spricht, dass sie dann doch ein wenig Angst hatte, als »Buntstiftleckerin« enttarnt zu werden, wie damals der »Titanic«-Redakteur bei »Wetten dass ...!«, dann offenbart das einen Umgang mit der Institution Klagenfurt, den man auch nicht anders als spielerisch nennen kann.

»Wir kommen aus dem Internet«

All jene aber, die dachten, dass die deutschen Großverlage für ewige Zeiten das Monopol auf die Produktion von Nachwuchsliteratur besitzen; all jene, denen die ZIA-Agenten mit ihren T-Shirts vorkommen wie ein Flashmob, wie eine Invasion aus einem Paralleluniversum, die sollten dann doch gelegentlich ihre pauschalen Dünkel gegen eine Literatur überdenken, die woanders entsteht als in stillen Kämmerlein. Man kann die Ironie der ZIA zwar albern finden, aber man darf sich nicht von ihr täuschen lassen: Sie ist nur der Schutzschild, hinter (und an) dem eine neue Generation von Autoren sehr ernsthaft arbeitet. Auch sie ist nur eine Tarnung.

Vermutlich können die einzelnen Mitarbeiter schon lange nicht mehr über sie lachen. Und trotzdem fühlen sie sich sehr gut aufgehoben in einer Gemeinschaft, die man heute so gerne Netzwerk nennt, einer flexiblen Gruppe von Autoren und Kreativen, von Halb- und Wahl- und Gesinnungsberlinern, die vielleicht am ehesten das teilen, was man früher bei Suhrkamp und heute bei KiWi eine Kultur nennt: eine gemeinsame Haltung, einen gemeinsamen Stil – oder zumindest die Aversion gegen überholte Schreibweisen, gegen das, was Mitarbeiter Philipp Albers ganz einfach »Erlebnisschrott« nennt.

Vielleicht darf man von den Klagenfurt-Juroren nicht erwarten, diesen Schutzschild zu durchbrechen, von jenen Kritikern, von denen man gelegentlich den Eindruck hat, dass sie nach den Bachmann-Tagen wieder in ihre Holzkisten verpackt werden, mit einem Stapel Bücher und einer Taschenlampe, um bis zum nächsten Jahr möglichst wenig von der Welt mitzubekommen. Es mag ihnen dieser Tage nicht viel anders ergehen als den Bewohnern der bayerischen Ortschaft Pappenheim, in der die Mitglieder des Internetforums »Wir höflichen Paparazzi«, in dem sich der Großteil der Agenten kennen gelernt hatte, an einem Wochenende im Jahr 2002 tagten. Wann immer die Einheimischen fragten, wo diese jungen Leute denn alle herkämen, die ihnen ob ihrer Masse und Andersartigkeit auffielen, bekamen sie, wahrheitsgemäß, folgende Antwort: »Wir kommen aus dem Internet.«

Frankfurter Allgemeine Zeitung, 26. 6. 2006

Felicitas von Lovenberg

Das dreißigste Jahr

Klagenfurter Neurosen: Der Bachmann-Wettbewerb

Es liegt nicht nur, aber sicher auch an der Fernsehübertragung, dass jeder, der am Bachmann-Wettbewerb teilnimmt, sich vorher Gedanken über seinen dortigen Auftritt gemacht, die Rolle, die er spielen will oder jedenfalls zu spielen hofft, ins Visier genommen hat – und sei es nur, dass er beschlossen hat, ganz er selbst zu sein, die schwierigste Rolle von allen. Den wenigsten gelingt sie. Der eine gibt sich einen betont coolen, der andere einen gepflegten Anstrich, die dritte will originell, die vierte abgeklärt, der fünfte bescheiden rüberkommen. So oder so müssen alle, bevor sie ihren Platz auf der ORF-Bühne einnehmen, erst mal in die Maske: Die Literatur, nicht die Nase soll in Klagenfurt und auf dem 3sat-Bildschirm glänzen.

Matt wirkte in diesem dreißigsten Jahr aber nicht nur der Teint von Juroren und Autoren. Ermattet schien zunächst die ganze Veranstaltung. Das lag nicht am mangelnden Niveau der Texte, im Gegenteil: Seit langem hat es keinen so guten Autorenjahrgang in Klagenfurt gegeben. Wenn das Wettlesen flau erschien, dann vor allem, weil es keine Ausreißer gab, nicht nach unten, aber auch nicht nach oben. Es gab gute Texte, die zu überzeugen, aber nicht zu begeistern vermochten und die von der Jury mit Sachverstand, Wohlwollen und größtmöglicher Höflichkeit diskutiert wurden. Aufregend sieht anders aus.

Als motivischer Trend ließ sich allenfalls ein Hang zur Verflüssigung ausmachen: Aquarien, Ententümpel, Swimming-Pools und Sturzbäche spielten eine Rolle. Die Texte waren durchweg gut, ja hervorragend gearbeitet, kreisten nicht, wie es in früheren Jahren oft der Fall war, mit quälender Eintönigkeit um eigene Befindlichkeiten, sondern beobachteten mit weit aufgerissenen Augen die Gegenwart. Sie handelten von den Nöten unserer Arbeits- und Arbeitslosenwelt, in der einem Hartz-IV-Empfänger die Kontrolle über das Leben ebenso entgleitet wie einem mit Zahlen jonglierenden Karrieristen; sie erzählen von unbeabsichtigten, aber dann doch noch gewollten Schwangerschaften und von Männern, die das Vatersein erst lernen müssen; sie zeigen, dass ein loyaler Knastbruder sich lieber die Nase brechen als seinem Kumpel die letzte Illusion nehmen lässt; sie beobachten Durchreisende im eigenen Leben und auf Flughäfen und, immer wieder, Todgeweihte. Wie gehen Menschen um mit der Zeit, die bleibt: Das war eine der dringlichen Fragen, die einige Texte stellten, doch glücklicherweise niemals endgültig zu beantworten versuchten. Ein ehemaliger Lehrer mit wenig Hoffnung auf eine Spenderniere sucht in Gestalt eines Untermieters einen Gefährten; eine Russin verweigert sich im Friedhofsgespräch mit den großen Toten der Tatsache, dass ihr Sohn in

Afghanistan gefallen ist; eine erblindende Fotografin näht an ihrem Leichentuch; ein Mordfall in der Eifel zwingt zur Betrachtung der Verhältnisse in der Provinz, und das erotische Spiel von Eroberung und Unterwerfung verwandelt sich in einen Machtkampf mit beinahe tödlichem Ausgang.

Im Eis und am Rande ihrer Existenz gestrandet ist auch die Erzählerfigur in Kathrin Passigs Erzählung *Sie befinden sich hier*. Als die Autorin und Bob-Dylan-Übersetzerin am Samstagmorgen im tarnfarbenen T-Shirt als drittletzte der achtzehn Autoren las, war allen Anwesenden schlagartig klar, dass hier gerade der Gewinnertext vorgetragen wurde. Eine intelligente, gebildete, den Alltag offenbar souverän bewältigende Person – ob es sich um einen Mann oder um eine Frau handelt, bleibt offen – ist beim Winterausflug mit einer Freundin im Riesengebirge in mehrfacher Hinsicht vom Weg abgekommen und vertreibt sich die Zeit und die Angst mit galgenhumorigen Schreckensgeschichten aus Eis und Finsternis wie jener »Endurance« über Hollywood-Filme von Ausgesetzten fernab der Zivilisation ebenso durchsetzt sind wie von Anklängen an *Herr der Fliegen* oder an *Alice im Wunderland*.

Mit großer Lakonie, sprachlicher Überlegenheit und makabrem Witz eröffnet der Text dem Leser ein gigantisches Assoziationsfeld, gibt Rätsel auf, ohne Konstrukt zu sein. Kathrin Passigs Erzählung, die im nächsten Frühjahr in ihrem *Lexikon des Unwissens* bei Rowohlt erscheint, werden wir in den nächsten Tagen vorabdrucken. Das brutale Richter-Opfer-Ritual vor Zuschauern, als das Klagenfurt oft verdammt wurde, ist einer fast kameradschaftlichen Atmosphäre gewichen. Doch während bei den Autoren notwendig Unsicherheit herrscht, sind die Rollen im bewährten Halbrund der Jury auf der von Hans Peter Maya als bizarre Mischung aus Wüstenei und Augsburger Puppenkiste gestalteten Bühne diesmal klar verteilt. Bisweilen drohte die Jury an ihrer Ernsthaftigkeit und Seriosität zu ersticken; vor lauter Beschäftigung mit vermeintlich objektiven Kriterien der Kritik vergaß sie die eigene Subjektivität und damit den literarischen Geschmack, über den sich hätte trefflich und unterhaltsam streiten lassen.

Dass sich einem so erfreulich vielfältigen Klagenfurt-Jahrgang mit der bürokratischen Akkuratesse einer Abstimmung schwer gerecht werden lässt, bewies die Preisverleihung mit ungeahnter, bedrückender Evidenz, als die von den unterschiedlichsten Texten angetanen Juroren die Unmöglichkeit, sich zu einigen, in Stichwahlen bekämpfen mussten. Ergebnis dieser Groteske war ein völlig verrutschtes, höchst willkürliches Abbild des Wettbewerbs, das allen Diskussionen der vorangegangenen Tage spottete, in denen die Jury, zumal Ursula März, Ilma Rakusa und Heinrich Detering rhetorisch wie gedanklich glänzend aufgelegt waren und niemand sich von Karl Corinos »Musiliaden« ernstlich aus der Fassung bringen ließ.

Einigkeit herrschte allein beim Hauptpreis, dem in diesem Jahr auf 25 000 Euro aufgestockten Ingeborg-Bachmann-Preis für die in Berlin lebende Kathrin Passig. Sekundiert wurde die Juryentscheidung vom Publikum, das der Autorin der per Internetabstimmung ermittelten Kelag-Preis von 5 000 Euro verlieh. Doch dann geriet der Versuch, von vielen Guten die Besten auszuzeichnen, zur Farce. Wegen seines im Frühjahr erschienenen und viel gepriesenen Romans *Als wir träumten* bereits vorab als einer der Favoriten gehandelt worden, war der junge Leipziger Clemens Meyer, der die Jury mit *Reise zum Fluss*, einer klassischen Short Story, denn auch fast einhellig zu überzeugen vermochte. Doch die Vergleiche mit Raymond Carver, die glänzend gehandhabte Lakonie, die Eleganz und Finesse, die der Erzählung bescheinigt wurden, blieben ebenso unprämiert wie Thomas Melles unter Beobachtern höchst umstrittener, aber von den Juroren mehrheitlich hingerissen aufgenommener Text *Nachtschwimmen*.

Bodo Hell hingegen, der als einer der Großen der ausgeblichenen österreichischen Avantgarde ins Rennen gegangen war, dessen mit Maultrommelgesumms und wortklingender Zivilisationskritik gespickter Vortrag die Jury jedoch eher respektvoll als freudig aufgenommen hatte, erhielt den mit 10 000 Euro dotierten Telekom-Austria-Preis. Nun hätte man das als Geste des Respekts vor dem namhaften Kandidaten würdigen und es dabei bewenden lassen können, hätte nicht gleich darauf mit

Norbert Scheuers *Überm Rauschen* ein in der Eifel angesiedeltes, stilles Melodram aus dem Geist der Heimatliteratur den 3sat-Preis (7500 Euro) bekommen.

Gegen Scheuer, Jahrgang 1951 und ebenfalls alles andere als ein Nachwuchsautor, ist nichts einzuwenden; doch angesichts der überwältigenden Konkurrenz von Autoren wie Clemens Meyer, Annette Mingels oder Thomas Melle hätte spätestens diese Auszeichnung einer der starken jüngeren Stimmen gebührt. Mit diesen beiden Fehlentscheidungen vermag selbst der Ernst-Willner-Preis (7000 Euro) für Angelika Overaths *Aquarium*, der abseitigen Geschichte einer Begegnung zwischen einer weitgereisten Fotografin und einem eigenbrötlerischen Aquaristen, nicht zu versöhnen.

Insofern hatte die Jury-Vorsitzende Iris Radisch zwar Recht, als sie in ihrem Schlussplädoyer befand, der Wettbewerb sei in dreißig Jahren erwachsen geworden, »lebendig, aber nicht hysterisch, intelligent, aber nicht langweilig«. Nur, dass er »halbwegs unneurotisch« sei, lässt sich nach diesem Ausgang auf keinen Fall behaupten. Der dreißigste Bachmann-Wettbewerb war drei Tage lang der verheißungsvollste und in seiner letzten Stunde der enttäuschendste und neurotischste seit Jahren. Am Ende glänzten die langen Nasen doch mehr als die Literatur.

Frankfurter Rundschau, 26. 6. 2006

Ina Hartwig

Das Jahr der fliegenden Herzen

Kathrin Passig geht als Bachmann-Preisträgerin aus den Tagen der deutschsprachigen Literatur in Klagenfurt hervor

Zwei Frauen unterwegs zu einem harmlosen Spaziergang im Riesengebirge, Zielvorstellung: Glühweintrinken auf gemütlicher Hütte. Das kriegen die großstadtabhängigen Damen aber nicht hin. Sie kommen vom Weg ab. Plötzlich ist die Ich-Erzählerin allein, umgeben von nichts als kaltem Weiß, schwankend zwischen »Erkenne die unausweichliche Lage« und »Wie komme ich hier raus?« Der Ton ist ebenso unterkühlt wie der Stoff, der die Situation tödlich definiert.

»Endlich«, rief ein Juror aus, nachdem Kathrin Passig am Samstagmorgen ihren Text *Sie befinden sich hier* gelesen hatte. »Wir haben eine großartige Schriftstellerin gewonnen.« Ein anderer Juror, Nüchtern sein Name, stellte nüchtern fest: Das »Humordefizit Klagenfurt« sei jetzt behoben. Eine so große Einigkeit im Urteil vermochte auf diesem Jubiläums-»Bewerb« ausschließlich die 36-jährige gebürtige Bayerin und Wahlberlinerin Kathrin Passig zu erzielen. Ihr flogen die Herzen zu; ihr Understatement, ihr Witz, ihre Bildungsverarsche, ihr gepflegtes Underground-Auftreten waren ultrasympathisch. Und ihr Text, der vom Sterben im Schnee handelt, ist wirklich komisch. Die Wahl Kathrin Passigs zur Trägerin des diesjährigen Bachmann-Preises (dotiert ist er mit 25 000 Euro) war fast unausweichlich.

Den Kelag-Publikumspreis (5 000 Euro), per E-Mail-Abstimmung ermittelt, bekommt sie gleich dazu.

Die Arbeit der »ZIA«

Seit einigen Jahren versucht die »Zentrale Intelligenz Agentur«, ein Verbund ähnlich tickender Menschen aus Berlin, als deren Geschäftsführerin Kathrin Passig firmiert, ihre Leute beim Klagenfurter Wettlesen einzuschleusen. Der hohe Ton ist Sache der »ZIA« nicht, ganz im Gegenteil, ein an der morbiden Zufallspoesie des Hinterhofs orientiertes Weltbild, ein Nichtganzernstnehmen sind Konzept. »Wer eine solche Jacke hat, der braucht kein Haus«, heißt beispielsweise ein Satz aus Passigs Text, ein jahreszeitlich invertierter Rilke-Slapstick. Sehr gelacht wurde auch über die Parodie des berühmten linguistischen Beispiels, demzufolge die Eskimos für Schnee unendlich viele Begriffe haben. Die Ich-Erzählerin, dieses Beispiels müde, kreiert nun ihrerseits eine Schneeparodie: »Vor meinen Augen entsteht gerade eine neue Art Schnee, nämlich Schnee-durch-den-sich-ein-magerer-Hase-arbeitet.« Ob sich aus diesem ersten literarischen Text Passigs ein literarisches Werk entwickeln wird, muss allerdings die Zukunft zeigen.

Clemens Meyer

So wenig über die Wahl Kathrin Passigs zu streiten ist, so inakzeptabel, ja skandalös ist die Tatsache, dass Clemens Meyer ohne Preis von dannen ziehen muss. Dem Leipziger mit dem sächsischen Tonfall und den standesungemäßen Tätowierungen, erst dreißig Jahre alt und bereits Verfasser des ganz und gar erstaunlichen Romans *Als wir träumten*, flogen die Herzen eben nicht zu. Dabei hat er bereits ein literarisches Werk, eine echte Obsession und ein Handwerkszeug, von dem fast alle, die in Klagenfurt lasen, nur träumen können; und nicht zuletzt hat er eine Shortstory aus dem Knastmilieu vorgelesen, deren Detailgenauigkeit und psychologische Raffinesse in der Diskussion von der Jury sehr wohl konzediert wurde. Neben Passig hatte Meyer auch vom Publikum enormen Zuspruch bekommen. Unerklärlich, warum er am Ende fallen gelassen wurde.

Gespräche am Rande zeigten, dass die kluge, sehr respektierte Jury unter Vorsitz von Iris Radisch durch einige Fehlgriffe in Urteil und Diskussionsniveau die Beobachter des Wettbewerbs regelrecht erschütterte. Richtige Abstürze gab es dieses Jahr erfreulicherweise zwar kaum, dafür allerhand gut gemachtes, langweiliges Mittelmaß, das zu memorieren schwer fällt. Doch hörten sich die Diskussionen gelegentlich so an, als hätten wir es mit Weltliteratur zu tun. Dann wiederum wurde ein Text unter seinem Niveau oder zumindest Risikograd diskutiert, was besonders auf Kevin Vennemann zutrifft, der in einer poetisch überstilisierten Sprache von der ohnmächtigen Konfrontation mit einem Neonazi erzählt.

Waren die Frauen unter den Lesenden diesmal mit Ehebruchsversuchungen und den hammerharten Sorgen ostdeutscher Arbeitsloser beschäftigt, fiel den Männern die Rolle zu, als Vaterschaftsbefürworter aufzutreten. Das Kinderkriegen wühlt längst nicht mehr allein die Mütter auf – die Väter nehmen sich ein Beispiel an ihnen und sind gerührt, ergriffen; sie weinen und zittern und verstehen die Welt nicht mehr. Zwischen Milieu und Erotik wanderte hingegen Thomas Melle. Sein Text über das Hickhack einiger Studienstiftler, die einen Russischkurs in der Provinz belegen und sich sadistisch verfangen, kam gut an und verfehlte knapp einen Preis.

Es ist nicht das Jahr der jungen Preisträger, worin man eine neue Offenheit erkennen mag. Da wäre der gebürtige Salzburger Bodo Hell, Jahrgang '43 und ältester Teilnehmer des Wettbewerbs, Vertreter der Wiener Avantgarde, Almbetreiber und Vortragskünstler, selbstbewusst und skurril, der seinen enzyklopädisch aufgeladenen Text *Stadt, Land, Berg* zur Maultrommel intonierte. Landwirtschaft, Homöopathie, Autobahn und Lacan wurden geistreich durch den Wolf gedrechselt, von einer Story natürlich keine Spur.

In der Diskussion kamen einmal mehr die nationalen Unterschiede zum Tragen. Während die Österreicher galant über die Unterschiede zwischen Karl Kraus und Bodo Hell sinnierten (der eine lebensverneinend, der andere bejahend), war die Fraktion der Preußen & Protestanten auf ratlose Weise gelangweilt. Die Jurorin Ilma Rakusa, die durch Höflichkeit und Urteilssicherheit bestach, konnte Bodo Hell dennoch durchsetzen; er wurde mit dem Telekom-Austria-Preis (10 000 Euro) ausgezeichnet.

Der »Homer aus der Eifel«

Der 3sat-Preis (7 500 Euro) geht an den 1951 geborenen Norbert Scheuer, auch er alles andere als ein Anfänger. Karl Corino, der dieses Jahr den erkrankten Norbert Miller in der Jury vertrat und durch forcierte Hintergrundrecherchen mal für Witz und Erkenntnis sorgte, mal für Unmut, bezeichnete Norbert Scheuer als »Homer der Eifel«. Von der Eifel handeln alle Texte Scheuers, der im Hauptberuf als Ingenieur arbeitet und sich glänzend mit den Finessen des Angelns, insbesondere mit der Herstellung von Fliegenködern auskennt, wie seine feine, melancholische Erzählung *Überm Rauschen* deutlich machte. Hier entstand ein Sog, den nur die stehengebliebene deutsche Provinz ausüben kann, in der Menschen zu Leichen oder zu Gespenstern werden, in diesem Fall zu beidem.

Angelika Overath schließlich, 1957 in Karlsruhe geboren, wurde mit dem Ernst-Willner-Preis (7 000 Euro) ausgezeichnet für einen Text über einen durchgeknallten jungen Mann mit schwerem Ödipuskomplex, der sich eine Welt – seine Welt – in

Form eines Aquariums aufbaut. Er lernt eine Frau kennen, die im Unterschied zu ihm in der globalen Welt unterwegs ist, angewidert von den Klischees, die sie als Fotografin zu reproduzieren gezwungen ist. So werden der Mikrokosmos des fetischistisch besetzten Aquariums mit dem Makrokosmos der professionellen Globetrotterin kurzgeschlossen. Dass die sympathische Angelika Overath einen Preis mitnehmen würde, war nach einer tendenziell skeptischen Jury-Diskussion (»Typengefängnis«, »aufdringliche Symbolik«) nicht unbedingt zu erwarten gewesen.

Den Vorwurf muss sich die Jury im 30. Jahr des Bachmann-Wettbewerbs leider gefallen lassen: Sie hat sich von Sympathie und Antipathie manchmal mehr leiten lassen als von der Qualität der Texte.

Neue Zürcher Zeitung, 26. 6. 2006

Paul Jandl

Wo wir uns befinden

Das dreißigste Ingeborg-Bachmann-Wettlesen in Klagenfurt

Achtzig Jahre wäre Ingeborg Bachmann am vergangenen Sonntag alt geworden. Der unter ihrem Namen stattfindende Prosawettbewerb wurde in diesem Jahr zum dreißigsten Mal ausgetragen. Das Doppeljubiläum kann Klagenfurt in angemessener Würde feiern. Die prämierten Texte waren virtuos. Der verdiente Sieg geht an die Deutsche Kathrin Passig.

Hoffnungslos, aber nicht ernst

Kathrin Passig erzählt souverän. *Sie befinden sich hier* lässt Welt und Subjekt auf tragikomische Weise auseinander fallen. Die Lage in Passigs Winter touristischer Höhenlagen ist sozusagen hoffnungslos, aber nicht ernst. Ähnliches gilt wohl auch für den Klagenfurter Wettbewerb. Auf Sand und wie Strandgut vom Ufer des Wörthersees stehen die hölzernen Kisten der Bühnendekoration da, an denen die Juroren in diesem Jahr zu amtieren haben. »Bachmann« ist in den Versalien der Schifffahrtsspediteure auf den rohen Brettern zu lesen und «30/80 ». Ingeborg Bachmann wäre gerade achtzig Jahre alt geworden, der nach ihr benannte Preis hat es geschafft, heuer ins dreißigste Jahr zu kommen. Wie lange wird es den Klagenfurter Wettbewerb noch geben? Den missgelaunten Verächtern des Bachmann-Wettlesens ist zu sagen: Es gibt weit Schlimmeres als diese standrechtliche Erschließung von Texten. Wenn es im Heidenreich-Fernsehen eine halbe Stunde braucht, um Tausende Buchseiten übers Förderband der Begeisterung laufen zu lassen, dann steht Klagenfurt für ein reziprokes Verhältnis zwischen Textlänge und Gedankenarbeit. Für fünfzehn Seiten Prosa hat man hier immer noch eine ganze Stunde Zeit. In seinen besten Momenten liefert der Wettbewerb eine Literaturkritik, die es nicht für elitäre Schande hält, auf Augenhöhe des Autors zu sein. Nicht allein an der Demokratisierung von Literatur hat ja die Kritik zu arbeiten, denn was dabei herauskommt ist meist nur eine ästhetisch schlampig abgesicherte Ergriffenheit. Die Debatten müssen auch zeigen, wie Literatur eigentlich gemacht ist. In diesem Sinne exemplarisch sind jedenfalls die vier in Klagenfurt ausgezeichneten Texte, weil sie vier höchst unterschiedliche Entwürfe von Literatur repräsentieren. Der Österreicher Bodo Hell, dem in Klagenfurt der mit 10 000 Euro dotierte Telekom-Preis zugesprochen wurde, lieferte ein Stück fröhlicher Avantgarde. In verschmitztem Ton und unter Begleitung einer Maultrommel schlug Hell »durchs Dickicht der Verweise eine kleine Schneise«. *Stadt Land Berg* ist ein Text, der sich mit ironisch-enzyklopädischem Anspruch der Welt nähert. Die Beschriftung der städtischen Wirklichkeit durch Markennamen und Slogans setzt Bodo Hell neben die ländliche Welt des Birkhahns und der Gebirgsflora. Es ist eine kluge Schöpfung über die Schöpfung. Literatur, die im Gegensatz zu den verbiesterten Formen des poetischen Experiments höchst lebendig und weltbejahend ist.

Durch die Provinz

Der deutsche Schriftsteller Norbert Scheuer, wie Bodo Hell auch nicht mehr ganz jung, erhielt in diesem Jahr den mit 7500 Euro dotierten 3sat-Preis. Er führte mit seinem Text an Urft und Rauschen, hinein in die Flüsse der Eifel, wo die Fische stehen und eine Leiche schwimmt. Satz für Satz und mit großer poetischer Ruhe zieht der Text durch die Provinz. Hermann macht Fischköder, denen er Namen gibt wie Schwarzer Geist, Roter Umhang oder Perlenpalmer. »Hermann umwickelte den Schenkel eines Einfachhakens mit einer Wollfadenwicklung, kratzte mit einer Nadel eine schmale Rinne in das Gehäuse, bestrich den Wollfaden mit Kleber, schob das Gehäuse auf den Hakenschenkel, band hinter dem Hakenöhr einen Hechelkranz, stellte den Hechel hoch und zwirbelte ihn.« Tief sind die stillen Wasser der Provinz, tief sind die Erinnerungen an eine Kindheit, und Norbert Scheuer lässt die schlichten Wörter einen ganzen Raum brutaler Ländlichkeit evozieren.

Um Fische ging es auch in Angelika Overaths Text *Das Aquarium*, für den es den Ernst-Willner-Preis gab (7000 Euro). Ein Großaquarium auf einem Flughafen ist der Mittelpunkt eines Aufbruchs und einer Weltflucht, das parabolische Zentrum einer buchstäblich verschwimmenden Realität.

Es gibt sie immer noch, die typischen Klagenfurter Texte. Doch diesmal haben die von der Ökonomie unter- oder überprivilegierten Minderheiten die größte Randgruppe überholt – die des Ichs. Es gibt keine Selbstbespiegelungstexte mehr, dafür aber Ausflüge ins Milieu der Hartz-IV-Bezieher (Claudia Klischat), der Zuchthäusler (Clemens Meyer) oder der Key-Account-Manager (Andreas Merkel). Man kann den meisten Texten nichts vorwerfen, nur ein handwerkliches Können, das an Langeweile grenzt. Die dargebotene Prosa ist nicht unter jeder Kritik, sondern scheint wie für sie gemacht.

Emsig trägt die Jury die Anzeichen des Gelungenen zusammen. In der Jury kennt man sich mittlerweile sehr gut, weil man – mit Ausnahme des für den erkrankten Nobert Miller eingesprungenen Karl Corino – seit vier Jahren in gleicher Zusammensetzung streitet. Manchmal gibt es erbitterte Humordebatten zwischen österreichischen und deutschen Juroren. Man hat sich in Rollen hineingelebt, die die Varianz des menschlichen Gemüts auch im professionellen Handwerk der Kritik abbilden.

Und das ist gut so. Neben der Langzeit-Juryvorsitzenden Iris Radisch, die im übernächsten Jahr abtreten will, und ihren bewährten Kollegen, von Burkhard Spinnen über Daniela Strigl, Ilma Rakusa und Klaus Nüchtern bis zu Ursula März, hat sich Karl Corino als Inspektor am Tatort Literatur bewährt. Er habe sich bei Fachleuten der Jurisprudenz, der Gynäkologie oder der Aquaristik erkundigt. Der Autor sei im Bezug auf die Fakten seines Textes im Irrtum.

Ernst genug geht es in den Texten zu. Mag Deutschland über seiner Geburtenkrise melancholisch werden, in Klagenfurt ist es das Jahr emphatischer Vaterschaften. Der im schweizerischen Chur geborene und im deutschen Schwielowsee lebende Silvio Huonder schildert in behäbiger Langsamkeit, was aus schnellem und lieblosem Sex werden kann – ein Kind mit Anspruch auf Zuwendung. Im Text unterlässt die werdende Mutter eine geplante Abtreibung, dafür trennt sich der gleichfalls werdende Vater rituell von einem Finger. Letzteres muss ja nicht gleich Vorbildwirkung haben im aussterbenden Deutschland. Dirk von Petersdorffs Text *Anfang* zeigt, wie die Kinderaugen auch die des Vaters weiten. Windeln und Welterfahrung schießen hier etwas unironisch ineinander. Am Ende gingen beide Vätertexte leer aus. Neben den Preisträgern gab es auch ein beachtlich erzähltes Adoleszenzdrama von Thomas Melle und eine höchst subtil gezeichnete Beziehungschoreographie der Schweizerin Annette Mingels.

Vorgängige Moralpredigt

Am Ende war also alles gut. Besser, als Raoul Schrotts den Wettbewerb eröffnende *Klagenfurter Rede zu Literatur* hätte vermuten lassen. Launig waren die Worte des österreichischen Schriftstellers. Dem Vorjahressieger Thomas Lang warf Schrott kurzerhand vor, sein Text *Am Seil* habe allenfalls für Schülerzeitungen getaugt. Schrotts Moralpredigt las der Literatur und dem Betrieb die Leviten, war ein bisschen selbstmitleidig und schlug in die gleiche Kerbe wie schon Iso Camartin ein Jahr zuvor: Früher war alles besser, gedankenvoller, weniger profan. In fernen Zeiten, ja da sei die Literatur noch eine Aventiure gewesen, für die man auszog wie weiland Parsifal. Ein beispielloser Niedergang muss den Künstlertross in den Sumpf der Medien und an den Wörthersee geführt haben. Und an ein Schild, auf dem steht: »Sie befinden sich hier«.

Salzburger Nachrichten, 26. 6. 2006

Anton Thuswaldner

»Meine punktförmige Existenz«

Am Sonntag gingen die 30. Tage der deutschsprachigen Literatur in Klagenfurt mit der Vergabe des Ingeborg-Bachmann-Preises an Kathrin Passig zu Ende

Wir leben in einem Zeitalter der Unsicherheit. »Gestern Abend, oder war es vorgestern oder einer der anderen Abende«, so rätselt sich Paul Brodowsky durch seine Erzählung. Wenn schon die einfachsten Sachverhalte ein Problem bilden, wie lässt sich Klarheit über die großen Dinge des Lebens schaffen? Der Konjunktiv ist der Platzhalter der Unentschiedenheit, denn eigentlich, das ist das einzige, was er gewiss weiß, ist nichts gewiss. »Hätte er anders geheißen«, beginnt Kai Wayand seine Geschichte, »wäre es gar nicht so weit gekommen.« Unser Leben, eine Möglichkeit unter unzählig anderen denkbaren, eine bloße Variation aller bekannten und unbekannte Biografien.

Wenn Annette Mingels buchhalterisch Details anhäuft, die im Text keine andere Funktion übernehmen als das Sichtbare zu ordnen und zu bewahren, kommt das dem verzweifelten Versuch gleich, sich an Bojen im unruhigen Meer der Wirklichkeit festzuhalten. Erklärungen helfen nicht weiter, also muss der Zufall als jene höhere Macht herhalten, die Schicksale regelt: »Es war ein Zufall, dass sie beide an jenem Juniabend ins Kino gingen und sich im Halbdunkel nebeneinander setzten« (Silvio Huonder).

Achtzehn Autorinnen und Autoren lasen im Rahmen der 30. Tage der deutschsprachigen Literatur in Klagenfurt, um sich vor einer neunköpfigen Jury für einen der zu vergebenden Preise auffällig zu verhalten. Am besten gelang das Kathrin Passig, 1970 im bayerischen Deggendorf geboren, heute in Berlin lebend. Für ihre Erzählung *Sie befinden sich hier* erhielt sie nicht nur den Ingeborg-Bachman-Preis (25 000 Euro), sondern auch den Kelag-Publikumspreis im Wert von 5 000 Euro.

Bei Passig verläuft sich eine Person im Schnee. Unter Eindruck der gewaltigen, wohl todbringenden Natur, findet sie für sich mit dem Begriff »meine punktförmige Existenz« einen mickrigen Ort im Ungefähren. Verloren im Schneeland mangelt es ihr an der Fähigkeit, klares Denkvermögen, Tatkraft und eine eindeutige Haltung gegenüber der ihr unvertrauten Welt miteinander in Einklang zu bringen. »Wissen, Halbwissen, Besserwissen« (Martin Ebel) bilden zusammen ihr vages Verständnis von Wirklichkeit.

Kathrin Passig war die Lichtgestalt des Klagenfurter Lesemarathons, die der grassierenden Verunsicherung die schönsten Worte zu verpassen vermochte. »Wir haben eine sehr gute deutsche Schriftstellerin entdeckt«, schwärmte Heinrich Detering.

Der Österreicher Bodo Hell, auf seine sprachkritische Weise ein Botschafter der radikal freien Republik Absurdistan, sammelt das Sprachmaterial um uns herum, um »durchs Dickicht der Verweise nur eine kleine Schneise« zu schlagen. Er bekam den Telekom-Austria-Preis (10 000 Euro).

Dem Land wird nachgesagt, dass ihm eine lebensstärkende Kraft innewohne. Norbert Scheuer aber behauptet mit seinem Provinztext *Überm Rauschen,* wofür er sich den 3sat-Preis (7 500 Euro) erlas, das Gegenteil. Die Welt der Familie zerfällt und wer mit seiner Begabung die Norm des Mittelmaßes überragt, gerät unter Verdacht. Keine Sicherheit, nirgends, die Ruhe auf dem Land entspricht der Todesstille, das Schweigen einem verordneten Stillhalteabkommen.

Gut, dass Angelika Overath der Ernst-Willner-Preis zugesprochen wurde. Den Grundton in Moll, der in diesem Jahr so dominant war, überwand sie mit wunderbar hellen Tönen der Ironie, die sich kurzerhand von der Schwere des Themas befreit.

Der Standard, 26. 6. 2006

Stefan Gmündner

»Extrem zeitgenössisch erfroren«

Mit ihrer Erzählung »Sie befinden sich hier« gewann die in Berlin lebende Autorin Kathrin Passig den Ingeborg-Bachmann-Preis

Sie haben es – allen Unkenrufen zum Trotz – wieder getan. Heuer schon zum 30. Mal. Der Bachmann-Preis, oft schon totgesagt, beerdigt und wieder auferstanden, ist ein Thema geblieben, nicht nur in den Medien. Ob es in Klagenfurt tatsächlich »um die größtmögliche Würde der Literatur« geht, wie Juror Burkhard Spinnen einmal schrieb, bleibe dahingestellt.

Ein literaturbetriebliches Ritual, bei dem Verlagsvertreter, Journalisten und Autoren im Wörthersee ein Familienbad nehmen, eine coole, von 3sat mehr als 20 Stunden live übertragene Literaturshow, bei der sich Autoren bei bestem Büchsenlicht zum Abschuss präsentieren, ist das Klagenfurter Wettlesen geblieben.

Peter Handke sagte einmal, es handle sich hier um ein finsteres, grausiges Ritual, einen Akt der (Autoren-)Tortur, und Werner Kofler meinte über die 30 Minuten, in denen der Autor hier liest, »eine kurze Zeit für viele, unendlich lang aber für den Einzelnen«.

Das Vergehen der Zeit, Liebe und Tod. Die großen Themen der Literatur also, spielen natürlich auch beim Klagenfurter Wettlesen eine Rolle. Viele handwerklich gut gemachte Annäherungen an das Sterben, die Geburt und das Geworfensein ins Leben, die Provinz und an Beziehungen im postmoralischen Zeitalter waren hier zu hören und lesen. Oft ging es um die ersten und die letzten Dinge, etwa in Dirk von Petersdorffs Geschichte *Anfang*, einem Text über die existenzielle Erfahrung der Vaterschaft, in dem Zwillinge geboren werden und nicht nur die Zeit zum knappen Gut wird.

Mit einer Zeit, die nicht vergehen will, befasste sich Kevin Vennemann in seinem mutigen Text über Klagenfurt, Kärnten und die Ewiggestrigen. Ein Text, an dem die Jury mit ihrem

Satz literaturkritischer Universalschlüssel etwas ratlos herumschraubte. Glücklos auch der 1966 geborene Wiener Autor Hanno Millesi mit *Werktagsüber*, einer in einer kanzleihaften Sprache geschilderten grotesken Familiengeschichte, in der alles anders ist, als es scheint.

Was heißt »besser«?

Es gehört zu den von Raoul Schrott in seiner streitbaren Eröffnungsrede aufgezählten Paradoxa der Literatur und somit auch des Bachmann-Preises, dass nicht zu klären ist, ob nun Bachmann oder Bernhard »besser« seien. Und es mag stimmen, dass sich über Leben und Tod trefflich schreiben aber nicht streiten und abstimmen lässt. Doch vielleicht ist eines der großen Verdienste der Tage der deutschsprachigen Literatur zu zeigen, dass ein Text zugleich gepriesen, verdammt, überlesen oder schulterzuckend hingenommen werden kann.

Der mit 25 000 Euro dotierte Ingeborg-Bachmann-Preis, sowie der per Internetabstimmung ermittelte »Publikumspreis« (5 000 Euro) gingen schließlich an Kathrin Passig. Das ist gut so, denn schon nach Passigs Lesung am Samstagmorgen war klar, dass die 36-jährige in Berlin lebende Autorin mit ihrer sprachlich präzisen, perspektivisch genau gearbeiteten Geschichte *Sie befinden sich hier* den herausragenden Text dieses Jahres schrieb. Eine kluge Parabel über das Nichtüberleben im winterlichen Naherholungsgebiet, in der vieles ausgespart und doch alles klar ist.

Zwei Berliner Frauen (oder ist die eine Figur ein Mann? Auch das ein Geheimnis, das der Text birgt) haben sich in Tschechien auf den Weg gemacht, um in unbekanntem Gebiet einen Spaziergang zu machen. Einen Punsch auf einer der zahlreichen Berghütten zu trinken war das Ziel, das sie immer mehr aus den Augen verlieren, als sie von einem Schneesturm überrascht werden. Anne, die eine der beiden, bleibt zurück. Ist sie von der oder dem anderen erschlagen worden, gab es Streit? Wir wissen es nicht. Auf allen vieren, die Jacke der Freundin zusätzlich über die eigene gezogen, kriecht die Figur ihrem unbekannten Ziel entgegen, von dem klar ist, dass sie es nicht mehr erreichen wird.

Diesen Überlebenskampf sprachlich in eine trotzige Suada gegen den Tod gepackt zu haben und ironisch, manchmal sogar »todkomisch« zu schildern ist sicher das größte Verdienst dieses Textes. Juror Klaus Nüchtern erklärte das Humordefizit, an dem diese Veranstaltung seit Jahren wie an einer hartnäckigen Krankheit leidet, für behoben und Burkhard Spinnen meinte, »hier wird extrem zeitgenössisch erfroren«.

Der Telekom-Austria-Preis (10 000 Euro) ging, und das ist sehr erfreulich, an den 1943 geborenen Salzburger Bodo Hell mit *Stadt, Land, Berg*, einem zwischen Birkhahn und BMW-Adventure oszillierenden Montagetext, der in sich die Vielstimmigkeit der Welt abbildet. Genießerisch wird Werbe-Sprachmüll hervorgezerrt und dann weggekehrt.

Sprach-Enzyklopädie

»Eine anarchische, sprachkritische Enzyklopädie« meinte Jurorin Ilma Rakusa. Der Preis an Hell ist auch deshalb erfreulich, weil sich immer weniger renommierte Autoren dem Risiko, in Klagenfurt verrissen zu werden, aussetzen.

Den 3sat-Preis (7 500 Euro) erhielt Norbert Scheuer mit seiner Geschichte über die Tiefen und Untiefen der Provinz, den Ernst-Willner-Preis (7 000 Euro) Angelika Overath, die in kühler Prosa die Flughafen-Begegnung eines Aquariumbauers mit einer Fotoreporterin schildert, die aus China zurückkommt. Etwas überraschend gingen Clemens Meyer und Thomas Melle leer aus.

Am Schluss herrschte aber nicht nur bei der Jury um Iris Radisch (Daniela Strigl und Klaus Nüchtern waren auch diesmal eine Bereicherung) eitel Freude. Die Hunde haben gebellt, die Karawane zieht weiter, lautet ein alter Sager, den Robert Schindel einmal auf Klagenfurt münzte. Diesmal haben die Hunde etwas lauter gebellt. »Wuff«, wie es in Bodo Hells Text ganz am Schluss heißt.

Süddeutsche Zeitung, 26.6.2006
Ijoma Mangold

Favoriten-Sterben
Klagenfurt 2006: Nur beim Hauptpreis überzeugte die Jury

Das gab es so noch nie: Dass die Preisvergabe am Ende den Wettbewerb auf einen Schlag konterkariert und zur Unwirklichkeit verdreht hat. Es war, als hätte sich die Jury, als es zur Abstimmung kam, nicht mehr so recht an die eigenen Urteile der vergangenen Tage erinnert. Von Donnerstag bis Samstag treten in Klagenfurt 18 Autoren zum Wettbewerb um den Ingeborg-Bachmann-Preis an. Sie lesen ihre Texte vor, danach werden diese von der Jury diskutiert, gedeutet, erhellt und beurteilt. Am Sonntag dann, nach einer Nacht des Überdenkens, kommt es zur Abstimmung. Was bei der Spontankritik der ersten drei Tage im Eifer des Gefechts nach oben oder unten ausrutschte, wird dann in aller Regel korrigiert. Die Jury vergibt die ersten vier Preise. Außerdem wird der durch eine Internetwahl ermittelte Publikums-Preis verkündet. Im Großen und Ganzen ratifiziert die Preisvergabe das allgemeine Meinungsbild. Empörende Ungerechtigkeiten sind eher die Ausnahme.

Ein zähes Abstimmungsritual
Diesmal war das anders. Nachdem der erste, der wichtigste, eben der Ingeborg-Bachmann-Preis (25000 Euro) wie erwartet und völlig zu Recht an Kathrin Passig ging, tauchten plötzlich Namen auf, die zwar respektabel waren, denen aber niemand Preise zugetraut hätte – während die Favoriten auf gespenstisch lautlose Weise unter die Räder gerieten. Was war hier passiert? Um das zu verstehen, muss man über die Jury und das Abstimmungsverfahren reden. Die Jury besteht aus neun Mitgliedern. Unter dem Vorsitz von Iris Radisch gehören ihr Karl Corino, Heinrich Detering, Martin Ebel, Ursula März, Klaus Nüchtern, Ilma Rakusa, Burkhard Spinnen und Daniela Strigl an. Alle sind genaue Leser, kluge Interpreten von erheblicher analytischer Schärfe. Diese Jury hat, darüber dürfte Einigkeit

herrschen, in den letzten drei Jahren sehr professionell gearbeitet.

So gut aber die Individuen auch sein mögen, eigentlichen Schwung und höhere Weisheit entfaltet die Jury erst dort, wo sie als kollektiver Organismus agiert. Denn auch hier sollte das Ganze mehr sein als die Summe seiner Teile. Als Ganzes aber war die Jury diesmal schwächer, als man nach dem Talent ihrer einzelnen Mitglieder annehmen würde. Sie wirkte müde, ohne das rechte Temperament, immer ein wenig unter ihren Möglichkeiten. Es schien – aber dies bleibt, versprochen, die einzige Fußball-Metapher –, als fände sie nicht so recht in ihr Spiel. Aber es gibt natürlich noch den anderen Aspekt: wie gut eine Jury ist, misst sich nicht nur daran, mit wie viel Verve, Unterhaltungstalent und Argumentationseleganz sie auf dem Podium agiert, sondern vor allem daran, welche Texte sie auswählt und zur Diskussion stellt.

Klagenfurt 2006 war ein sehr starker Jahrgang. Selten hatte der Wettbewerb so viele Texte zu bieten, die eine Auseinandersetzung lohnten. Und auch die Zahl der grottenschlechten Texte war in diesem Jahr entschieden kleiner als sonst. Die Konkurrenz vieler guter Texte aber kann in Kombination mit dem komplizierten Abstimmungsverfahren im unglücklichsten Fall eine fatale Dynamik entfalten. Ein solches Unglück ist für Klagenfurt 2006 zu konstatieren.

Wenn es viele gute Texte gibt, der Jury aber aus einer gewissen Müdigkeit heraus eine scharfe Hierarchisierung nicht gelingt, wird am Ende jeder Juror »seinen«, das heißt den von ihm ins Treffen gebrachten Text favorisieren. Bis auf den ersten Preis kam es so ständig zu Abstimmungsergebnissen, bei denen fünf bis sechs Autoren jeweils ein bis zwei Stimmen auf sich zogen. Für jeden einzelnen Preis mussten unendlich viele Stichwahlen durchgeführt werden, ohne ein einheitliches Meinungsbild – und plötzlich hatten absolute Nicht-Kandidaten schon mit nur zwei Stimmen eine relative Mehrheit, die sie auf gespenstische Weise aufs Siegertreppchen führte.

Es wird die Preisvergabe sein, die vom diesjährigen Wettbewerb in Erinnerung bleiben wird. Das ist schade. Und es ist auch ungerecht, nicht nur für die preiswürdigen Autoren, die leer ausgingen, sondern für diesen Klagenfurter Jahrgang 2006 insgesamt. Denn diesmal spielten substantielle Themen eine wesentliche Rolle, wurden Fenster in Wirklichkeiten aufgestoßen, die auch dann interessant waren, wenn sie zum literarischen Kunstwerk nicht immer werden wollten. Das desillusionierende Selbstmanagement in der Arbeitslosigkeit stand bei Claudia Klischat auf der Agenda, der Afghanistan-Krieg der Sowjetunion bei Katja Huber. Von den flackernden Welten intellektueller Neonazis erzählte Kevin Vennemann, von den Machtspielen jener Arbeitswelt, in der die Entscheider ihre Anweisungen durchs Handy geben, Andreas Merkel, von der flackernden Seelendynamik des Seitensprungs und des Ehebruchs Annette Mingels in einem schönen Text. Kai Weyand entdeckte das Duell als die Grundkonstellation auch noch des banalsten Alltags.

Schade ist das Ende aber auch für die Siegerin Kathrin Passig, deren absolut brillanter Siegertext es verdient hätte, ungetrübt von anderen Fatalitäten gerühmt zu werden. Die 1970 geborene Autorin erzählt von einer tödlichen Verirrung im Schnee. Davon, wie man mit Worten die Wirklichkeit ableugnen kann. Sie erzählt von der Mordlust und der Nonchalance. Vom Pathos, das darin steckt, wenn man den eigenen, unausweichlichen Tod durch genialische Gedankenassoziationen entdramatisiert. Von der absurden Weisheit des Wirklichkeitsverlusts. Es ist ein Text, der beweist, wie erkenntnisstiftend Komik sein kann. Dass diese den Stil schärft und den Geist auf eine höchst kalkulierte Art zum Rasen bringen kann.

Wie künftige Bücher von Kathrin Passig aussehen werden, kann man sich nicht leicht vorstellen. Doch kann man sich sicher sein, dass gerade darin ihre Einzigartigkeit liegen wird. Aber auch Clemens Meyer hätte den Bachmann-Preis verdient. Mit seinem Roman *Als wir träumten* hat Meyer schon dieses Frühjahr für Furore gesorgt. Er erzählt von harten Jungs zwischen Alkohol- und Drogenexzessen und dem Knast als zweiter Heimat. Der Leipziger Autor, Jahrgang 1977, mit den ausufernden Tattoos auf seinem Körper hat dabei vielleicht ein Problem, ein sehr ungerechtes: Man unterstellt ihm zu leichtfertig, es sei vor allem seine ungewöhnlich authentische Milieukenntnis, mit der er Aufmerksamkeit erzeuge. Dabei ist Meyer, man muss das in aller Klarheit festhalten, ein absoluter Könner, ein souveräner Stilist. Gerade in dieser Hinsicht war die Knast-Geschichte, mit der er in Klagenfurt antrat, vielleicht noch besser, weil kompakter und durchkomponierter als sein Roman. Nach seinem Vortrag mäkelten zwar Teile der Jury, das sei zwar perfekt, aber eben doch Genre (als wäre das ein Einwand!), doch die Preiswürdigkeit schien über jeden Zweifel erhaben. Als es dann zur Abstimmung kam, wollte sich bis auf Ursula März keiner der Juroren an Clemens Meyer erinnern.

Tatort-Kulissen der Provinz

Auch Thomas Melle ist ein Autor, von dem man noch einiges wird erwarten dürfen. Sprachlich hochambitioniert, ist Melle gerade in seinen stilistischen Überdrehtheiten ein spannender Manierist, der seine sprachlichen Mittel überaus überzeugend in den Dienst einer psychologisch aufregenden, viele Binnendramen umfassenden Erzählung stellte. Auch er ging leer aus. Statt dessen gewann Bodo Hell mit einer hübschen sprachspielerischen Etüde, mit der man vielleicht vor 25 Jahren den Eindruck experimenteller Avantgarde hätte hervorrufen können, den zweiten, mit 10 000 Euro dotierten Telekom-Preis.

Eine absolut ordentliche, absolut unspektakuläre Geschichte aus der deutschen Provinz, deren Kulissen aber, wie Juror Martin Ebel richtig sah, einem aus manchem Tatort bekannt vorkam, hatte der 1951 geborene Norbert Scheuer aus der Eifel geboten. Er dürfte selbst überrascht gewesen sein, als ihm der 3sat-Preis (7 500 Euro) zuerteilt wurde. Der Ernst-Willner-Preis schließlich (7 000 Euro) ging an Angelika Overath, deren Erzählung allenfalls eine Ahnung von ihrem beachtlichen Können vermittelte. Vielleicht wird sich die Jury schon an diesem Montag die Augen reiben, was ihr da passiert ist.

Der Tagesspiegel, 26. 6. 2006

Katrin Hillgruber

Der dreißigste Jahrgang – Kathrin Passig gewinnt den Ingeborg-Bachmann-Preis

Im Riesengebirge der Wörter

Kabinettstückwerker und Sprachgymnastiker: Wer beim Klagenfurter Literaturwettbewerb ankommt

Wie überall ist auch in Klagenfurts Stadtzentrum, dem Neuen Platz, dieser Tage eine unausweichliche Fußball-Leinwand aufgebaut. Bei Puntigamer Bier oder »Spritzer«, der österreichischen Variante der Weißweinschorle, beobachten die Kärntner aus einer gewissen historischen Reserve heraus das siegreiche Treiben der schwarz-weiß gekleideten Piefkes. Dabei gerät das eigentliche Kraftzentrum daneben leicht aus dem Blick: Auge in Auge stehen da der Lindwurm, Klagenfurts Wahrzeichen, und ein Denkmal der Kaiserin Maria Theresia. Patinagrün fixieren sie sich von ihren Sockeln herab: naturwüchsige Zähne und Krallen kontra imperiale Leibesfülle im Reifrock.

Ein Gleichgewicht des Schreckens, das Stabilität und Stillstand erzeugt und möglicherweise auch als geheime Kraftquelle für den Ingeborg-Bachmann-Wettbewerb fungiert. Als Musenwettstreit in der Nachfolge der Gruppe 47 seit seiner Gründung 1977 immer wieder in Frage gestellt und für tot erklärt, präsentierte sich die Veranstaltung im Jubiläumsjahr stabiler denn je, aber auch mit chronischer Beißhemmung. Würde man in seinem dreißigsten Jahr aufhören, den »Bewerb« jung zu nennen? Ingeborg Bachmann, die gestern achtzig geworden wäre, hat in ihrem Erzählungsband »Das dreißigste Jahr« 1961 diese oft zitierte Frage selbst gestellt. Die Jury-Vorsitzende Iris Radisch attestierte den »TDDL« (Tage der deutschsprachigen Literatur) in ihrem Schlusswort eine »reife und halbwegs unneurotische Erwachsenenbiografie«. Diese »weltweit einmalige Veranstaltung« gelte es »lebhaft und lebendig« zu verteidigen, was nicht zuletzt ihr eigenes Temperament garantiert. 80/30 (80 Jahre Bachmann, 30 Jahre Wettbewerb) – dieses zweite Kürzel stand auf den Holzkisten, an denen die neun Juroren im Wüsten-Bühnenbild von Heinz Peter Maya ihre Urteile fällten. Hinter ihren Köpfen prangte aparterweise ein arabischer Schriftzug, die Übersetzung des Bachmann Zitats »Meine Geschichte und die Geschichte aller … Wie kommt das zusammen?«

Der Schweizer Literaturkritiker Andreas Isenschmid, der als Co-Moderator wirkte, meinte, Klagenfurt werde als Jahreskongress zum Zustand der deutschen Literatur missverstanden. Die Jury war nur mit zwei Wahl-Schweizern bestückt, Ilma Rakusa und Martin Ebel. Das war nicht nur klanglich schade, sondern ließ einen neutralen Ausgleich zur »Österreich-Preußen-Front« (für Wien fochten Daniela Strigl und Klaus Nüchtern) vermissen. Der Klagenfurt-erprobte Raoul Schrott formulierte in seiner Eröffnungsrede »30 Paradoxa«. Dem letztjährigen Siegertext von Thomas Lang attestierte er das Niveau einer Schülerzeitung, wie er den Diskursverlust beklagte, der den »Homo ludens für das Maß aller Dinge hält und Oberflächeneffekte für Differenzierungen von Tiefe«. Dabei sei die Literatur »der einzige Sprachfilter, über den wir verfügen: Was sonst klärt das Trübe unserer Begrifflichkeiten?«

In ihrem selbstgestalteten Filmporträt brachte Kathrin Passig das mediale Dilemma und den gleichzeitigen Reiz des Bachmann-Wettbewerbs auf den Punkt. Die taz-Kolumnistin, Web-Entwicklerin und Geschäftführerin einer »Zentralen Intelligenz Agentur« ist in ihrer Wohnung in Neukölln (Kathrin Passig geht dahin, wo es wehtut) am Computer zu sehen. »Jeder Anschlag ein Anschlag auf das Nichts«, erläutert eine sonore Stimme aus dem Off, während auf dem Bildschirm erscheint: »Ich schreibe, damit man meine Finger beim Tippen filmen kann.« 1970 im niederbayerischen Deggendorf geboren, kam Kathrin Passig mit Anfang zwanzig nach Berlin. Unter anderem legte sie mit »Qual der Wahl« ein kurzweiliges Vademecum des Sadomasochismus vor. Ihre Lesung als Vorvorletzte von 18 Autoren sorgte für die klassische Klagenfurter Samstags-Euphorie, für großen Applaus und ein kollektives »Endlich!« der Jury. Endlich war das Humordefizit behoben, endlich lag mit *Sie befinden sich hier* ein stilistisch makelloses, makaber komisches Kabinettstück vor. Was als harmlose Winterwanderung im tschechischen Riesengebirge begann, endet mit dem Gedankenstrom des Ich-Erzählers (oder ist es eine Frau?) kurz vor dem Erfrierungstod. Schuld ist eine gewisse Anne, die keine richtige Wanderkarte mitnahm und über deren Schicksal nur gemutmaßt werden kann. Das Gehirn des chronischen Besserwissers beginnt frei zu assoziieren, von unsichtbaren Schneehasen bis zur mangelhaften Ausstattung von Outdoor-Jacken. Der Text ist ein einziges In-Abrede-Stellen, ein existenzielles Leugnen der Gefahr. In Brechts *Badener Lehrstück vom Einverständnis* übersteht der Denkende den Sturm in seiner kleinsten Größe. Kathrin Passigs Erzähler-Ich will neumodisch »immer in Bewegung« bleiben und manövriert sich damit in den Untergang.

»Literatur sollte der Beginn von etwas sein, das wir nicht wussten«, sagte der Juror Burkhard Spinnen in einer seiner schillernden, wie immer druckreifen Konklusionen. Karl Corino dagegen, für den erkrankten Norbert Miller eingesprungen, wollte alle Texte an seinem Leib-und-Magen-Autor Robert Musil messen, was seine Laune zusehends verschlechterte. Die Forderung nach der geistigen »Aventiure« erfüllte Kathrin Passig am deutlichsten, was sie zur hochverdienten Trägerin sowohl des Ingeborg-Bachmann- als auch des Kelag-Publikumspreises macht.

Die anderen Entscheidungen der Jury jedoch überraschen nur negativ: Mit Bodo Hell wurde die von Maultrommel-Gezirpe begleitete Sprachgymnastik eines bewährten Wiener Avantgardisten prämiert, mit Norbert Scheuers Heimatsaga *Überm Rauschen* das einschläfernde Wirken eines Hermann Löns aus der Eifel. Angelika Overaths Liebesgeschichte zwischen einem neurotischen Aquaristen und einer sich unverstanden fühlenden Reisefotografin überrascht immerhin mit ihrer Bildsprache »unter dem klickenden Himmel des Transits«. Dieser Siegeszug der – bis auf Passig – mittleren bis reifen Jahrgänge ließ jüngere Kandidaten völlig leer ausgehen. Darunter sind so innovative Erzähler wie Kevin Vennemann, der sich syntaktisch eigenwillig der Hinterlassenschaften der NS-Zeit (auch in Kärnten) annimmt oder Thomas Melle. Sein metaphorisch steiler Report aus dem Seelenleben von Studienstiftlern inklusive Mordversuch im nächtlichen Swimming Pool sorgte für erste Aufwallungen in einem allzu braven Parcours. Aber auch der Leipziger Clemens Meyer, dessen Roman *Als wir träumten* im Frühjahr gehöriges Aufsehen erregte, hatte keinen Erfolg mit seinem »Unterschichts-Kasperletheater« (Radisch) über einen Boxer, der naiv wie einst Franz Biberkopf aus der Haft entlassen wird – dabei hatte sich das sächsische Naturtalent so große Hoffnungen gemacht.

Ostdeutschland als Ort einer gewaltigen Desillusionierung war ein Leitthema, das andere das alte Faszinosum des Sehens und seine Umsetzung in Literatur. Ihm widmete sich etwa der »Wahrnehmungsexzentriker« Paul Brodowsky. Der in Berlin lebende Schweizer Silvio Huonder beschreibt kühl die Unverbindlichkeit der Enddreißiger, die durch eine ungeplante Schwangerschaft erschüttert wird. Doch der dreißigjährige Wettbewerb wollte von solch zeitgenössischen Sujets letztlich nichts wissen, sondern hielt sich lieber an Bodo Hell: »Yorkshire Terrier im Endspurt: wuff«.

Die Tageszeitung, 26. 6. 2006

Gerrit Bartels

Superstars und glückliche Väter

Dieselbe Prozedur beim Ingeborg-Bachmann-Wettlesen wie jedes Jahr: Rituale, Trends, Texte, Fernsehen. Die Jury wurde allen gerecht – bis auf Clemens Meyer, der den besten Text vorlas, aber leer ausging

Der Bachmann-Wettbewerb in Klagenfurt ist eine Institution. Unwankbar, untötbar. Mit zum Wettbewerb und seiner Folklore – Baden im Wörthersee, Essen im See- und Literaturbetriebsverklumpungsrestaurant Maria Loretto – gehört die alljährliche Kritik am Wettbewerb. Jedes Jahr fordert irgendwer, den Wettbewerb abzuschaffen, jedes Jahr wird darauf hingewiesen, wie wichtig er ist: für den ORF, Klagenfurt, die Literatur. Das Klagenfurt-Bashing selbst ist wettbewerbs- und institutionskonstituierend. Ernsthaft in Gefahr ist der Wettbewerb erst, wenn kein Mensch mehr seine Abschaffung fordert. Wenn achselzuckend hingenommen wird, dass sich der Literaturbetrieb hier selbst feiert, dass die Strahlkraft sich auf den Betrieb beschränkt, dass hier keine Kehlmanns produziert werden. Dieses Jahr war gefährlich: Viele Texte waren gut und abwechslungsreich; ein guter Jahrgang mit einer untypischen, nicht unverdienten Siegerin. Die Jury, wenngleich etwas matt wirkend, leistete solide Arbeit, das Wetter war blendend. Wer will da meckern?

Trends
Gab es keine, wie so oft. Der blutarme, typische Klagenfurter »Ich bin ein Mädchen und komme in der Welt nicht zurecht, will aber Kunst machen«-Text ist passé – die »Reife Frauen machen Kunst«-Texte regieren, die »Männer wollen das pralle Leben«-Texte. Also: Bedrückendes aus der Eifel, die Arbeitswelt von unten und weiter oben, viel Vaterschaftsbejahung, Fischköderanfertigung und Aquarisches, sogar Experimentelles: Bodo Hell las, bewehrt mit einer Maultrommel, einen anarchisch-präzisen Sprachmischmasch, der Spaß machte, aber schnell ermüdete. Am Ende fragte man sich: so what? Dass wir mit Sprachmüll eingedeckt werden, wissen wir. Muss ihn uns noch jemand trennen und arrangieren? Die Jury aber hatte Lust auf Neues, Anarchisches. Sie zeichnete mit Passig eine im herkömmlichen Literaturbetrieb Unbekannte mit deutlicher Mehrheit aus und gab Hell den zweiten Preis. Danach waren acht weitere Texte in der Auswahl und mehrere Stichwahlen nötig, um Norbert Scheuer für seinen Eifel-Text und Angelika Overath für ihren kunstvollen Spiegel-Reflexions-Text *Das Aquarium* als 3sat- und Ernst-Willner-Preisgewinner zu finden.

Clemens Meyer
War eine Art Superstar, nachdem er auf der Leipziger Buchmesse mit seinem Debütroman *Als wir träumten* für Furore gesorgt hatte. Von so viel medialer Wertschätzung, wie sie Meyer zuletzt erfuhr, können die Overaths und Scheuers dieser Welt nur träumen. Logisch, dass die »Welt am Sonntag« eigens eine

Clemens-Meyer-Reporterin nach Klagenfurt schickte. Meyer war nervös – vor seiner Lesung schüttete er zu viel Wasser in sein Glas. Moderator Ernst A. Grandits reichte ihm ein Taschentuch, damit er Tisch und Manuskript trocken bekam. Vielleicht fühlte Meyer sich unwohl in seinem hellblauen Hemd und dem dunklen Sakko. Wenn er sich bislang nicht inszeniert hatte, so tat er es jetzt, um den Vorwurf, sich zu inszenieren, zu unterlaufen und nicht für alle Ewigkeit als Klassenkämpfer und Betriebsaußenseiter dazustehen. Sein Text über einen Boxer und dessen Leidensgenossen im Gefängnis war große Klasse. Der beste Text dieses Jahr. In Meyer steckt viel literarisches Potenzial, die klassische Short-Story amerikanischen Zuschnitts beherrscht er perfekt. Zu perfekt für die Jury, die den Hut zog, aber zu viel Sentimentalität entdeckte und Meyer unverdientermaßen leer ausgehen ließ.

Die Jury

War grundsolide, routiniert, allzu einverstanden mit sich selbst. Sie wurde allen im höchsten Maß gerecht (bis auf Meyer) und bemühte sich, nicht in MRR- oder Elke-Heidenreich-Dimensionen vorzustoßen. Man wünschte sich mehr Erregung, mehr Schärfe, ja mehr Emphase, mehr schnelles Wegwischen, mehr flotte Verrisse. Selbst Iris Radisch, sonst mit viel Erregungspotenzial ausgestattet, hielt sich zurück, auch die Frotzeleien von Klaus Nüchtern wirkten angestrengt-zurückgenommen. So sorgte ausgerechnet der spröde Musil-Experte Karl Corino für Drive und Heiterkeit. Corino hatte viel recherchiert, glänzte mit Zitaten aus der Weltliteratur (natürlich war Musil mehrmals dabei) und geizte nicht mit trockenen Sprüchen. Als Ursula März einmal biblische Motive erkannte und auf Nachfrage erklärte, das Dunklerwerden der Welt sei so eines, da antwortete Corino: »Es wird doch jeden Abend dunkel.«

Das Fernsehen

Literatur und Fernsehen, das ist ein Dauerproblem. Das Klagenfurter Wettlesen ist Antifernsehen, wenn es vier Tage live auf 3sat übertragen wird. Die Übertragung erinnert an die Fernsehformate von Alexander Kluge, sie streut Sand in den Fernsehbetrieb, verlangsamt ihn: halbstündige Lesungen, genauso lange, unmoderierte Textexegese. Früher hieß es, die Live-Übertragung erzeuge eine andere Art von Literatur, verleite die Autoren, sich zu inszenieren. Inzwischen, da klar ist, dass niemand zuschaut, ist alles enorm unspektakulär: Bloß keinen Fehler machen ist die Devise. Rainald Goetz (Blut!) oder Hermann Burger (Maniker!) sind fernsehlose Vergangenheit. Klagenfurt 2006, das war Unauffälligkeit im Sommer-Look. Dankbar war man, als Klaus Nüchtern einmal einen Hut auf sein Tischchen legte und damit – in Klagenfurt ist alles Zitat – den für seine Hutkollektion berühmten Kollegen Spinnen zitierte. Am Nachmittag hatte Spinnen wieder einen Hut vor sich liegen.

Die Welt, 26. 6. 2006

Elmar Krekeler

Viel gereist, aber wenig gewagt

Beim Wettlesen in Klagenfurt gewann die Berliner Autorin Kathrin Passig

Früher hatte man die Welt in Klagenfurt gern klein. Kleine Menschen saßen in kleinen Wohnungen, träumten kleine Träume, liebten kleine Lieben, lebten im engen Radius ihres Bauchnabels und erlebten, fernab der wirklichen Welt, nichts oder nur ein bisschen, was reichen musste für kleine Geschichten von einer halben Stunde Dauer. Sie saßen im Unterholz ihrer mehr oder weniger gefährdeten Existenz. Nur manchmal machte mal einer kurz die Türen auf. Der gewann dann meist gleich den Bachmann-Preis.

In diesem Jahr war das anders. In diesem Jahr wagte sich der Bewerb mit Wucht aus dem Unterholz. Das fliegende Lesezimmer machte Station in Moskau, China und New York, in Paris, Torgau und Berlin. Und nicht nur das, es flog gleich die gesamte soziale Skala rauf und runter, vor allem runter. Man begegnete aufstrebenden Obdachlosen, abstürzenden New-Economisten, arbeitslosen Lehrern, gescheiterten Schülern. Ehen gingen zu Bruch. Supersachliche Romanzen gab es. Männer duellierten sich. Männer verfehlten Frauen. Männer wurden Väter. Männer weinten.

Wer früher die mangelnde Welthaltigkeit Klagenfurter Texte bejammert hatte, war bass erstaunt. Es sind postmoralische Zeiten, in der die diesjährigen Texte spielten, postkapitalistische Zeiten, Zeiten, in denen alle Kategorien so verrutscht sind, dass jeder dringend ein Navigationssystem bräuchte. Eine Wanderkarte mit mobilem roten Pfeil – »Sie befinden sich hier.«

Um sich nun nicht allzu sehr zu verlaufen, hatten sich die Literaten vorsichtshalber erst mit allen möglichen literarischen Versicherungen versorgt und alles sorgfältig kartographiert. So wurde viel gereist, gewagt aber wenig. Prompt entgleist kaum etwas. Sie können erzählen, was sie erzählen wollen. Sie können Geschichten ordentlich zuschneiden. Sie halten selbstgewählte Genregrenzen peinlich genau ein. Sie geben Texten eine gewisse Grundspannung. Noch besser allerdings können sie mit der literarischen Klimaanlage umgehen.

Es weht der Eishauch der Abgeklärtheit über den Texten. Sie gehen vor der Welt auf Halbdistanz. Sie wollen sich nicht verbrennen. Irgendwo aber, denkt man, muss doch etwas glimmen, in den Figuren, hoffentlich auch in den Autoren. Bitte, fleht man bald, lasst mich nicht so in Ruhe, bewegt mich, packt mich, haut mir meinethalben die Füße weg.

Macht aber keiner. Ganz unten etwa in einem ostdeutschen Gefängnis mit ganz finsterer Vorgeschichte, trifft man den Boxer. Ist ja eine furchtbare Situation. Im Gefängnis. Schlimme Kerle, die mit anderen schlimmen Kerlen schlimme Dinge tun. Hat man mal so gehört. Dieser Boxer aber ist einer mit Gold im Herzen und seiner Tochter im Kopf und (als Tattoo) auf der Brust. Der soll es mal besser gehen, der Tochter. Der Zellenkumpel soll ihr Geld zustecken auf Freigang. Der Kumpel trifft die Tochter. Die Tochter ist Nutte. Der Kumpel lässt sich vom Zuhälter zusammenschlagen. Über allem scheint der Knastmond. Und unter allem bewegt sich nichts. Geschichten mit Punch sehen anders aus. Sozialschnulzen nicht.

Zwei Tage fröstelte man auf literarisch beachtlichem Niveau vor sich hin. Staunte über die Bildermacht des Studienstiftlerinnen-Dramas von Thomas Melle, wurde auf den Gipfel der Eifel-Erzählungen Norbert Scheuers entführt, staunte über Bodo Hells Sprachmüllsammelsurium und bewunderte Angelika Overaths buntes Aquaristen-Porträt. Die Jury wartete auf Sonne wie Eidechsen im Frühling. Dann fing die 36jährige Berlinerin Kathrin Passig an zu erzählen. Vom Erfrieren. Und allen wurde warm.

Passig, bisher ausschließlich als Sachbuchautorin auffällig geworden (das mit Alexander Scholz entstehende »Lexikon des Unwissens« erscheint 2007), lässt einen Intellektuellen fragwürdigen Geschlechts durch den Schnee des Riesengebirges robben. Er/Sie hat sich verlaufen. Möglicherweise Freundin Anne erschlagen. Jetzt geht's zu Ende. Die Hände sind abgefroren. Das Gebein versagt den Dienst. Nur das Hirn rattert noch. Zieht ironische Spuren durch den Schnee. Ein todkomischer Thriller. Eine Literatur-, eine Lebensparabel. Ein Weltbild. Eine Entdeckung.

So ist die Welt, da befinden wir uns. Verzweifelt Witze machend. Von dieser Art literarischem Nach- oder Mitbeben allerdings war in Klagenfurt allzu wenig zu spüren. Die Welt war zwar da, aber sie gefährdete niemanden, bewegte nichts. Vielleicht ist Klagenfurt deswegen doch der treffliche Spiegel eines Landes, in dem die Abgeschlagenen der Gesellschaft grummelnd den Verkündigungen ständiger Steuerbelastungen im Fernsehen beiwohnen, während draußen auf der Straße die Mediziner demonstrieren.

Die Zeit, 29. 6. 2006

Bachmann, im dreißigsten Jahr

Andreas Isenschmid

Am Anfang war der Schwachsinn. Und der Schwachsinn hieß Schrott, Raoul Schrott. Und der Schwachsinn sprach: Alle sind

Idioten, nur ich nicht. Nun kann man diese Behauptung, mit der – nur unwesentlich verfeinert – Raoul Schrott in seiner *Rede zur Literatur* die 30. Klagenfurter Tage der deutschsprachigen Literatur eröffnete, im Prinzip natürlich zu jedem Zeitpunkt der Weltgeschichte vertreten. Schrott hatte sich allerdings einen besonders ungünstigen ausgesucht. Seine Behauptung, dass früher alles besser war und heute die Verlage (bloße Marktmaschinen), die Lektoren (abgeschaffte Dösköppe), die Juroren (unhöfliche Hampel) und die Klagenfurt-Gewinner (Schülerzeitungsniveau) depraviert seien, stand in relativ starkem Kontrast zur Wirklichkeit. Auch zu dem aus dem Hoch- ins Niedersumerische übersetzenden Schrott müsste es sich doch durchgesprochen haben, dass die jüngere deutsche Literatur seit fünf, sechs Jahren in lange nicht mehr da gewesenem Maß das Vergnügen ihrer Leser ist, dass die Verlage gerade mit riskanten, anspruchsvollen Büchern ein überraschend großes Publikum erreichen und dass diese Bücher von Terézia Mora über Sybille Lewitscharoff bis zu Felicitas Hoppe nicht selten in Klagenfurt das Licht der Welt erblickten und dort auf eine gescheite und leidenschaftliche, formulierungsmächtige Jury stießen.

Für all das stand Klagenfurt auch in diesem seinem dreißigsten Jahr. Zwar meckerten die passionierten Sucher des Haares in der Suppe wie immer, doch sie meckerten auf hohem Niveau. Alles sei prima diesen Sommer, Autoren wie Juroren von guter bis sehr guter Qualität. Das Niveau, meinte eine aparte Variante des Meckerns, sei in der Jury sogar zu hoch. Auch einfachere Fälle würden hier mit der Spitzentechnologie der kritischen Lasertechnik behandelt, was vielleicht zu höflich sei. Die gute alte Methode der herzhaften Faust auf den Tisch, begleitet von schlichten Vokabeln wie »langweilig« oder »unzumutbar«, sei außer Gebrauch gekommen. Kein Juror beschimpfe, wie weiland Karasek und Corino, den anderen aufs übelste. Wohl wahr. Aber wie wurde gemeckert, als das alles noch stattfand!

Wer wissen wollte, wie junge deutsche Autoren heute schreiben, kam auf seine Rechnung. Er bekam zu Schirrmachers Freude mit Silvio Huonder ohne Verantwortungsscheue ein ungewolltes Kind und mit Dirk von Petersdorff in erschöpftem

Jubel zwei gewollte. Er erfuhr aber auch von Angelika Overath mit hohem Wellengang und von Annette Mingels tiefgekühlt, dass Familien es nicht leicht haben. Er tagträumte mit Thomas Melle seelenmüde durchs Summercamp der Deutschen Studienstiftung, blieb mit Claudia Klischat dauerarbeitslos und verzweifelte mit Andreas Merkel in der New Economy. Und er bekam schon am ersten Tag die neuen Helden der neusten Saison zu sehen. Clemens Meyer setzte die subproletarische Gangsterfilm-Romantik seines gepriesenen Romans *Als wir träumten* fort. Und Kevin Vennemann erwies sich wieder, wie in seinem Roman *Nahe Jedenew,* als die explosivste und risikofreudigste Stilpotenz unter den Jüngeren.

Dann zeigte sich, wie so oft am letzten Tag, das kleine Wunder von Klagenfurt, und es zeigte sich diesmal besonders schön. Niemand kannte bis dahin Kathrin Passig als Belletristin, noch nicht einmal sie sich selbst. Denn die Geschichte, mit der sie kam, las und siegte, ist das erste Stück Literatur, das die Sachbuchautorin überhaupt geschrieben hat. Die ernste, enge, wortlose Lage einer Erfrierenden wird hier Wort, sprachreich und mit paradoxem Witz.

Klar war das der erste Preis. Etwas traurig steht es um die anderen Preise. Die Jury hat erst vergessen, den jungen Talenten, die sie eben noch gelobt hatte, die Treue zu halten. Sie hat sich dann heillos in den Tücken des unwägbaren Wahlprozederes verdribbelt. So bekamen, was gewiss in Ordnung geht, der Provinz-Faulkner Norbert Scheuer für ein fischreiches Brüderstück den dritten und Angelika Overath den vierten Preis. Die hochbegabten Vennemann und Meyer gingen leer aus. Dafür fand sich der dreiundsechzigjährige, nun ja, Avantgardist Bodo Hell auf Platz zwei, eine Absurdität.

Am Ende stand der Scharfsinn. Der Scharfsinn hieß Ulrike Draesner und sprach an einem »Abend zu Ehren von Ingeborg Bachmann«. In einer Sprache, die persönlich und theoretisch zugleich war, brachte Ulrike Draesner das Kunststück fertig, die Bachmann von innen wie von außen, aus der historischen und medientheoretischen Ferne und der leseexistenziellen Nähe zu betrachten. Sie sprach über den »Ingemann«, die Frau, die immer Männer reden lässt. Sie sah, wie »Inge borgt, erfindet, versucht«. Und sie bilanzierte: »Ich höre in Bachmanns Texten, nicht »als ob«, sondern als gewollt direkt, einen persönlichen Schrei. Und ich glaube ihn nicht. Er ist gemacht. Da will jemand Opfer sein. Ich finde das aufdringlich.« Nach dem wortlosen Vergessen und dem feministischen Jubel kam hier eine nüchtern-reife Bachmann-Liebe zur Sprache. Auch das passte zu diesem dreißigsten Jahr.

Die Autoren

PAUL BRODOWSKY, geb. 1980 in Kiel, lebt in Berlin. Studium Kreatives Schreiben und Kulturjournalismus an der Universität Hildesheim und in New York. Seit 2005 Diplom-Kulturwissenschaftler. Im Frühjahr 2006 wurde das Theaterstück *Stadt, Land, Fisch* an den Münchner Kammerspielen präsentiert. 2000 Mitbegründer und bis 2004 Herausgeber der Literaturzeitschrift *BELLA triste*. 2003 Initiator sowie künstlerischer Co-Leiter des Hildesheimer Literaturfestivals *PROSA NOVA*. Theaterstücke, Hörspiele, Essays und vorwiegend erzählende Prosa. Zahlreiche Beiträge in Anthologien und Zeitschriften (u. a. in *Büchner, Edit* und *Qvest*).

Veröffentlichungen: *Milch Holz Katzen*. Suhrkamp 2002.

Auszeichnungen: Jahresstipendium des Deutschen Literaturfonds 2005. Writer in Residence am Deutschen Haus der New York University Winter 2005/06. Förderpreis des Landes Niedersachsen 2006.

BODO HELL, geb. 1943 in Salzburg, lebt in Wien und Dachstein. Prosa, Radio, Theater, Schrift im öffentlichen Raum, Texte zur bildenden Kunst, Fotos, Film, Musik, Ausstellungen, Almwirtschaft (seit 1979).

Veröffentlichungen (Auswahl): Mittendrin. Droschl 1994. *Die Devise lautet*. splitter 1999. *im Prinzip gilt*. splitter 2001. *Tracht: Pflicht.* Droschl 2003. *Yppenplatz 4356 m.* Bibliothek der Provinz 2005.

Andere Projekte: CD: *Broadlahn live.* Extraplatte 2001. Donna Juana, Musiktheater für 6 Musiker-Sprecher und eine Frauenstimme (Anne Bennent). Rauris/Salzburg 2006. Ausstellungskonzeptionen (zuletzt): *Auf der Alm* … (Joanneum Schloß Trautenfels) 2004/2005.

Filme (Auswahl): Im Anfang war der Blick. Darsteller im AnimationsFilm von Bady Minck, Cannes 2003.

THOMAS MELLE, geb. 1975 in Bonn, lebt in Berlin. Studium der Komparatistik und Philosophie in Tübingen, Austin (Texas) und Berlin. Magisterarbeit 2004 über William T. Vollmann.

Veröffentlichungen: Vier Millionen Türen (mit Martin Heckmanns). Theaterstück, UA Deutsches Theater 2004. *Haus zur Sonne*, Stückentwicklung, UA Erlangen 2006. *Huren für Gloria*, Übersetzung 2006 (nominiert für den Deutschen Buchpreis). *Licht frei Haus*, Stückemarkt Theatertreffen Berlin 2006.

CLEMENS MEYER, geb. 1977 in Halle an der Saale, lebt in Leipzig. Nach dem Abitur verschiedene Tätigkeiten als Bauhelfer und Wachmann. Studium am Deutschen Literaturinstitut Leipzig von 1998 bis 2003. Veröffentlichungen in Literaturzeitungen wie *Komma* und *Edit*.

Veröffentlichungen: Kurzgeschichten in den Anthologien: *Der wilde Osten*. Fischer Taschenbuchverlag 2002. *Nikita*. Faber und Faber 2002. *Die grünen Hügel Afrikas*. Faber und Faber 2004. *Als wir träumten*. S. Fischer 2006.

Auszeichnungen: MDR-Literaturpreis 2001, 2. Preisträger 2003. Stipendium des sächsischen Staatsministeriums für Wissenschaft und Kunst 2002.

ANNETTE MINGELS, geb. 1971 in Köln, lebt in Zürich. Studium der Germanistik, Linguistik und Soziologie in Frankfurt, Köln, Bern und Fribourg. Promotion in Germanistik. Bis März 2002 Assistentin und Lehrbeauftragte am germanistischen Institut der Universität Neuchâtel. Als Autorin, Lehrbeauftragte und Journalistin (FAZ, GEO, Tages-Anzeiger, Radio DRS) tätig. Juli 2005 Platz 6 auf der SWR-Bestenliste mit dem Roman *Die Liebe der Matrosen.*

Veröffentlichungen (Auswahl): Dürrenmatt und Kierkegaard. Die Kategorie des Einzelnen als gemeinsame Denkform. Böhlau 2003. *Puppenglück.* Zytglogge 2003. *Die Liebe der Matrosen.* DuMont 2005. *Der aufrechte Gang*. DuMont 2006.

Auszeichnungen: Werkjahr des Kantons Zürich 2004. Stipendiatin des 8. Klagenfurter Literaturkurses 2004. Stipendium Esslinger Bahnwärter 2005. LCB-Aufenthaltsstipendium Berlin

2006. Werkjahr der Stadt Zürich 2006. Atelier des Kantons Zürich 2006.

ANGELIKA OVERATH, geb. 1957 in Karlsruhe, lebt in Tübingen. Studium der Germanistik und Geschichte in Tübingen. 1986 Promotion über *Das andere Blau. Zur Poetik einer Farbe im modernen Gedicht.* 1989 begleitete sie ihren Mann für drei Jahre nach Thessaloniki (GR). Reportagen, Essays, Literaturkritiken für verschiedene Zeitschriften, Magazine und Rundfunkanstalten. Heute lebt sie mit ihrem Mann und drei Kindern in Tübingen.

Veröffentlichungen (Auswahl): Händler der verlorenen Farben. Libelle 1998. *Vom Sekundenglück brennender Papierchen.* Libelle 2000. *Das halbe Brot der Vögel. Portraits und Passagen.* Wallstein 2004. *Nahe Tage. Roman in einer Nacht.* Wallstein 2005.

Auszeichungen: Egon Erwin Kisch-Preis für literarische Reportage 1996. Thaddäus Troll-Preis 2006.

KATHRIN PASSIG, geb. 1970 in Deggendorf (Bayern), lebt in Berlin. Die Autorin studierte Germanistik und Anglistik. Arbeitet als Übersetzerin, Autorin und Web-Entwicklerin. Mitgründerin und Geschäftsführerin der *Zentralen Intelligenz Agentur*, 1996 bis 2003. Seit 2005 Weblog *Riesenmaschine*. Juni 2006: *Grimme Online Award* zusammen mit Kollegen der Riesenmaschine.

Veröffentlichungen (Auswahl): Die Wahl der Qual (mit Ira Strübel). Rowohlt 2000. »Wirtschaft«. In: *Jim Avignon. Welt und Wissen* (mit Ira Strübel). Verbrecher Verlag 2003. *Das nächste große Ding* (mit Holm Friebe).Verbrecher Verlag 2006. *Lexikon des Unwissens* (mit Alexander Scholz). Rowohlt Berlin 2007.

DIRK VON PETERSDORFF, geb. 1966 in Kiel, lebt in Saarbrücken. Studium der Literatur- und Geschichtswissenschaft. Unterrichtet an der Universität Saarbrücken.

Zahlreiche Gedichte in Zeitungen, Zeitschriften und Anthologien. Essays u. a. in Merkur und Neue Rundschau.

Veröffentlichungen (Auswahl): Wie es weitergeht. S. Fischer 1992, 1998. *Zeitlösung.* S. Fischer 1995. *Bekenntnisse und Postkarten.* S. Fischer 1999. *Verlorene Kämpfe.* S. Fischer 2001. *Die Teufel in Arezzo.* S. Fischer 2004.

Auszeichnungen (Auswahl): Preis der Friedrich-Hebbel-Stiftung 1993. Aufenthaltsstipendium am Literarischen Colloquium Berlin 1994. Aufenthaltsstipendium auf Schloss Solitude 1996. Kleist-Preis 1998. Liliencron-Dozentur der Universität Kiel 1999. Preis der LiteraTour-Nord 2000. Wahl zum ordentlichen Mitglied der Mainzer Akademie der Wissenschaften und der Literatur 2005.

NORBERT SCHEUER, geb. 1951 in Prüm in der Eifel, lebt in Kall/Keldenich. Studium der physikalischen Technik und Philosophie in Bonn, Düsseldorf und Iserlohn. Abschluss: Magister Philosophie, Diplom Ingenieur Physikalische Technik. Norbert Scheuer lebt mit seiner Frau und zwei Kindern in einem Eifeldorf und arbeitet als Ingenieur und Systemprogrammierer.

Veröffentlichungen (Auswahl): Ein Echo von allem. Mainzer Akademie der Wissenschaften 1997. *Der Steinesammler.* Schöffling 1999. *Flußabwärts.* C.H Beck Verlag 2002. »Kall, Eifel«. In: *Beste deutsche Erzähler 2003.* DVA 2003. *Kall, Eifel.* C. H Beck Verlag 2005.

Auszeichnungen (Auswahl): Koblenzer Literaturpreis & Märkischer Lyrikpreis 1999. Eifeler Literaturpreis 2001. Martha Saalfeld Förderpreis und Sonderpreis Buch des Jahres 2003. Arbeitsstipendium für Literatur des Landes Nordrhein-Westfalen 2004.

KEVIN VENNEMANN, geb. 1977 in Dorsten/Westfalen, lebt in Berlin. Zuletzt erschien der Roman *Nahe Jedenew* (Suhrkamp 2005).